TOURISMUSREGION NEUSIEDLER SEE

Risiken und Chancen einer europäischen Destination

Herausgegeben von
Christian Janisch, Alois Lang und Bibi Watzek

NEUE, ERWEITERTE AUSGABE

Das Leithagebirge als hochwertiger Erholungsraum
Neue Ansätze für den öffentlichen Verkehr
– und andere Beiträge –

Residenz Verlag

Inhaltsverzeichnis

TOURISMUSREGION NEUSIEDLER SEE

Risiken und Chancen einer europäischen Destination

NEUE, ERWEITERTE AUSGABE

Das Leithagebirge als hochwertiger Erholungsraum
Neue Ansätze für den öffentlichen Verkehr
– und andere Beiträge –

Bibliografische Information der Deutschen Nationalbibliothek
Die Deutsche Nationalbibliothek verzeichnet diese Publikation in der Deutschen Nationalbibliografie; detaillierte bibliografische Daten sind im Internet über http://dnb.dnb.de abrufbar.

www.residenzverlag.com

Herausgeber: Christian Janisch, Alois Lang, Bibi Watzek
Redaktionelle Leitung: Gunnar Landsgesell
Konzept: Alois Lang
Illustrationen: PROJEKT 21, Eva Sabitzer
Lektorat: Marie-Therese Pitner
Korrektorat: Ela Maywald
Cover/Grafische Gestaltung/Satz: PROJEKT21
Martin Berger, Raffael Pauswek, Kathrin Pichler
Druck: Prime Rate Zrt., Budapest

ISBN ePub:
978-3-7017-4739-9

ISBN Printausgabe:
978-3-7017-3640-9

VORWORT

Vorwort

Liebe Leserinnen und Leser,

vor Ihnen liegt ein ziemlich einzigartiges Kompendium – ein 360°-Blick auf den Tourismus der Region Neusiedler See. Mehr als 40 Autorinnen und Autoren erläutern ihre Sichtweise auf die Region und die enge Verknüpfung zwischen Einheimischen, Gastgebern und Gästen aus der Nähe wie auch der – zumeist deutschen – Ferne. Entscheidende kulturpolitische Fragen – ist Haydn nun Niederösterreicher, Burgenländer oder Ungar? – werden ebenso betrachtet wie naturräumliche Besonderheiten – wussten Sie vom Mineralwassersee unter dem See? – und tourismuspolitische Perspektiven – der Wein in der DNA der Burgenländer als Basis der Entwicklung. Natürlich kommen auch Nationalpark und Ökotourismus nicht zu kurz. Als roter Faden zieht sich dabei das Aufzeigen von Entwicklungschancen und der optimistische Blick in die Zukunft durch das Buch. Klar wird, dass der Tourismus in der Region Neusiedler See mehrere, durchaus unterschiedliche Facetten hat. Und das ist gut so. Wenn touristische Angebote wie Rad-, Wein- und Schutzgebietstourismus auch eine natur- und kulturräumliche Einbettung erfahren, ergibt das ein unverwechselbares Image einer extrem spannenden Region.

Der See ist eingebettet in eine Drei-Länder-Region, deren gemeinsame wie zeitweise getrennte Geschichte viel zu wenig sinnstiftend in der Regionalentwicklung eingesetzt wird. Ebenso stellt der Tourismus eine verbindende Klammer eines großen Ganzen aus Land- und Weinwirtschaft, aus Kultur und Welterbe, aus Schutzgebiet und Freizeitsport dar.
Alle diese Komponenten sind einem intensiven Strukturwandel unterzogen. Klimawandel, neue Trends im Freizeit- und Urlaubsverhalten, aber auch sich ändernde politische Rahmenbedingungen sollten nicht nur als Bedrohung gesehen werden, sondern auch als Chance für einen Wandel hin zu mehr Nachhaltigkeit.
Eine Entwicklung, die langfristige Perspektiven hat, so die Zusammenfassung der vielfältigen Beiträge, kann nur dann erfolgreich stattfinden, wenn sie mit einem vorwärts gerichteten Blick auf Austausch und Zusammenarbeit verbunden ist. Eine Kooperation, die grenzüberschreitend und zwischen den unterschiedlichen Stakeholdern auf gleicher Augenhöhe geschieht – jenseits eines Fokus auf Förderprojekte. Die Region Neusiedler See / Fertő taj hat unglaublich viel Potenzial – im Tourismus und darüber hinaus. Es liegt an uns, diese Möglichkeiten auch zu nützen.

Christian Baumgartner, Christian Janisch, Alois Lang, Stefan Ottrubay und Bibi Watzek

1.

Entwicklung des Tourismus

Zwei historische Entwicklungslinien

Die Badeanlage am Warmsee bei Apetlon (Darscholacke) wurde Ende der 1920er-Jahre errichtet und fand sich schon bald nach der Eröffnung im Fahrplan der Linienbusse ab Wien Mitte. Sowohl das Freizeit- und Erholungsangebot in der Region Neusiedler See als auch das Mobilitätsangebot können also eine bald hundertjährige Geschichte vorweisen. Für eine nachhaltige Tourismusentwicklung in Apetlon hat es damals – angeblich wegen Meinungsverschiedenheiten zwischen Grundeigentümer und Gemeinde – leider nicht gereicht.

Historische Ansichtskarte Apetlon (1928)

Auch der Naturschutzgedanke war schon früh verankert. Wie attraktiv bereits in der Zwischenkriegszeit das Neusiedler-See-Gebiet für Naturliebhaber war, zeigt ein Sammelalbum des Österreichischen Naturschutzbunds, herausgegeben im Herbst 1936.

Mit 60 „Farbbildchen“ konnte der Sammler sein Album komplettieren. Der umfangreiche, fachlich fundierte Begleittext in dieser von der Firma Bensdorp AG finanzierten Publikation sollte vor allem ein Bewusstsein für den dringend notwendigen Schutz der Lebensräume in „einem der schönsten Naturdenkmäler Österreichs“ schaffen. Übrigens: Im selben Jahr forderte der Naturschutzbund erstmals die Schaffung eines Nationalparks am Neusiedler See.

Sammelalbum des Österreichischen Naturschutzbunds (1936)

Die Tourismusregion Neusiedler See heute

Ein Beitrag von Alois Lang, Tourismusmanager,
und Balázs Kovács, Tourismusconsulter

Diese Publikation soll ein klares Bild von der bisherigen Entwicklung des Tourismus und dessen Status quo liefern. Thematisiert werden unter anderem das Tourismusaufkommen, mögliche Defizite im Marketing und bislang ungenutzte Entwicklungschancen, auch hinsichtlich der grenzüberschreitenden Region. Der betriebliche Strukturwandel und die Auswirkungen der Klimakrise sind nur zwei konkrete Beispiele für die Aufgaben, die es schon heute für die Zukunft des Tourismus zu bewältigen gilt. Erweiterte Perspektiven und partizipative Modelle sind gefragt.

Es gibt kaum einen Sektor, der derart vielfältige Assoziationen auslöst wie der Tourismus. Jeder, der ein paar Tage an einem Urlaubsort verbracht hat, geht danach mit seinem ganz persönlichen Tourismusbild durch die Welt – und projiziert dieses auch auf seine engere Heimat. Verstärkt wird dieses meist wirklichkeitsferne Bild durch lokale Medien, aber auch die lokale Politik, die den Tourismus als hervorragende Bühne entdeckt hat. Die Priorisierung der Entwicklungsziele und der entsprechenden Marketingmaßnahmen fällt vielleicht auch deshalb oft zu wenig differenziert aus; insbesondere dann, wenn es um die sehr unterschiedlichen Standorte der Region geht. Diese Publikation soll ein klares Bild der Entwicklungen des Tourismus und Handlungslinien für die Zukunft liefern – als Nachschlagewerk und als faktenbasierte Diskussionsgrundlage. Denn die Branche ist im Umbruch begriffen. Struktur- und Klimawandel geben neue Aufgaben vor, die durch Einzelmaßnahmen nicht zu bewältigen sind. Zielgruppe sind Entscheidungsträger und Interessenvertreter ebenso wie Betriebsbesitzer und Geschäftsführer, aber auch der Bildungssektor und die Medien.

Statistische Unschärfen?

Um Entwicklungen beurteilen und Entscheidungen treffen zu können, sind statistische Größen als Grundlage unerlässlich. Die Entwicklung des Tourismusaufkommens wird mit schöner Regelmäßigkeit anhand von zwei Eckdaten präsentiert. Erstens anhand der Zahl der Nächtigungen und deren Änderung gegenüber dem Vorjahreszeitraum. Allerdings ist das nur wenig aussagekräftig, wenn die Änderungen der Bettenkapazität nicht berücksichtigt werden. So können beispielsweise zwei Prozent Zuwachs bei den Nächtigungen als Erfolg verkauft werden, selbst wenn es gleichzeitig einen Kapazitätszuwachs von drei Prozent – also einen Netto-Rückgang – gab.

Diese beachtlichen, aber unbereinigten „Zuwächse“ fielen besonders in der Aufbauphase des burgenländischen Wellnesstourismus auf, als fast jährlich neue Hotels in Betrieb genommen wurden.
Zweitens anhand der Auslastung: Diese wichtige Kennzahl für die Beurteilung des Nächtigungstourismus an einem Standort oder in einer Region wird leider nicht veröffentlicht. Werden der Region Neusiedler See etwa drei Prozent Zuwachs attestiert, ist das ein Mittelwert, der sich zur Analyse wenig eignet. Der Wert ergibt sich aus teils extrem schlecht und teils extrem gut ausgelasteten Standorten. **Gerade die Auslastungsdaten würden aber ein relativ scharfes Bild von der Lage liefern. Sie zeigen auf, welche Alleinstellungsmerkmale (USPs) in einer Gemeinde zu einer längeren Saison führen oder wo es angebotsseitige Defizite gibt** (dazu mehr im Beitrag von Gerhard Haider). Interessant wäre, zu wissen, ob in einer Gemeinde die betreffende Zahl (also die Auslastung des gesamten Standorts) bekannt ist. Die Skala in der Region liegt zwischen rund 60 und 120 Vollbelegstagen (!).
Erwähnt sei an dieser Stelle auch, dass Nächtigungen von Reha-Patienten im Burgenland schon länger in die Tourismusstatistik aufgenommen werden. In die Bilanz 2023 sind sogar die Nova-Rock-Festival-Teilnehmer einbezogen, von denen der Großteil auf den Nickelsdorfer Äckern campierte. Ist das als neue Kategorie von Kulturtourismus zu verstehen?

Die Zäsuren der 1980er-Jahre

Die 1980er-Jahre brachten einige Umbrüche, die bis heute im Tourismus nachwirken. Die Flugpreise sanken, Fernreisen wurden für die breite Mittelschicht erschwinglich, der All-inclusive-Tourismus minimierte Risiken und Reisekosten in wenig entwickelte Länder. Das Ende des Kommunismus brachte schließlich eine Reihe neuer Urlaubsziele auf die Tourismuslandkarte. All diese Einschnitte erhöhten den Konkurrenzdruck auf ländliche Regionen mit einem einsaisonalen Angebot: im Fall der Region Neusiedler See Erholung und Wassersport.

Die Reaktionen, mit denen ein drohender Rückgang der Nächtigungszahlen verhindert werden sollte, fielen erstaunlich vielfältig aus: Regionale Marketingeinheiten wurden gegründet; eine Diversifizierung und Standortprofilierung setzte ein, um einen angebotsseitigen Einheitsbrei zu verhindern; **Radfahren, Naturerlebnis, Kultur und Kulinarik werteten die gesamte Region auf. Das sind – fast 50 Jahre später – auch heute noch die tragenden Tourismussäulen** in einer Destination, die seit den 1850er-Jahren über ihre Strandbäder definiert war. Zudem wirkten (international viel beachtete) Marketinginstrumente wie die Neusiedler See Card ab dem Jahr 2000 dämpfend auf sinkende Nächtigungszahlen. Dieses erfolgreiche Konzept wurde vom Land übernommen und wird seit Kurzem als „Burgenland Card“ weitergeführt.

Altlasten und dringender Handlungsbedarf

Der EU-Beitritt Österreichs erleichterte über Ziel-1-Fördermittel die Investition in den damals aufkeimenden Wellnesstourismus. Neue Standorte konnten so entstehen, bestehende Gesundheitsstandorte mit einem trendigen Wellnessangebot aufgefrischt werden. Auf diesen Zug sprangen freilich auch andere Tourismusregionen auf. Als Reaktion auf den folgenden Verdrängungswettbewerb mussten im Burgenland die Werbeaktivitäten vor allem im Inland – Burgenlands Freizeitbäder ziehen hauptsächlich Österreicher an – verstärkt werden, was bei einem überschaubaren Budget zwangsläufig zu einer Vernachlässigung des deutschsprachigen Auslands führte. In der Folge waren in den Strandbadgemeinden die früher dominierenden Deutschen bald eine Minderheit. Daran haben die bisherigen Marketingaktivitäten nichts geändert, trotz erfolgreicher Positionierung als grenzüberschreitende Fahrrad-, Naturerlebnis- und Wein-Destination.
Zu den für die Profilierung der Region mit Abstand erfolgsträchtigsten Komponenten zählen auch solche, die im touristischen Schaufenster eher im Hintergrund platziert sind: Joseph Haydn etwa mit

den Standorten Eisenstadt (Schloss Esterházy) und Rohrau sowie generell das reiche kulturtouristische Angebot im Dreiländereck mit Ungarn und der Slowakei – und Wien. Zum wertvollen Kulturerbe zählen zudem die Straßendörfer mit ihren Streckhöfen und der sie umgebenden Kulturlandschaft, ohne die die Region es nicht auf die prestigeträchtige Liste des UNESCO-Kulturerbes geschafft hätte.
Gemeinsam mit den beiden Nachbarregionen im Raum Sopron, Györ und Bratislava – naturräumlich betrachtet zwischen Donau, Raab und Ödenburger Gebirge – kann eine für viele Zielgruppen attraktive Drei-Länder-Destination entstehen mit einem breit gefächerten Ganzjahresangebot.
Die dafür größte Hürde liegt in der äußerst ungleichen Organisationsstruktur im Tourismusmarketing. Mit der Erfahrung und den Kontakten aus zahlreichen Interreg-Projekten muss diese Hürde überwindbar sein. **Der Aufbau eines gemeinsamen Destinationsmanagements – durchaus auch im Rahmen eines spezifischen Interreg-Projekts – würde mit Sicherheit für jede der drei Regionen zu einem touristischen Standortvorteil führen.**
Speziell das Naturerlebnis als gemeinsames Produkt am Markt zu platzieren, kann aufgrund projektbewährter Kontakte mit überschaubarem Aufwand dauerhaft gelingen und damit das Profil als Naturdestination weiter schärfen.
Der anhaltende Erfolg der sommerlichen Großveranstaltungen in Mörbisch und St. Margarethen, aber auch des Family Parks bei St. Margarethen als beliebtes Freizeit-Ausflugsziel zeigt Jahr für Jahr die Kapazitätsgrenzen des dortigen Straßennetzes auf. Zumindest aus Sicht des Urlaubsgastes passt unlimitierter Autoverkehr nicht zum (angestrebten) Image einer Welterberegion. Es ist also höchst an der Zeit, Lösungen für diese problematischen Verkehrsachsen zu finden.
Auch im Fall von Entertainment Parks wäre es die Aufgabe der Politik und aller Beteiligten, passende Standorte mit der nötigen Infrastruktur und Verkehrsanbindung zu finden, die nicht in einem sensiblen Umfeld liegen.

Zu einem immer öfter spürbaren Verkehrsproblem hat sich im Norden die Agglomeration Neusiedl–Parndorf–Weiden–Jois entwickelt, mitverursacht durch die hohe Frequenz des Designer Outlet Parndorf just an der wichtigsten Autobahnanbindung der Tourismusregion. Und trotz Einschränkung des Schwerverkehrs entlang des Westufers – ausgenommen eben Anrainer – ziehen auch Industriebetriebe wie Austrotherm in Purbach LKW-Verkehr an (vom landschaftlich maximal unpassenden Standort für ein Kunststoffdämmplattenwerk abgesehen).
Das durchaus herzeigbare Angebot des öffentlichen Personennahverkehrs (ÖPNV) wird, wie die Nachfrage über die Neusiedler See Card (Burgenland Card) zeigt, von den Urlaubsgästen mehr geschätzt als von den Burgenländerinnen und Burgenländern. Mangels eigener Erfahrung und grober Unterschätzung des Gebotenen ist leider nicht zu erwarten, dass ein Gastgeber seinen Gästen die (kostenlose!) Nutzung von Bus und Bahn in der Urlaubsregion empfiehlt.

Symptome des Overtourism machen sich also in der Region Neusiedler See, wenn überhaupt, nicht durch Menschenmassen in den Dörfern oder in der Natur bemerkbar, sondern im ungebremsten Verkehrsaufkommen. Die Lösung dieses nach wie vor drängenden Kommunikationsproblems sollte deshalb ganz oben auf der Tourismusagenda stehen.

Die unterschätzte Angebotspalette

Wie der Tourismus in der Region medial eingeschätzt wird, lässt sich an der Berichterstattung über bestimmte Ereignisse ablesen: Der Saisonbeginn wird gemeinhin Ende Mai verkündet, ungeachtet der naturtouristischen Hauptsaison, die bereits seit März läuft. Folgen drei regnerische Tage aufeinander, widmet sich ein Fernsehbeitrag den daraus resultierenden „Problemen“ für die Tourismusbetriebe. Damit wird das Bild verstärkt, dass Tourismus im Nordburgenland nur an sogenannten Schönwettertagen in den Strandbädern stattfindet. Diese nicht mehr zeitgemäße Wahrnehmung verstellt den Blick auf die mittlerweile große Bandbreite des touristischen Angebots und die damit verbundenen Gästeschichten.
Die Zeiten eines zweiwöchigen Erholungsurlaubs sind zwar längst vorbei, die unzähligen Natur-, Kultur-, Freizeitsport- und Weinerlebnisse, wie sie Gäste von März bis Martini erwarten, würden aber problemlos drei Wochen füllen. Auch der Trend zum „Waldbaden“ und Wandern ermöglicht es, die vielen Angebote in der Region zu erweitern. (siehe Kasten auf Seite 17). **Die dafür erforderliche Animation setzt freilich voraus, dass der Gastgeber die große Angebotspalette seiner Region kennt – zu beiden Seiten der Staatsgrenzen.** Schließlich verlängert jedes Programm, jede Veranstaltung, jede Sehenswürdigkeit die Aufenthaltsdauer und erhöht damit die Wertschöpfung am Urlaubsort. Es ist deshalb nicht überraschend, dass jene Betriebe, die das instinktiv erkannt haben, bei den Auslastungszahlen im obersten Drittel zu finden sind, ob Privatquartier oder 4-Sterne-Hotel.

Geografie ist keine Markenbasis

Über die Vor- und Nachteile einer regionalen Teilung des Burgenlands in Nord, Mitte und Süd mag man streiten, die Untauglichkeit des Begriffs „Nordburgenland“ für die Entwicklung einer touristischen Marke steht hingegen außer Zweifel. Die Umfrage auf einem der Kernmärkte der Region würde mit hoher Wahrscheinlichkeit ergeben, dass der Bekanntheitsgrad des Begriffs „Neusiedler See“ ungleich größer ist als jener von „Nordburgenland“. Das ist auch den Entscheidungsträgern bekannt – es muss also handfeste Gründe geben, warum auf diesen Marketingvorteil verzichtet wird. Bleibt zu hoffen, dass nicht auch noch der Begriff „Seewinkel“ durch „Ostburgenland“ ersetzt wird ...
Vielleicht ist es die viel zitierte Bescheidenheit, mit der die Region um den Steppensee mit mehr als der Hälfte des burgenländischen Nächtigungsaufkommens, der größten Weinanbaufläche, dem größten kulturtouristischen Angebot, dem größten Radwegenetz und Österreichs „exotischstem“ Nationalpark und dem ebenso grenzüberschreitenden UNESCO-Welterbe auftritt – sofern sie überhaupt allein auftreten darf.

Neue touristische Ansätze

Wie lassen sich für die grenzüberschreitende Region Neusiedler See weitere Perspektiven entwickeln? Auch 35 Jahre nach der Wende ist der Raum nicht zusammengewachsen. Zwar hat sich der Tourismus von der alleinigen Attraktion des Sees in verschiedene Bereiche diversifiziert.
Die Potenziale als gemeinsamer Markt wären aber ungleich höher. Insofern gilt es vielleicht, als Erstes mentale Barrieren abzubauen und die Region stärker gemeinsam zu entwickeln. Eine Voraussetzung dafür ist eine digitale Erfassung der Daten, um mehr über die Motivationen der Gäste zu erfahren.
Auf der österreichischen Seite ist dieser Schritt bereits erfolgt, auf der ungarischen Seite hat man damit erst begonnen.

Bettenauslastung 1979/2000/2019

ohne Camping und „tourismusferne“ Betriebe

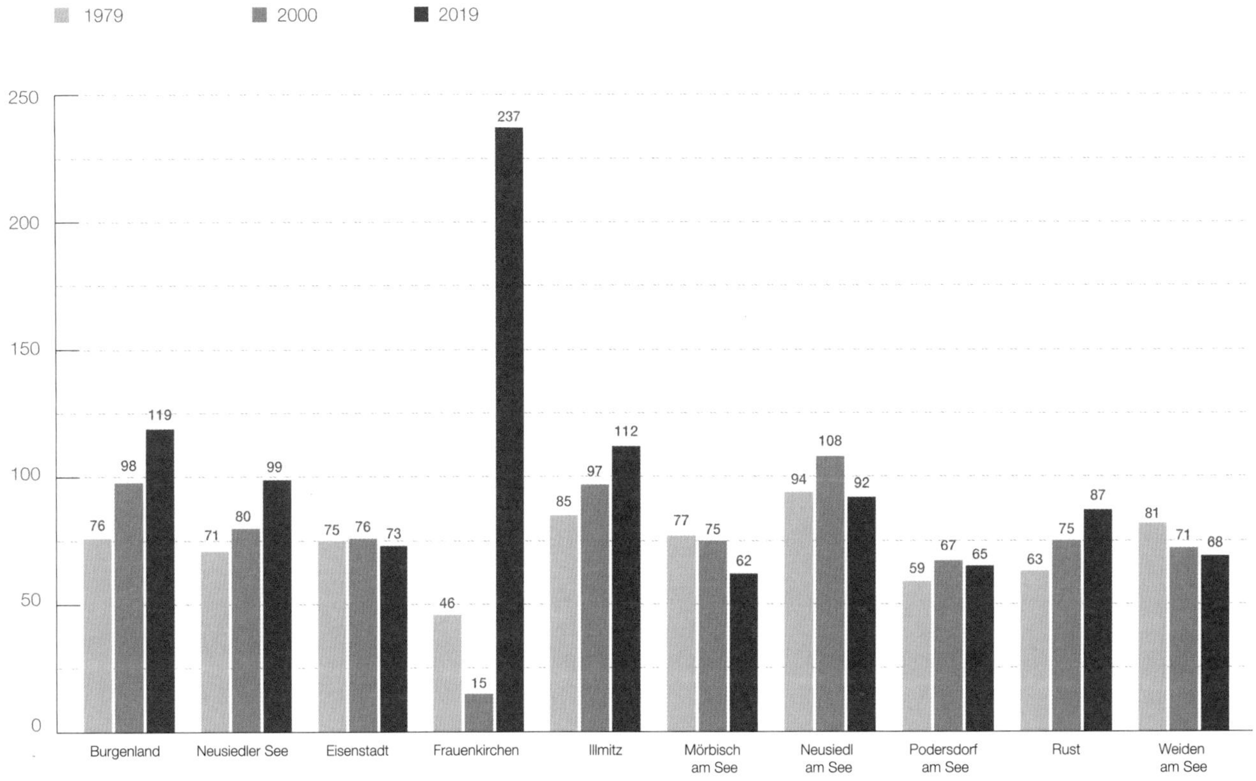

Entwicklung der Bettenauslastung in zehn Gemeinden in der Region Neusiedler See

Diese Tabelle zeigt einen Vergleich der Entwicklung der Bettenauslastung in zehn Gemeinden in der Region Neusiedler See und im gesamten Burgenland im Abstand von jeweils rund 20 Jahren (1979, 2000, 2019).

Besonders aussagekräftig ist die daraus errechnete Zahl der Vollbelegstage pro Gästebett und Jahr, denn sie gibt einen Überblick über die Länge der Tourismussaison an einem Standort – mit einer beachtlichen Bandbreite von 62 bis 112 Tagen (2019). Die St. Martins Therme in Frauenkirchen sticht dabei mit 237 Tagen heraus. Die 20-Jahre-Schritte wurden gewählt, um eine aussagekräftige Tendenz der Entwicklung der einzelnen Gemeinden bis zu den Restriktionen durch COVID-19 deutlich zu machen.

Ein zeitgemäßes Verständnis von Tourismus beinhaltet auch, dass die Bevölkerung eingebunden wird. Nur so kann die Akzeptanz von Tourismusprojekten erhöht werden. Zudem sollte es selbstverständlich sein, dass touristische Infrastruktur bestmöglich auch der einheimischen Bevölkerung zugutekommt. Solche partizipativen Modelle sind in Ungarn noch wenig ausgebildet – obwohl sich auch hier interessante Ansätze entwickelt haben.
Fest steht, dass Erlebnistourismus auch zur Erhöhung der Lebensqualität beitragen muss. Der bereits begonnene Weg von der Besucherwirtschaft (visitor economy), die vor allem auf die Perspektive der Touristen ausgerichtet war, muss in Richtung eines „neuen Tourismus" fortgesetzt werden.
Pointiert formuliert heißt das: Was kann der Tourist den Einheimischen bringen, wie können diese – nicht nur finanziell – profitieren? Eine neue Gewichtung traditioneller Konzepte wäre dafür notwendig: Overtourism mit seinen Auswirkungen vermeiden; den Spaßfaktor beibehalten, aber ressourcenschonender ausrichten; Potenzial in der Begegnung und dem Austausch sehen; Konzepte für einen sensibleren Umgang mit der Umwelt in die Angebote einbauen. In Kopenhagen etwa bezahlen Touristen für ihre Stadtbesichtigung mit dem Kajak nichts, wenn sie am Ende etwas Treibholz und Plastikmüll zurückbringen. Das soll bedeuten: den Tourismus so aufstellen, dass dadurch nicht neue Probleme geschaffen, sondern eher Probleme gelöst werden. Gerade gemeinsam mit dem ungarischen Teil wäre das eine reizvolle Aufgabe – für die unsere Gäste grenzüberschreitend sicherlich ansprechbar sind.

Alois Lang hat als Regionalmanager für den Neusiedler See bei Burgenland Tourismus und danach bis zur Pensionierung 2021 im Nationalpark gearbeitet. 2005 bis 2008 koordinierte er für IUCN die Initiative Grünes Band Europa.

Balázs Kovács, Gründer der GD Consulting Beratungsfirma in Wien, war Leiter des ungarischen Tourismusamts in Österreich und im Bereich Destinationsentwicklung, v. a. auch für die Region Neusiedler See, aktiv.

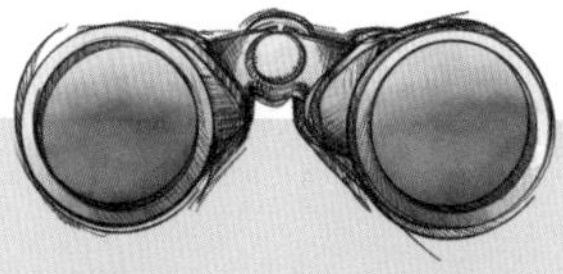

Conclusio

Der Tourismussektor hat sich diversifiziert. Vielfältige Angebote im Natur-, Kultur-, Wein- und Freizeitbereich können Gäste von März bis Martini in die Region holen.

Was ist zu tun?
Es gilt, die Angebote in diesen Bereichen stärker als bisher gemeinsam mit den Nachbarregionen weiterzuentwickeln und so die grenzüberschreitende Region zu profilieren. Als Grundlage für Entscheidungen braucht es die regelmäßige Veröffentlichung relevanter Zahlen, vor allem auch, um kritische Entwicklungen rasch zu erkennen und mit gezieltem Marketing gegensteuern zu können.

Landtourismus mit pannonischer Prägung

Ein Beitrag von Mario Baier, Tourismusmanager

Drei touristische Potenziale sollten unbedingt weiter gestärkt werden, weil sie mit der Region selbst zu tun haben: pannonischer Lifestyle, Naturtourismus und Landtourismus, der seit Corona einen Boost erlebt. Was braucht es dafür?

Ein Blick auf die Landesstatistik zum Tourismus im Burgenland macht es deutlich: Der Tourismus am Neusiedler See hat sich zumindest quantitativ in den vergangenen beiden Jahrzehnten nur unwesentlich verändert. Fielen Anfang der 2000er-Jahre noch mehr als 60 Prozent der Übernachtungen im Burgenland auf die Region Neusiedler See, sind es heute mit rund 1,6 Millionen Gästeübernachtungen nur noch knapp über 50 Prozent.
Das allein hat jedoch keine besondere Aussagekraft, denn die Investitionen der öffentlichen und privaten Hand waren in dieser Zeit vor allem im Beherbergungs-, Thermen- und Kursektor im Süden des Landes ungleich höher als im Norden. Zudem sind diese Angebotsbereiche ganzjährig verfügbar und im Bereich der Kur von einer überdurchschnittlich langen Aufenthaltsdauer geprägt.

Fakt ist, die Zahl der Übernachtungen von Gästen aus dem In- und Ausland in der Region Neusiedler See war schon vor etwa 20 Jahren ähnlich hoch wie heute. Und das zu einer Zeit, in welcher der 10- bis 14-tägige Urlaubsaufenthalt unserer deutschen Nachbarn in Österreich bereits schon länger kein Thema mehr war. Nun – was ist passiert in dieser Zeit? Was hat sich verändert, verbessert, was wurde zu wenig beachtet? Hätte man doch stärker wachsen können? Wo liegen die Chancen für die Zukunft?

Keine Berge, keine Städte, aber pannonischer Lifestyle

Rund 97 Prozent der Touristen besuchen Österreich wegen des alpinen Charakters unseres Landes und der Kulturstätten. Hier kann der Neusiedler See nicht mitreden. Daher hatte sich die Region schon früh etwas anderes einfallen lassen, um sich Gehör zu verschaffen: die Behauptung, man sei die Sonnenseite Österreichs. Diese Positionierung hat perfekt funktioniert. Bis heute kann insbesondere der Neusiedler See mit dieser von Gott gewollten Stärke österreichweit und teils auch international bestens punkten. Ins Burgenland kommt man, um Sonne zu tanken! Schon viel früher im Jahr als sonst irgendwo kann man am Neusiedler See die Natur erleben und genießen, Rad fahren, Wassersport betreiben oder Golf spielen und – was viele Gäste gern machen – sich einfach im Freien bewegen und gemütlich auf der Terrasse beim Gastwirt sitzen. Eine Positionierungsstrategie, die also voll aufgegangen ist und bis heute ein Alleinstellungsmerkmal besitzt.
Die zweite Komponente der Positionierung, die bis heute sehr gut funktioniert, ist, sich kulturell anders zu präsentieren: als „pannonische Region". Auch diese Image- und Kulturfacette hat hohe Anziehungskraft. Sie ist in den Köpfen der Gäste hängen geblieben, belegt die sogenannte Exotik des Nordburgenlands im Vergleich zu anderen österreichischen Regionen und ist wiederum ein Alleinstellungsmerkmal.

Allerdings hätte man sich als „pannonische Region" im Wettbewerb noch wesentlich stärker differenzieren können, hätte man rechtzeitig beispielsweise auf den Erhalt der pannonischen Baukultur und auf regional-typische Architektur gesetzt. Etwa durch Investitionen in kleine, aber feine Unterkünfte im landestypischen Stil. Hier wurde einiges an Potenzial liegen gelassen.

Den Beweis dafür erbringt die touristische Anbietergruppe „Pannonisch Wohnen" des Burgenland Tourismus, die stets eine hohe Anziehungskraft und Nachfrage bei jeder Art von Gästen ausgelöst hat. Authentische, landestypische Unterkünfte mit viel Charme und Stil, lokale Gastgeber, die sich persönlich um die Gäste kümmern und die Geschichte und Kultur ihrer Region widerspiegeln, sowie vernünftige Qualität und Preise sind das Erfolgsrezept. Darauf baut letztlich auch der alpenländische Tourismus auf. Schon seit vielen Jahren boomt der Landtourismus in vielen europäischen ländlich strukturierten Regionen und trägt dazu bei, den ländlichen Raum vor Abwanderung und dem Sterben der Infrastruktur zu bewahren. Mit dieser Perspektive könnte heute ein stärker ausgebauter „pannonischer Landtourismus" wesentlich mehr Gäste bewegen, sich in der Region Neusiedler See einige wirklich schöne Tage zu machen. Und das nicht nur im Juli und August.

Offensichtlich ist den Burgenländern nie so ganz bewusst gewesen, welche Stärke in ihrer eigenen Identität liegt. Denn die Entwicklung im kleinstrukturierten Beherbergungssegment ging oft in eine ganz andere Richtung. In den 1970er- und 1980er-Jahren konnte man rund um den See mit billigem Massentourismus und einfachen Unterkünften gutes Geld verdienen. Aus einfachen Zimmern wurde herausgeholt, was ging, und, im Gegensatz zu den alpinen Regionen, der Ertrag nicht in die Qualitätssteigerung dieser Unterkünfte investiert, sondern in die Steigerung des eigenen Lebensstandards. Vielleicht war man aber auch einfach zu wenig stolz auf die eigenen Wurzeln und die eigene Identität und hat sich nach vielen Jahren der Entbehrungen endlich frei gefühlt, ebenfalls am wirtschaftlichen Fortschritt Österreichs teilhaben zu können.

Jedenfalls bietet dieses Thema auch heute noch ein ausbaufähiges touristisches Angebot, wenn nicht sogar eine noch stärkere Positionierungsmöglichkeit. Die Politik könnte die (Re-)Qualifizierung und Umsetzung innovativer pannonischer Hotel- und Beherbergungsprojekteauf dem Land fördern und noch sehr viel bewegen. Damit wäre man touristisch am Puls der Zeit und könnte bei der Nachfrage von Gästen aus dem In- und Ausland punkten. Diese Chance ist noch keineswegs vertan.

Ein Ort wie Mörbisch könnte der Inbegriff eines charmanten pannonischen Dorfes sein – mit landestypischen Unterkünften, einer belebten Seepromenade, netten Restaurants, gemütlichen Buschenschenken, Läden und Boutiquen, Handwerk und Brauchtum, kleinen Events usw. Ein solcher Ort könnte sommers wie winters die vielen Besucher der großen Kulturfestivals zum Bleiben bewegen.

Angesichts der Tatsache, dass in den Sommermonaten zwischen Seefestspielen, Römersteinbruch und Family Park rund eine Million Tagesgäste unterwegs ist, ist es fast unglaublich, wie wenig sich die touristische Infrastruktur in puncto Beherbergung, Gastronomie, Dienstleistungen bis hin zur Schifffahrt in dieser Ecke des Neusiedler Sees in den vergangenen 20 Jahren weiterentwickelt hat. Könnten nur einige Prozent dieser Tagesgäste mit kreativen Angeboten zum Übernachten verleitet werden – die Wertschöpfung des tatsächlich sehr erfolgreichen Tages-Eventtourismus am Neusiedler See wäre für alle Bereiche der burgenländischen Wirtschaft ungleich höher und breiter.

Naturtourismus: Ein Nationalpark wie kein anderer

Sicherlich hat man gut daran getan, das unmittelbare Gebiet rund um den Neusiedler See schon früh als UNESCO-Welterbe zu deklarieren und 1993 den Nationalpark zu gründen. Beides waren vorausschauende und verantwortungsvolle Maßnahmen, auf die die burgenländische Politik noch heute stolz sein darf. Dadurch ist bis heute ein einzigartiges Erlebnis im Naturtourismus möglich, während das Ufer von touristischer Verbauung und Verschandelung verschont geblieben ist.

Das bedeutet aber nicht, dass man an der einen oder anderen Stelle nicht mehr unternehmerische Kraft und Kreativität investieren könnte. Damit ist aber kein Massen-Naturtourismus gemeint. Das Nationalparkzentrum Neusiedler See – Seewinkel zeigt mit seinen Führungen vor, wie unterschiedliche Zielgruppen erreicht werden können. Aber auch der St. Martins Therme & Lodge ist es gelungen, mit dem höchst erfolgreichen Angebot der Seewinkel-Safari ein immer breiteres Publikum anzusprechen – und dieses Publikum für die Region zu begeistern oder sogar erstmals hierherzubringen.

Die Verbindung dieser Angebote mit der regionalen Kulinarik und dem burgenländischen Wein stellt ein Top-Seller-Produkt dar, eine einmalige Experience, mit der kein anderer Nationalpark in Österreich mithalten kann. Wer auf diese Weise schon einmal pannonische Luft geschnuppert hat, bekommt leicht Lust auf mehr Urlaub am Neusiedler See. **Schade, dass es bis heute nur wenige Nachahmer solch kreativer touristischer Angebote gibt.** Aufgrund der Tatsache, dass die Natur 365 Tage im Jahr geöffnet hat, ist hier noch viel Potenzial vorhanden, um mehr aus dieser Ressource zu machen; z. B. auch ein guter Nächtigungstourismus mit hoher Wertschöpfung. **Wer sich schon einmal auf eine Naturtourismus-Fachmesse begeben hat, weiß, welch internationales hochwertiges und kaufkräftiges Publikum sich hinter dieser Zielgruppe verbirgt.**
Zweifellos stellen das Naturgebiet und der ländliche Raum rund um den Neusiedler See – auch bei niedrigem Wasserstand – die großen touristischen Ressourcen des Landes dar. Darin liegen weit mehr Wachstumschancen als im Bereich des Segel- und Surfsports, der vor allem als tagestouristisches Freizeitangebot seine Bedeutung hat.

Hin zum burgenländischen Landtourismus

Nicht erst seit der Pandemie verspürt der ländliche Raum in vielen Ländern Europas eine gesteigerte Nachfrage nach naturnahen Freizeit- und Urlaubserlebnissen. Die Anziehungskraft der ländlichen Regionen entwickelt sich immer mehr zu einem Gegentrend zu Globalisierung und Urbanisierung. Vielerorts ist eine neue Sehnsucht nach idyllischen Dörfern, gemütlichen Kleinstädten und authentischen ländlichen Regionen entstanden. Nach einer Provinz, die von Offenheit, Vitalität, Kooperation, sozialer Nähe und Kommunikation geprägt ist. Der Wunsch nach einem guten Leben auf dem Land wächst. Wir erleben eine Art Renaissance des ländlichen Raums und damit auch eine neue Sehnsucht nach einem Tourismus im ländlichen Raum.

Für das Nordburgenland bietet diese Entwicklung als Tourismusregion, aber auch als Lebensstandort für die Bevölkerung tatsächlich viele ungeahnte Chancen. Zum einen können kleine Orte wieder ihre Potenziale nutzen, die sie immer schon hatten. Zum anderen eröffnen sich dadurch neue Möglichkeiten für den Tourismus, der den Dörfern Resilienz verleiht.
Vieles ist schon vorhanden, etliches kann und muss geschärft werden.
Insofern kann auch das Nordburgenland zu einem Zukunftsraum werden, der von starker Regionalität geprägt ist und Bewohnern wie Besuchern eine hohe Lebensqualität bietet. Ein Ort der Resonanz, wo Erholung, naturverbundenes Reisen, gesundes und aktives Dasein sowie Kontakte zwischen Einheimischen und Gästen mehr Raum für Selbstverwirklichung bieten. Viele Stadtmenschen haben nahe gelegene Gebiete durch die Corona-Pandemie oft erstmals richtig als Reiseziele und Naherholungsziele kennengelernt.
Was braucht es dafür, um das zu entwickeln?
Unter anderem etwa **Nutzungskonzepte für leer stehende Gebäude**, innovative Unterkunftskonzepte, bedacht entwickelte Zweitwohnsitze, Co-Working-Spaces für Einwohner und Menschen aus der Stadt, lokale Spezialitäten und regionale Kulinarik, den Dorfladen, das Handwerk, Traditionelles und Typisches. Das Spektakuläre tritt eher in den Hintergrund.
Darin liegt die Chance für den Landtourismus im Burgenland: Die konsequente Entwicklung dieses Segments kann auch dem ländlichen Raum eine neue Zukunftsperspektive verleihen. Voraussetzung dafür sind klare Strategien und Ziele. Etwa die notwendige Qualitätssteigerung im Bereich der Beherbergung; Innovation im Bereich der touristischen Freizeitinfrastruktur und des Erlebnisangebots. Zwingend notwendig ist dafür die enge Zusammenarbeit auf allen Ebenen zwischen den unterschiedlichen politischen Zuständigkeiten (Landwirtschaft, Raumordnung, Tourismus) über die regionalen Strukturen bis zur Anbieterbasis vor Ort.
Letztlich soll die Weiterentwicklung eines burgenländischen Landtourismus auch zu einer positiven Destinationsentwicklung beitragen. Das könnte eine Professionalisierung der gesamten Branche nach sich ziehen, Innovationen und Investitionen auslösen, den Gästenutzen steigern und damit die Gästenachfrage ankurbeln, aber auch die Lebensqualität der Menschen im Nordburgenland verbessern und Wertschöpfung für die gesamte Wirtschaft des Landes erzeugen.

Mario Baier, diplomierter Tourismuskaufmann, ist Geschäftsführer von MB-Tourism Consulting. Er war von 2010 bis 2017 Geschäftsführer von Burgenland Tourismus. Schwerpunkte: Destinationsmanagement und -entwicklung. Stationen u. a. Österreich Werbung Wien, Köln und Mailand; General Manager von Piemont Tourismus.

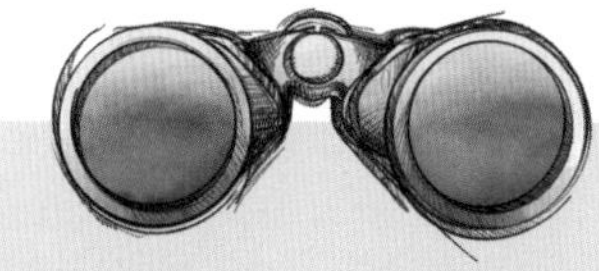

Conclusio

Die Region hat zwei Claims erfolgreich gesetzt: die Sonnenseite Österreichs zu sein und die Positionierung als „pannonische Region". Beides sind Alleinstellungsmerkmale.

Was ist zu tun?
Die Politik könnte mit den erarbeiteten Image- und Kulturfacetten noch viel bewegen und darauf aufbauend innovative pannonische Beherbergungsprojekte fördern. Gezielte Maßnahmen könnten Orte wie Mörbisch mit seinem architektonischen Kulturerbe zum Inbegriff eines charmanten pannonischen Dorfes machen, das zu längeren Aufenthalten motiviert.

Tourismus in einer einzigartigen Landschaft sichern

Ein Beitrag von Patrik Hierner, Tourismusverband Nordburgenland

Der Tourismus ist aufgrund von geänderten Gästeanforderungen und klimatischen Veränderungen im Umbruch begriffen. Daher gilt es, Entwicklungen zu fördern, die auf Flexibilität, innovative Angebote und Nachhaltigkeit setzen.

Der Neusiedler See ist seit Jahrzehnten das touristische Aushängeschild des Burgenlands. Doch auch hier ändern sich die Voraussetzungen für einen langfristig abgesicherten Erfolg. Die unbestreitbare Einzigartigkeit der pannonischen Landschaft sowie andere wichtige touristische Vorzüge der Region – Wein und Kulinarik, Kulturveranstaltungen und Festivals sowie das Radroutennetz – bleiben auch in Zukunft Basis für eine positive Entwicklung.

Breite Ausrichtung unumgänglich

Aufbauend auf diesen Vorteilen muss man sich jedoch auch neuen Herausforderungen für die regionale Tourismuswirtschaft stellen, um wettbewerbsfähig zu bleiben. **Zu den wichtigsten Anforderungen zählt, ein verändertes Gästeverhalten hinsichtlich Informationsbeschaffung mittels neuer Technologien umzusetzen.** Die digitale Urlaubsbegleiterin „Burgi" wurde Ende 2022 auch deshalb entwickelt, um diese geänderten Bedürfnisse zu befriedigen. Das ist eine Web-App, die regionale Ausflugstipps bietet und die Burgenland Card integriert.

Flexibilität und Anpassungsfähigkeit sind weitere Grundvoraussetzungen, um für die Zukunft gewappnet zu sein. Gerade der Neusiedler See mit schwankenden Wasserständen ist ein Paradebeispiel dafür, dass eine thematisch breite Ausrichtung für eine erfolgreiche Destination unumgänglich ist.
Die Entwicklung regionaler Angebote, die für Gäste auch bei niedrigeren Wasserständen attraktiv sind, ist daher weiter voranzutreiben. Dazu zählen z. B. die aktuelle Entwicklung von „Weinwandern am Neusiedler See" oder eine zielgruppengerechte Verbesserung des radtouristischen Angebots, etwa in Form spezieller Familien-Radrouten.

Wie auch in anderen Regionen bewirkt der Klimawandel im Nordburgenland Veränderungen im Gästeverhalten. Radtouren werden im Hochsommer weniger nachgefragt, spielen aber in der Vor- und Nachsaison eine größere Rolle. Das Angebot ist dafür entsprechend zu adaptieren, wobei alle Stakeholder (Unterkünfte, Radverleih, Gastronomie etc.) an einem Strang ziehen müssen.

Entwicklung nachhaltiger touristischer Angebote

Eine besonders große Herausforderung für den langfristigen Erfolg von Destinationen ist die Entwicklung nachhaltiger touristischer Angebote. Hier ist ein ehrlicher Zugang zum Thema Nachhaltigkeit und Umweltbewusstsein gefragt. Es reicht keinesfalls, sich mit „Greenwashing" ein Umweltdeckmäntelchen überzustülpen. **Schon heute legen immer mehr Reisende Wert auf ressourcenschonende Angebote.** Zweifellos wird sich die Nachfrage hier weiter verstärken und künftig werden immer mehr Menschen bei ihrem Buchungsverhalten auf umweltgerechte An- und Abreise oder nachhaltigkeitszertifizierte Gastgeber und Destinationen abzielen.
Ganz besonders gefordert sind in diesem Zusammenhang die Unterkunftsbetriebe. Gerade in diesem Bereich sind **Transparenz und Vergleichbarkeit** durch Buchungsplattformen in hohem Maße gegeben. Schon jetzt besteht z. B. auf der Plattform Booking.com eine Filtermöglichkeit nach dem Kriterium „Travel Sustainable Level". Auch Reiseveranstalter verlangen immer häufiger gezielt nach nachhaltigkeitszertifizierten Betrieben und geradezu ein Muss sind solche Zertifikate künftig für Unternehmen, die im Geschäftstourismus reüssieren wollen.

Neue Angebotsformen bei Unterkünften

Aufgrund veränderter Kundenwünsche entwickeln sich international neue Angebotsformen bei Unterkünften, die auch für die Region Nordburgenland eine größere Rolle spielen können. Dazu zählen etwa **Tiny Houses**, also kleine, transportable Häuser zur touristischen Vermietung. Sie gelten als nachhaltig, sind zumeist sehr energieeffizient, verbrauchen weniger Ressourcen und schneiden beim Kosten-Nutzen-Verhältnis für Gäste meist gut ab.
Glamping, eine Art luxuriöses Camping, hat in den vergangenen Jahren europaweit ebenfalls an Bedeutung gewonnen. Ähnlich wie bei den Tiny Houses gibt es auch hier steigende Nachfrage und ein Bedürfnis nach außergewöhnlichen Reiseerlebnissen, insbesondere für Umweltbewusste. Campingurlauber schätzen meist den direkten Kontakt zur Natur und das Gefühl von Gemeinschaft und Freiheit. Im Vergleich zum herkömmlichen Camping werden beim Glamping auch Personen angesprochen, die nicht auf Komfort verzichten wollen. Insofern ergeben sich hier neue Marktsegmente, die bei zielgruppengerechter Bewerbung als Gäste für die Region zu gewinnen sind.

Beauftragte für Nachhaltigkeit

Wie die Unterkunftsbetriebe stehen auch die Tourismusdestinationen bezüglich Nachhaltigkeit untereinander im zunehmenden Wettbewerb. Der Tourismusverband Nordburgenland hat sich daher – ebenso wie die beiden anderen burgenländischen Destinationen und die Landesgesellschaft Burgenland Tourismus – zum Ziel gesetzt, das nachhaltige touristische Angebot der Region deutlich zu stärken. Zu diesem Zweck wurden mit Jahresbeginn 2024 Nachhaltigkeitsbeauftragte in allen drei Teilregionen des Landes angestellt. Entsprechend den Kriterien des österreichischen Umweltzeichens werden die Destinationen im Detail evaluiert und zielführende Maßnahmen ausgearbeitet.
Resümee: Der Tourismus am Neusiedler See ist angesichts sich wandelnder Gästeanforderungen, klimatischer Veränderungen und eines wachsenden Umweltbewusstseins gefordert, Entwicklungen zu fördern, die auf Flexibilität, innovative Angebote und Nachhaltigkeit setzen. Damit positioniert sich die Region Nordburgenland strategisch für eine langfristige Wettbewerbsfähigkeit.

Patrik Hierner, Studium der Geografie mit Schwerpunkt Regionalentwicklung und Tourismusforschung, ist Geschäftsführer des Tourismusverbands Nordburgenland. Er ist Reiseleiter und Autor.

Naturschutz und Tourismus – Immer noch Gegenspieler?

Ein Beitrag von Bernhard Kohler, Biologe des WWF

Über das Verhältnis von Naturschutz und Tourismus wird meist nur im Konfliktfall nachgedacht. Dabei bestünde ein grundsätzliches gemeinsames Interesse an intakter Natur und Landschaft. Ein Blick auf die Region Neusiedler See und ihre Schutzgebiete.

In unserer Gesellschaft ist bis heute zu wenig Bewusstsein dafür vorhanden, in welchem Ausmaß der Mensch von der Natur abhängig ist, trotz und vielleicht sogar wegen aller zivilisatorischen Errungenschaften. Das führt u. a. dazu, dass über das Verhältnis zwischen Naturschutz und Tourismus meist nur im Konfliktfall nachgedacht wird – und zwar dann, wenn touristische Vorhaben ganz offensichtlich zur Schädigung von Natur und Landschaft beitragen. Dabei bestünde doch ein grundsätzliches gemeinsames Interesse von Naturschutz und Tourismus an einer intakten Natur und Landschaft. Insbesondere, wenn man Tourismus als eine Form der Landnutzung begreift, die untrennbar mit besonderen kulturellen und natürlichen Ressourcen verknüpft ist. Dieses gemeinsame Interesse sollte jedenfalls durch die Definition der Aufgaben und Ziele des Natur- und Landschaftsschutzes deutlich werden. Naturschutz will einerseits die natürlichen Lebensgrundlagen des Menschen erhalten – etwa saubere Luft, sauberes Wasser und funktionierende Ökosysteme – und andererseits die Vielfalt, Eigenart und Schönheit der Natur bewahren. Beide Aufgaben sind untrennbar miteinander verbunden. **Naturschutz ist eindeutig mehr als bloßer Ressourcenschutz für die elementaren menschlichen Lebensgrundlagen.** Er wirkt in Bereiche hinein, die mit Lebensqualität, Erholung, einem seelischen Reichtum und ästhetischer Empfindung zu tun haben – Komponenten, die auch für den Tourismus zentral sein sollten.

Werbung und Realität

Orientiert man sich an Werbeinhalten des Tourismus, sollte die aktive Erhaltung von lokaler Eigenart, natürlicher Vielfalt und landschaftlicher Schönheit ein grundlegendes Anliegen aller im Tourismus Tätigen sein. Tatsächlich ist das oft nur auf einer sehr oberflächlichen Ebene der Fall. Droht im Zuge wirtschaftlicher oder gesellschaftlicher Vorhaben eine weitere Zerstörung und Verarmung von Natur und Landschaft, dann erhebt der Tourismus nur selten hörbar seine Stimme. Anders ist nicht zu erklären, dass in einer österreichweit einzigartigen Tourismusregion wie dem Neusiedler-See-Gebiet Entwicklungen zugelassen werden, die dessen Eigenart und Schönheit großflächig zerstören.

Trotz der begrenzten räumlichen Ressourcen wuchern in allen Gemeinden an den historischen Ortsrändern landschaftsfressende, ästhetisch triste Gewerbegebiete, Siedlungsflächen und Infrastrukturanlagen.

Sie machen die Orte der Region zu einem traurigen Duplikat aller nur denkbaren städteplanerischen Fehlentwicklungen, die in den nächstgelegenen Großstädten Wien und Bratislava zu beobachten sind. Besonders sticht die Entwicklung des Raums zwischen Parndorf und Neusiedl am See mit seinen ressourcenverschwendenden Großkaufhäusern, Parkplätzen, Industrieanlagen, ausladenden Verkehrsflächen und eingestreuten Wohngebieten hervor. Hier fehlt ganz klar eine überlegte und koordinierte Raumplanung. Repliken finden sich im Seewinkel, am Westufer des Neusiedler Sees und in der Wulka-Ebene bis nach Eisenstadt und dessen neu gewuchertem Speckgürtel. Alle wissen, die Bodenressourcen sind endlich – dennoch ist ein Ende dieses Trends nicht in Sicht. Auch wenn dieser Trend das Resultat einer an sich begrüßenswerten wirtschaftlichen Entwicklung ist, stellt sich die Frage: **Wann werden andere für die Region essenzielle Wirtschaftsbereiche wie der Tourismus dadurch in Mitleidenschaft gezogen?** Schon jetzt müssen Besucherinnen und Besucher der Region ihren Blick wie mit unsichtbaren Scheuklappen auf die verbliebene Schönheit der Landschaft richten.

Den Wert der Landschaft erkennen

In welchem Ausmaß die Landschaft beansprucht wird, ist mehrfach zu bemerken. Etwa bei den Bemühungen, in der Region wieder einen naturnäheren Wasserhaushalt herzustellen. Siedlungen und Gewerbeparks in ehemaligen Feuchtgebieten erfordern großflächige Maßnahmen für den präventiven Hochwasserschutz bzw. für Entwässerungen. Der Grundwasserspiegel ist im Seewinkel und im Hanság, verstärkt durch landwirtschaftliche Bewässerung, deutlich abgesunken. Die Vorratsbildung für Dürrezeiten ist dadurch eingeschränkt. **Das ist nicht nur für den Fortbestand europaweit bedeutender Feuchtgebiete problematisch, sondern auch für einen Tourismus, der auf dem Alleinstellungsmerkmal dieser Natur aufbaut.**

Insofern sollte man sich auch hinsichtlich touristischer Potenziale überlegen: Einkaufszentren, Autohäuser und Reihenhaussiedlungen gibt es überall in Europa. Einen besonderen Anreiz für einen Besuch der Region bilden sie nicht. Sodalacken, Salzsümpfe und Alkalisteppen samt reicher Vogelwelt von dieser Qualität gibt es in Mitteleuropa nur hier. Aber auch am See zwingen der Ausbau der Seebäder und die Verbauung von historischen Überschwemmungsräumen zur regelmäßigen Ableitung von „überschüssigem“ Wasser, das bei ausbleibenden Niederschlägen fehlt. Mit jeder Ableitung geht dem See zudem Salz verloren und damit ein Stück seines Charakters als salzhaltiger Steppensee.

Symptombekämpfung statt Renaturierung

Die Region ist durch starke Schwankungen der Niederschlagsmengen und extreme Standortverhältnisse geprägt. Die zahlreichen Feuchtgebiete fungierten in der Region wie Wasserspeicher. So konnte die Erholung nach Dürrephasen wesentlich rascher und gründlicher erfolgen. Bis heute sind rund 80 Prozent der Feuchtgebiets-Ausstattung verloren gegangen. Weil grundlegende Besonderheiten der Region wie der Salzgehalt des Bodens und der Gewässer früher unangetastet blieben, war nach natürlichen Schwankungen eine Rückkehr zur Ausgangssituation problemlos möglich. Heutzutage lösen natürliche Schwankungen unberechenbare Entwicklungen aus, weil wir der Landschaft mit ihrer Eigenart zunehmend auch die Resilienz genommen haben.

Der Tourismus steht diesen Entwicklungen weitgehend hilflos oder sogar verständnislos gegenüber. Statt für Renaturierungsmaßnahmen zu plädieren, lässt er sich zu unüberlegter Symptombekämpfung hinreißen. Etwa, wenn Gemeinden aus Sorge um ihre Tourismuseinkünfte Resolutionen veröffentlichen, in denen zur „Rettung des Sees“ eine künstliche Zufuhr von Donauwasser gefordert wird. Dabei sollten sich die Probleme, die eine Dotation mit sich bringt, mittlerweile herumgesprochen haben. Es wird hier offensichtlich, dass der Tourismus seine eigene Lebensgrundlage nicht verstanden hat: die Eigenart, Vielfalt und Schönheit der Natur in unserer Region in seinem ureigenen Interesse zu bewahren.

Naturerlebnis lässt sich nicht beschleunigen

Das Erkennen dieses Defizits wird nicht zuletzt dadurch erschwert, dass einige Tourismusverantwortliche nach wie vor auf der Welle des „schneller, weiter und mehr" reiten, das weite Teile unserer nicht-nachhaltigen und ressourcenverschwendenden Wirtschaft prägt. Auf kurzlebige Massenevents und Großveranstaltungen zu setzen, die überall anderswo genauso stattfinden könnten, geht ebenso gegen den Strich jeder vernünftigen Tourismusstrategie wie die Förderung von Geschwindigkeit, Durchsatz und Quantität.

Eine langfristige Bindung der Besucher an die Region wird nur über unverwechselbare Natur- und Kulturerlebnisse, erholsame Entschleunigung und Individualität zu erreichen sein.

Ein Beispiel, wie das gelingen kann, sind touristische Konzepte, wie sie der Nationalpark Neusiedler See – Seewinkel verfolgt. Das Angebot ist darauf ausgerichtet, die Besucher länger in der Region zu halten. Anders als z. B. im Nationalpark Donau-Auen, wo es keine Beherbergungsmöglichkeiten gibt und Tagesbesuche dominieren, lassen sich in der Region Neusiedler See Aktivitäten so strukturieren,

dass die Menschen angeregt werden zu bleiben, zu nächtigen. Andernfalls profitiert nur das Busunternehmen oder es wird der Individualverkehr verstärkt – das Rad ins Auto gepackt, an einem Tag hierher und wieder zurück. Alles, was beschleunigend wirkt, ist aber kontraproduktiv für die Natur und die Regionalwirtschaft.
Insofern ist es nur konsequent, Beherbergungen kleinteilig zu strukturieren und Massenabfertigungen zu vermeiden. Dann profitieren jene touristischen Akteure, die gut verwurzelt sind. Und nur dann findet eine Rückkoppelung mit der Region und dem Naturschutz statt. Etwa dadurch, dass ein stärkeres Augenmerk auf regionale Ressourcen wie das Grundwasser gelegt wird.

Insellösungen sollten unbedingt vermieden werden. Das Gesamtangebot in der Region mit Ungarn ist reichhaltig, man braucht mindestens eine Woche Aufenthalt, um ein bisschen etwas gesehen und erlebt zu haben. Insofern ist es wichtig, die Region gemeinsam und gleichmäßig, auch hinsichtlich wirtschaftlicher Fragen, zu entwickeln.

Was Entschleunigung konkret bedeutet, zeigt sich auch am Beispiel des Radtourismus. Es macht einen Unterschied, ob das wörtlich genommene „Erfahren" der Region mit einem möglichst flotten E-Bike auf asphaltierten Radwegen erfolgt oder ob eine genussreiche Erkundung der Natur auf bequemen Fußwegen stattfinden kann. Die E-Bike-Variante verkommt schnell zum technikgestützten, einzig auf das Erleben des eigenen Körpers fokussierten Kilometerfressen. Sie schafft eine nur sehr oberflächliche Beziehung zur Landschaft. Die Fußgeher-Variante (lässt sich durchaus mit einem maßvollen Gebrauch von Fahrrädern kombinieren) hingegen führt zu einer Fülle von Entdeckungen, die in eine zutiefst bereichernde Beziehung zur Region münden können. Wer an diesem Gegensatz zweifelt, sollte als Fußgeher versuchen, die Zitzmannsdorfer Wiesen und ihre Tier- und Pflanzenwelt auf dem asphaltierten Rad- und Fußweg südlich von Weiden am See zu erleben. Die wegen des Asphalts bald schmerzenden Füße und die wegen der permanenten Kollisionsgefahr notwendigen häufigen Fluchtsprünge in die umgebende Vegetation werden ihn darüber belehren, dass der Tourismus in der Region – bis auf einige löbliche Ausnahmen – noch nicht gelernt hat, Eigenart, Vielfalt und Schönheit der Natur effektiv für sich zu nutzen.

Es bleibt zu hoffen, dass der Tourismus dieses Defizit bald erkennt und entsprechende Initiativen setzt. Ausdruck für eine solche Haltungsänderung könnte eine aktive Beteiligung an der Entwicklung und Gestaltung von naturtouristischen Angeboten sein. Gute naturtouristische Programme wachsen nicht auf den Bäumen, sie sind das Ergebnis von aufwendiger Entwicklungsarbeit. Es braucht dazu engagierte und fachlich kompetente Personen, gute Ideen sowie Geld für die Ausarbeitung, Erprobung, Umsetzung und laufende Aktualisierung von attraktiven Programmen. So wie im Kulturbetrieb erfolgreiche Theaterstücke, Konzerte und Ausstellungen nicht ohne aktive Förderung zustande kommen, brauchen auch Umweltbildung und Naturvermittlung entsprechende institutionelle, personelle und finanzielle Rahmenbedingungen, um breitenwirksam zu werden. Während aber im Kulturbereich ein umfangreicher Apparat vorhanden ist, der dafür sorgt, dass kreative Ideen sich letztlich in touristisch wirksamen Angeboten niederschlagen, gibt es in der Naturvermittlung diese Voraussetzungen kaum. Hier könnte die Tourismuswirtschaft zum eigenen Vorteil mithelfen, eine abwechslungsreiche, originelle und qualitativ hochwertige Angebotslandschaft zu schaffen. Eine aktive Anteilnahme des Tourismus an der Aufbereitung und Vermittlung der Naturschätze in der Region wird letztlich auch dazu führen, dass dieser Wirtschaftszweig gemeinsam mit dem Naturschutz seine Stimme erhebt, wenn es gilt, unersetzbare Güter in Natur und Landschaft gegen unbedachte Inanspruchnahme und Zerstörung zu verteidigen.

Bernhard Kohler, Studium der Zoologie und Botanik an der Universität Wien, ist Biologe und Senior Conversion Advisor im WWF Österreich. Er war an zahlreichen Studien in der Region Neusiedler See beteiligt.

Es bräuchte mehr Initiative

Ein Beitrag von Ewald Tatar, Veranstalter

Das Nova Rock Festival bringt jährlich weit über 100.000 Besucher nach Nickelsdorf. Wie kann es gelingen, für Gäste von Großveranstaltungen weitere Angebote zu schaffen, um sie länger in der Region zu halten?

Wir haben beim Nova Rock Festival in Nickelsdorf 50.000 bis 60.000 Besucher pro Tag. Das Festival dauert vier Tage. Das sind sehr viele Menschen, für die in einem abgelegenen Festivalgelände für kurze Zeit eine Infrastruktur in der Größe von Wiener Neustadt errichtet wird: Es gibt Supermärkte, Einkaufsmöglichkeiten und Weinverkostung. 2023 hatten wir einen Anteil von rund 38 Prozent an deutschen Besuchern. Vier bis sechs Prozent kommen aus anderen Nachbarländern. Deutsche Gäste fahren – das liegt fast in der Natur der Sache – zum Festival wie in ein Ghetto: Sie verlassen die Autobahn, betreten das Festivalgelände und fahren am Ende wieder zurück. Von der tollen Umgebung haben sie kaum etwas mitbekommen. Viele Besucher wissen nicht einmal, dass es 15 Kilometer entfernt den Neusiedler See gibt.
Didi Tunkel hat 2023 erstmals Burgenland Tourismus auf dem Gelände präsentiert; da wurde schon einen Schritt weiter gedacht. Aber man könnte rund um das Festival viel mehr machen. Ich selbst rege die Leute an, sich auch die Umgebung anzusehen. Wir organisieren ein Shuttle-Service nach Podersdorf, wo sie sich im Strandbad einen schönen Tag machen können. Wir geben auf der Website Tipps für Freizeitprogramm, weisen auf das Designer Outlet Parndorf hin. Aber wir können keine Heurigen-Touren veranstalten oder Trips zu den Weißen Eseln im Nationalpark. Das ist auch nicht meine Aufgabe. Dennoch versuche ich seit Jahren, initiativ zu sein. Ich möchte dafür drei Beispiele nennen:

Packages mit Nächtigungen im Hotel

Die Besucher beim Nova Rock Festival sind etwa zwischen 20 und 60 Jahre alt. Anders als bei Frequency in St. Pölten, das ein sehr junges Publikum hat, sind unsere Gäste zu einem guten Teil durchaus bereit, sich den Aufenthalt etwas kosten zu lassen. Wir haben einen VIP-Bereich mit sehr teuren Karten, der jedes Jahr ausverkauft ist. Um dieses Angebot weiterzuentwickeln, habe ich das Diamond VIP-Ticket erfunden, bei dem Nächtigungen mit Sektfrühstück und ein Aufenthalt in der St. Martins Therme & Lodge dabei sind. Die Gäste werden von uns mit dem Bus abgeholt und wieder heimgebracht. Von der St. Martins Therme erhalten wir aber nicht mehr als 50 Zimmer. Mittlerweile konnten wir auch das Resort Scheiblhofer für unser Angebot gewinnen. Die Pakete, die wir anbieten, verlängern definitiv den Aufenthalt der Festival-Gäste in der Region. Und eigentlich hätte ich erwartet, dass in der Folge jemand auf mich zukommt und meine Initiative aufgreift. Egal, ob das Hotels sind oder andere touristische Anbieter. Dass das nicht passiert, wundert mich schon.

Caravaner wären gut ansprechbar

Bei Nova Rock haben wir etwa 5.000 bis 6.000 Stellplätze. Ich schätze, von den Gästen kommen 4.000 tatsächlich mit einem Caravan hierher. Dieser Anteil wächst jedes Jahr. Wir sprechen also von einem hochinteressanten Segment. Diese Fahrzeuge kosten eine Stange Geld. Der Caravan-Tourist ist flexibel, hat

Fahrräder und zum Teil auch ein Moped mit, ist auf der Suche nach schönen Plätzen und guter Gastronomie. **Aus diesem Potenzial wird touristisch in der Region noch zu wenig gemacht.** Dabei wären die Leute, die wir in die Region holen, für touristische Konzepte gut erreichbar. Schon allein deshalb, weil sie sehr flexibel sind. Man könnte ihnen – wesentlich leichter als stationären Hotelgästen – das Leben in der Region näherbringen, Angebote machen und sogar Routen vorschlagen.

Ein Beispiel: Gäbe es einen Stellplatz in Sankt Margarethen, könnten Besuche in Rust, Mörbisch, in der Oper im Steinbruch empfohlen werden. Dazu ein Stopp bei einem Heurigen, eine Fahrt mit dem Tretboot, ein Ausflug auf die Rosalia, ein Besuch in der Burg Forchtenstein, ein gutes Abendessen in einem Gasthaus.

Die Caravaner sollten definitiv von Campinggästen unterschieden werden. Diese Klientel ist mobil, neugierig, bereit, das Land zu erkunden, und nicht unbedingt sparsam. Für die Ansprüche, die diese Gäste vermutlich haben, gibt es in unserer Region bislang viel zu wenig an Service und Betreuung.

Die Stadt zum Festival machen

Als ich mit Lovely Days vor einigen Jahren nach Eisenstadt gekommen bin, wollte ich etwas aufbauen. Schon Anfang der 2000er-Jahre hatten wir versucht, das Jazz Fest Wiesen auf den Haydnsaal auszudehnen. Wir brachten Acts wie Ray Manzarek von den Doors in den Haydnsaal . Das Konzept hat zwar funktioniert, aufgrund der räumlichen Entfernung zu Wiesen hat sich daraus aber nie eine Symbiose entwickelt.
Mit Lovely Days habe ich erneut versucht, die Konzertreihe mit dem Umfeld zu verbinden.
Allerdings hat sich in Eisenstadt kein Nährboden entwickelt. Mein Ansatz, eine Marching Band durch Eisenstadt marschieren zu lassen, um die Innenstadt stärker einzubeziehen, fand keinen Widerhall. **Dabei wäre Eisenstadt prädestiniert für den Montreux-Gedanken:** die Stadt zum Festival zu machen. Bei Lovely Days sind 7.000 bis 9.000 Menschen in der Stadt, von denen sich ein Teil sicherlich für weitere Aktivitäten gewinnen lässt. Ansprechbar wären auch jene Leute, die im Lindenstadion campieren; dort gibt es keinerlei Infrastruktur. Das bedeutet, dass diese Gäste ohnehin in die Stadt spazieren, um zumindest essen zu gehen oder einzukaufen.

Was liegt näher, als zu überlegen, wie man die Festivalwochenenden zeitlich nach vorne oder hinten verlängern kann? Der Haydnsaal eignet sich ideal für Jazz-Konzerte oder auch Unplugged-Konzerte.
So könnten die Leute länger in der Stadt gehalten oder öfter hierhergebracht werden. Um eine solche Dynamik entstehen zu lassen, bräuchte es aber Strukturen, die eine Vernetzung fördern. Das sehe ich in Eisenstadt nicht. Auch wenn es sicherlich willkommen wäre, wenn ich Ideen entwickle und das Risiko übernehme.

Ewald Tatar ist mit rund 400 Veranstaltungen im Jahr einer der größten Eventveranstalter des Landes. Er hat als DJ begonnen, entwickelte einige Wiesen Festivals mit und hat u. a. das Nova Rock Festival und Lovely Days ins Leben gerufen.

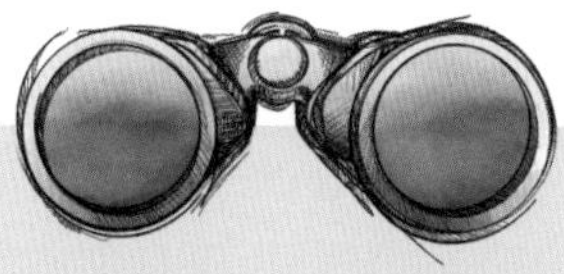

Conclusio

Großveranstaltungen (Nova Rock, Mörbisch, Oper St. Margarethen etc.) holen zehntausende Besucher in die Region. Dieses Potenzial wird für den Tourismus bislang zu wenig genutzt.

Was ist zu tun?
Diese Besuchergruppen müssen stärker als potenzielle Aufenthaltsgäste verstanden werden. Es gilt, sie durch Rahmenprogramme und weitere lokale Angebote in der Region zu halten. Hier ist mehr Initiative gefragt: Hotels könnten Packages anbieten, Kommunen könnten Caravaning-Plätze fördern, Betriebe könnten Ausflugsziele stärker promoten. Eisenstadt hat die Chance, zur Festivalstadt zu werden.

Ein wertvolles Zusatzangebot für den Wiener Tourismus

Ein Beitrag von Norbert Kettner, Geschäftsführer WienTourismus

Es sind qualitativ hochwertige Angebote, aber auch Trends wie „Transformative Travel", die Synergien zwischen WienTourismus und der Region Neusiedler See ermöglichen.

Die große Chance für die Region Neusiedler See besteht darin, Versuchslabor zu sein, denn es kam hier vergleichsweise spät zur Entwicklung des Tourismus. Das ermöglichte, Fehler anderer zu beobachten, sie aber selbst nicht zu wiederholen. Man denke an die Herausforderungen, die Intensivtourismus für einzelne Destinationen mit sich bringt. Insofern ist es Gebot unserer Zeit, Balance im Umfeld eines extensiven Tourismusangebots zu finden: zu beobachten, was eine Region aushalten kann und will, wo Grenzen zu ziehen sind. Individuelle Hebel zu definieren, bei denen man ansetzt. Zieht man Parallelen zwischen Wien und Nordburgenland, könnte man sagen, dass in Wien der öffentliche Raum und in der Region die Natur ein wertvolles Gut darstellen, auf das man aufpassen muss. So, wie wir aus der Innenstadt keinen Vergnügungspark machen wollen, sollte man das auch nicht mit der Natur tun. Ganz nach dem Vorbild der Angelsachsen lässt sich im Sinn eines Verknappungsmarketings dem Gast vielmehr vermitteln, dass man dieses Asset gerade für ihn schützt.

Das gestiegene Verkehrsaufkommen ist eine der wesentlichsten Herausforderungen. Im Nordburgenland dürfte das an Wochenenden sowie vor allem während Festspielen und Veranstaltungen zum Tragen kommen, etwa in St. Margarethen, Mörbisch oder Parndorf. Hier braucht es Lösungsansätze, wenn man bedenkt, welche Bedeutung Nachhaltigkeit und Klimaschutz auch im Tourismus aufweisen. In Wien befinden wir uns in privilegierter Situation: Mit dem breit ausgebauten öffentlichen Verkehr ist das „Last Mile"-Problem unkompliziert gelöst. Immer weniger Menschen entscheiden sich, eine Millionenstadt per Auto zu bereisen. Für die lokale Bevölkerung bedeuten Verkehr und die „Letzte Meile" einen Druckpunkt: Sind Straßen aufgrund von Events oder Saisonwechsel verstopft, belastet dies unmittelbar die Tourismusakzeptanz. Das Nordburgenland selbst ist zwar nicht dicht besiedelt, aber von einem bevölkerungsintensiven Großraum beeinflusst – von Wien, Bratislava und Györ.

Ein Markt für Wien?

Wir beobachten im internationalen Tourismus seit Längerem den Trend des „Transformative Travel": Gäste wollen keine Best-of-Listen mehr abarbeiten. Sie wollen nunmehr in den „Social Canvas" eintauchen – sich auf die Menschen vor Ort und ihr Lebensumfeld einlassen. Damit ist man rasch bei den kulturellen Ausprägungen einer Destination angelangt – wie etwa dem Wein, der in Wien wie auch im Burgenland wichtiges Thema ist. Die Veränderung touristischen Verhaltens ist Ausdruck eines Megatrends, der bleiben wird. Noch wirkt er sich nicht auf die Aufenthaltsdauer aus, doch muss es – seit der Pandemie – als Erfolg betrachtet werden, dass diese auch nicht gesunken ist. In Wiens Städtetourismus liegt sie derzeit bei 2,3 Tagen.

Zurück zu **„Transformative Travel"**: Das spielt auch in Metropolregionen keine unwichtige Rolle. Gäste, die nach Wien reisen und die Region erkunden wollen, werden das weniger mit dem Auto tun, sondern angebotsorientiert. **Diese Angebote muss man schaffen.** Es mag paradox klingen, dass gerade jene Gäste, die länger in der Stadt bleiben, eher dazu bewogen werden können, ihren Radius zu erweitern. Hier setzen wir an, das ist ein Kernpunkt unserer Regionalpartnerschaft. Wir machen unserem Publikum via Marketing regionale Attraktionen und Anbieter bekannt. **Anhand der Interessenlage der Gäste merken wir, dass insbesondere hochwertige Angebote in Anspruch genommen werden.** Damit ist weniger die Region gemeint, sondern ganz konkrete Anbieter wie etwa die Esterhazy Betriebe, die mit ihrem jüngst erweiterten Hospitality-Bereich und Wein- und Kulturerlebnissen hochqualitativ aufgestellt sind. Hier gibt es deutliche Synergien, die auf unseren Marketingflächen zum Einsatz kommen. Auf unseren Social-Media-Kanälen tummeln sich eineinhalb Millionen Follower – etwa die Einwohnerzahl Münchens. Unsere Destinations-App „ivie", ein individualisierbarer Wien-Guide, wurde seit dem Launch 2020 bereits eine Million Mal heruntergeladen und ist die größte App im Tourismusbereich. Rund eine halbe Million aktive User finden über „ivie" auch das Esterhazy-Kulturprogramm.

An dieser Stelle seien auch die Grenzen des Föderalismus erwähnt. Tatsächlich ist es so, dass die Esterhazy Betriebe als Unternehmensgruppe deutlich mehr Überschneidungen mit unseren Zielgruppen aufweisen als mit dem Burgenland Tourismus allgemein. Das hat primär mit den erwähnten Themenstellungen und Premiumangeboten im Bereich von Wein oder Kultur sowie einem generellen Zugang zu tun. Ein plakatives Beispiel findet sich auch im Thema „Birdwatching" – es zählt, wenn auch nicht auf den ersten Blick ersichtlich, eigentlich zu den urbanen Themen. Birdwatcher sind, überspitzt formuliert, gut gebildete Städter, die geduldig hinter einem Busch hockend auf einen bestimmten Vogel warten. Vor allem die besser gestellte Zielgruppe verfügt über Mittel und Zeit für derartige Unternehmungen. Und zeigt, dass es zwischen Esterhazy und Wiens Städtetourismus wohl eine größere Querschnittsmenge gibt als mit der generellen Strategie des Burgenland Tourismus (die ich, wohlgemerkt, bis hin zum Marketing sehr nachvollziehbar finde). Trotz all der beschriebenen Themenfelder sei aber auch angemerkt: Der derzeit große Renner in der Region ist das Designer Outlet Parndorf. Es ist zu einer Destination inmitten der Destination geworden.

Zum Schluss sei noch eine gesamtwirtschaftliche Einordnung erlaubt: In der Ostregion Wien, Niederösterreich und Burgenland werden etwa 40–45 Prozent der Wertschöpfung ganz Österreichs erwirtschaftet: **Gemeinsam mit den wirtschaftlich starken Regionen in der Westslowakei und Westungarn sind wir, gemessen am BIP, ein Powerhouse.** Auch wenn uns der Föderalismus und die Staatsgrenzen manchmal ein wenig hemmen – letztlich bestehen die Grenzen ja meist nur im Kopf.

Norbert Kettner ist Geschäftsführer von WienTourismus, ORF-Stiftungsrat, stv. Aufsichtsratsvorsitzender der Stadt Wien Marketing GmbH, Mitglied des Beirats des Dachverbands Luftfahrt sowie des Advisory Board der MODUL University Vienna.

Eisenstadt – Vision für eine nachhaltige Mobilität

Ein Beitrag von Christian Grubits, Verkehrsplaner

Die Landeshauptstadt bietet dreimal so viele Arbeitsplätze wie Erwerbstätige. Das macht sich auch in der Verkehrssituation bemerkbar. Wie kann die Lebensqualität der Einwohner gehoben werden und damit auch die Attraktivität für Touristen?

Die Vision

Sabine, Karl und Jens sind im hypothetischen Jahr 2040 aus unterschiedlichen Gründen in Eisenstadt. Sabine arbeitet in der Verwaltung eines Unternehmens und pendelt täglich aus einer Nachbargemeinde in die Stadt. Karl arbeitet ebenfalls in der Stadt, wohnt aber in einem Ortsteil von Eisenstadt. Jens besucht Eisenstadt als Tourist. Alle drei haben unterschiedliche Interessen in der Stadt: als Bewohner, Pendler und Besucher. Sie bewegen sich aber im gleichen öffentlichen Raum.

Sabine fährt mit dem Klimaticket von ihrer Wohngemeinde mit dem regionalen „Stadt-Land-Bus" zu ihrem Arbeitsplatz nach Eisenstadt. Der Bus fährt in einem dichten Takt, auch abends und am Wochenende, sodass Sabine für ihre Wege fast nie ein Auto braucht. Am Busbahnhof am Domplatz angekommen, spaziert sie über den seit einigen Jahren autofreien und attraktiv gestalteten, mit Bäumen angenehm beschatteten Platz und weiter durch fast autofreie fußgängerfreundliche Straßen. Sie kommt gut gelaunt und ausgeruht an ihrem Arbeitsplatz an. Die 2024 noch üblichen Staus in der Früh und am Abend an den Einfahrtsstraßen gibt es nicht mehr. Neben Rädern fahren nur mehr öffentliche Verkehrsmittel, Fahrgemeinschaften, Taxis, notwendige Liefer- und Einsatzfahrzeuge in die Stadt. Karl benützt je nach Jahreszeit für seine innerstädtischen Wege meist das Fahrrad, den öffentlichen Bus oder er geht zu Fuß. Er ist auch beim städtischen Carsharing angemeldet und mietet sich für Ausflüge und größere Einkäufe ein passendes Fahrzeug. Im Siedlungsgebiet der Stadt fahren die „Stadt-Land-Busse" in einem engen Takt, sodass Karl kaum warten muss. Meist benützt er aber ohnehin das Fahrrad und für seine Einkäufe das Lastenrad mit Elektromotor. Aufgrund der geringen Distanzen innerhalb des Stadtgebiets erreicht Karl jedes Ziel ohne Stress in maximal zehn Minuten. Für eine sichere und störungsfreie Fahrt sorgen auch die großzügig angelegten Radwege entlang der Hauptrouten, die auf Kosten von Fahrspuren und Parkstreifen errichtet wurden, sowie die attraktiven Fahrradstraßen.

Jens, unser Tourist, ist mit der Bahn angereist, sein Reisegepäck ist bereits im Hotel. Der Bahnhof wurde zu einem multifunktionalen Zentrum umgebaut, sodass er ohne Umwege noch ein paar kleine Einkäufe tätigen kann. Das Zentrum wird auch von anderen Bahnreisenden für diverse Erledigungen genutzt.
Jens überlegt, ein Leihfahrrad am Bahnhof über die App zu buchen, entscheidet sich aber dann dafür, über

die neu gestaltete fußgängerfreundliche Bahnstraße ins Zentrum zu flanieren, um auf der Hauptstraße noch einen Kaffee zu trinken. Dort hört er von älteren Eisenstädtern, dass die Hauptstraße früher eine Durchzugsstraße und voll mit parkenden Autos war – und schüttelt den Kopf.

Stand, Entwicklungen und Barrieren

Trotz verschiedener positiver Ansätze und Bemühungen sind wir in der Region aus verschiedensten Gründen leider noch nicht so weit, dass die Menschen umweltfreundliche, platzsparende Verkehrsarten ihrem gewohnten Auto vorziehen. Das bringt viele Nachteile mit sich. Straßen sind für Zu-Fuß-Gehende oder Radfahrende unattraktiv, viele Menschen leiden an Bewegungsmangel samt gesundheitlichen Folgen, da sie ihre Alltagswege nicht „aktiv“ in Bewegung, sondern im Auto sitzend zurücklegen. Parkplätze blockieren den Raum für attraktive Nutzungen und „klimafitte“ Gestaltung.

In den vergangenen Jahrzehnten wurden einige positive Entwicklungsschritte gesetzt. Mit der Umsetzung der seinerzeit größten Fußgängerzone aller Landeshauptstädte (bezogen auf die Einwohnerzahl) wurde 1989 – entgegen der in den 30 Jahren davor autoorientierten Entwicklung – mit (auch politisch) großem Erfolg ein wesentlicher Baustein zur Förderung des Fußverkehrs in Eisenstadt gesetzt. **Die autofreie, mit Lokalen und Sitzgelegenheiten ausgestattete Hauptstraße und der anschließende Esterhazyplatz mit dem Schloss sind ein Anziehungspunkt für Touristen.** Abseits der Durchzugsstraßen wurden in Siedlungsgebieten, unterstützt durch bauliche Maßnahmen, Tempo-30-Zonen umgesetzt. Sie ermöglichen eine „Koexistenz“ der Verkehrsteilnehmer (Zu-Fuß-Gehende, Radfahrende und Autofahrende) im Straßenraum, sodass **mehr Raum für Grünflächen** verbleibt und Zu-Fuß-Gehende nicht auf schmale Gehsteige verbannt werden.

2016 wurde angrenzend an die Fußgängerzone ein Teil der Pfarrgasse mit dem stark belebten Domplatz und dem Busbahnhof als Begegnungszone verordnet. Parkplatzflächen wurden zugunsten der Stadtbushaltestelle (Fahrbahnhaltestelle) entfernt. Der im gleichen Jahr eingeführte Stadtbus trägt ebenfalls zur Förderung nachhaltiger Mobilität bei. Mit dem Belassen des Busbahnhofs im Zentrum ist eine wichtige zusätzliche Frequenz in der Innenstadt gegeben. **Auslagerungen wichtiger Frequenzbringer wie etwa der Fachhochschule an den Ortsrand**

waren eher kontraproduktiv. Auch der verstärkte Ausbau der Einkaufs- und Fachmarktzentren samt Parkplätzen am Ortsrand ist unter diesem Gesichtspunkt kritisch zu sehen, da Autofahrten generiert und Flächen versiegelt wurden.

Die Prämisse der Erhaltung der Flüssigkeit des Kfz-Verkehrs insbesondere auf dessen Hauptrouten wie Esterhazystraße, Wiener Straße, Ödenburger Straße und Sankt-Antoni-Straße führt weiterhin zu hoher Trennwirkung, **hohem Flächenverbrauch** (Abbiegespuren, breite Fahrspuren), **geringer Aufenthaltsqualität und Barrieren für den Fuß- und Radverkehr.** Vor allem zu den Stoßzeiten ist der Verkehrsfluss durch Staus eingeschränkt, sodass leider auch der öffentliche Busverkehr massiv an Attraktivität verliert.

Fazit: Gute Ansätze für nachhaltige Mobilität, aber die Autodominanz im öffentlichen Raum – und damit „in den Köpfen" – ist immer noch sehr groß.

Bausteine einer Transformation

Für eine Transformation vom Auto- zum Fuß-, Rad- und öffentlichen Verkehr ist eine weitere Attraktivierung dieser Mobilitätsformen erforderlich. Der öffentliche Raum muss zugunsten des Fuß- und Radverkehrs auf Kosten des Autoverkehrs umverteilt, der öffentliche Verkehr aufgewertet und die Autonutzung Richtung Carsharing optimiert werden. Auch eine vorausschauende Raumplanung mit kurzen Wegen ist zu berücksichtigen und nachhaltige Mobilitätskonzepte sollten die Stellplatzverpflichtung ablösen.

Es gibt viele (meist bereits bekannte) Bausteine, um die Vision für eine nachhaltige Mobilität zu erreichen. In diesem Rahmen sollen zwei wichtige Themenbereiche angesprochen werden: die aktive Mobilität in der Stadt und die Anbindung an das Umland (Einzugsgebiet).

Förderung der aktiven Mobilität (Fuß- und Radverkehr)

Etwa 20 Prozent aller Autowege enden laut „Österreich unterwegs"[1] bereits nach 2,5 Kilometern, 40 Prozent nach maximal fünf Kilometern.
Legt man um das Stadtzentrum mit dem Zirkel einen Radius von 2,5 Kilometern, so ist zu sehen, dass der Kreis fast das gesamte Siedlungsgebiet einschließt und ein enormes Potenzial für den innerstädtischen Radverkehr besteht. Vom Rand der Siedlungsfläche ist das Zentrum in etwa zehn Minuten mit dem Fahrrad zu erreichen, mit dem E-Bike noch etwas schneller und komfortabler. Für rund einen Kilometer bedarf es eines Fußwegs von 15 Minuten. Etwa zehn Prozent der Autowege könnten so ersetzt werden.
Um diese Potenziale möglichst auszuschöpfen, sind sichere, möglichst störungsfreie autofreie oder zumindest autoarme verkehrsberuhigte und attraktive Fuß- und Radwegnetze erforderlich. Wichtige Ziele wie Schulen, Kindergärten, Einkaufsmöglichkeiten, Bahn- und Bushaltestellen und touristische Orte sollten in das Netz eingebunden sein. Barrieren wie z. B. zwischen Stadtzentrum und Oberberg/Unterberg (mit Haydnkirche und Museen) und Bahnhof/Kirchäcker sollten durch fuß- und radverkehrsfreundliche Gestaltung im Bereich Esterhazystraße bzw. Ödenburger Straße/Sankt-Antoni-Straße abgebaut werden. Das bedeutet eine Umstrukturierung der Verkehrsflächen in attraktive umwegfreie Querungsbereiche, Begegnungszonen, Radverkehrsanlagen, autofreie Bereiche um Schulen und touristische Ziele auf Kosten des ruhenden Verkehrs und breiter Fahrspuren.

Attraktivierung des öffentlichen Verkehrs in die Region

Eisenstadt wird als Arbeits-, Verwaltungs-, Dienstleistungs- und Einkaufszentrum wie keine andere Stadt aus dem Umland frequentiert. Die Stadt bietet dreimal so viele Arbeitsplätze, wie Erwerbstätige in der Stadt selbst wohnen. Mit den Einpendlern verdoppelt sich an Schultagen die Tagesbevölkerung. Der Verkehr in Eisenstadt ist daher zum größeren Teil auf die Wege der Besucher, die außerhalb des Stadtgebiets wohnen, zurückzuführen. Derzeit ist der öffentliche Busverkehr trotz aktueller Angebotsverbesserungen häufig vor allem auf den Schülerverkehr abgestimmt. Aus den meisten Umlandgemeinden besteht Montag bis Freitag ein Ein-Stunden-Takt, Samstag und Sonntag ein Zwei-Stunden-Takt. Nahezu alle Linien haben Quelle bzw. Ziel am Domplatz.

Eine 2005, also schon vor rund 20 Jahren erstellte Studie im Rahmen des Schirmprojekts „Nachhaltig umweltfreundlicher Verkehr und Tourismus in sensiblen Gebieten – Region Neusiedler See / Fertő-tó“[2] **empfiehlt eine Verdichtung des bestehenden Busverkehrs in die Landeshauptstadt aus dem Umland** und durchgehende Linien (Durchmesserlinien) zur Reduzierung unbequemer Umsteigevorgänge. Parallel zu den Angebotsverbesserungen im öffentlichen Verkehr wird der Zwang zum Autofahren und zum Autobesitz, der das Haushaltsbudget merklich belastet, reduziert. **Nicht vermeidbare private Fahrten können durch Carsharing ersetzt werden, Parkplätze sich in attraktive öffentliche Räume verwandeln und verbleibende Fahrzeuge in wenigen Sammelgaragen Platz finden.** Zu-Fuß-Gehende und Radfahrende bekommen mehr Platz und Einsatzfahrzeuge und Busse stecken nicht mehr im Stau.

Christian Grubits, Studium Bauingenieurwesen an der TU-Wien. Gründer des Büros PanMobile Verkehrsplanung in Eisenstadt 1999. Schwerpunkte: Mobilitätskonzepte, Fuß- und Radverkehr, Straßenplanung, verkehrstechnische Gutachten.

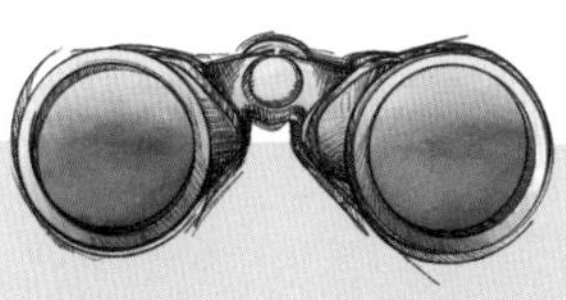

Conclusio

Um die Vision einer nachhaltigen Mobilität als Voraussetzung für einen nachhaltigen Tourismus zu erreichen, sind „viele Schritte“ zeitgerecht zu setzen. Eine rein technische Transformation, z. B. durch E-Autos, behandelt lediglich einen Teilaspekt einer nachhaltigen Mobilität. Probleme wie Platzverbrauch, Attraktivitätsverlust, Bodenversiegelung und Bewegungsarmut werden nur durch einen umfassenden Ansatz gelöst.

Was ist zu tun?

Öffentliche Straßen und Plätze unterliegen besonders in einer – in Relation zur Einwohnerzahl – stark frequentierten und wachsenden Stadt wie Eisenstadt einem erheblichen Nutzungsdruck. Eine Abkehr vom autodominanten Straßenbild – insbesondere im Bereich der Hauptachsen – hin zu einer fuß- und radverkehrsfreundlichen Gestaltung mit hoher Aufenthaltsqualität bietet vielfältige Möglichkeiten.

Hohe Lebensqualität kann weiter erhalten und verbessert werden. Neue Potenziale für den Tourismus entstehen, wenn Sehenswürdigkeiten und „Hotspots“ wie die Fußgängerzone in der Hauptstraße, das Schloss, der Park, die Haydnkirche am Oberberg, Museen und Gastronomie mit hoher Aufenthaltsqualität verbunden sind.

---

[1] *Österreich unterwegs – Ergebnisse der österreichweiten Mobilitätserhebung 2013/2014, eh. Bundesministerium für Verkehr, Innovation und Technologie, Wien 2016*

[2] *Öffentliches Verkehrssystem für die Landeshauptstadt Freistadt Eisenstadt, PanMobile Verkehrsplanung und IPE Integrierte Planung und Entwicklung regionaler Transport- und Versorgungssysteme Ges.m.b.H. im Auftrag der Freistadt Eisenstadt und des eh. Bundesministerium für Land- und Forstwirtschaft, Umwelt und Wasserwirtschaft*

2.

Gesetze, Strategien, Konzepte und das Land Burgenland

Zur Entwicklung der Tourismusgesetze

Ein Beitrag von Paul Mayerhofer, ehemaliger Leiter Referat Tourismus

Mit dem 2016 vom Landtag beschlossenen Tourismusgesetz sind die Entscheidungsebenen für die Strategien und Konzepte, für die Organisation und für das Marketing von den Gemeinden und Kleinregionen zum Land „gewandert“. Die örtlichen Tourismusverbände wurden 2021 aufgelöst. Dieser Text skizziert die Entwicklungsschritte der Tourismusgesetzgebung im Burgenland.

Der Tourismus betrifft mehrere Rechtsbereiche, etwa die Raumplanung, das Heilvorkommen- und Kurortewesen, das Camping- und Mobilheimplatzrecht, den Naturschutz, die Landes-Wirtschaftsförderung oder das Abgabewesen.

Gesetz über „Fremdenzimmerabgabe" und „Buschenschankgesetze"

Bereits 1923 hatte der Gesetzgeber beschlossen, bei gewerbsmäßiger Vermietung von Wohnräumen eine „Fremdenzimmerabgabe" durch die Gemeinden einzuheben. Auf „Fremdenverkehrsgemeinden" wird erstmals in Bestimmungen des Buschenschankgesetzes 1957 Bezug genommen, wonach festzustellen ist, welche Gemeinden bis zur Schaffung eines Landesfremdenverkehrsgesetzes als Fremdenverkehrsgemeinden gelten. Die entsprechende Verordnung umfasste 1957 42 Gemeinden.

Fremdenverkehrsgesetz 1966: Den „Zustrom von Gästen" fördern

Der Beschluss im Landtag erfolgte am 18. Oktober. Paragraf 1 legte fest, dass „die Fremdenverkehrsförderung alle Maßnahmen umfasst, die geeignet sind, den Zustrom von Gästen zu fördern und deren Aufenthalt im Burgenland durch Bereitstellung geeigneter Erholungsmöglichkeiten zu gewährleisten ...". Um das zu erreichen, wurden u. a. die Fremdenverkehrsförderung, die Organisation (Fremdenverkehrsgemeinden, Arbeitsgemeinschaften, Fremdenverkehrsverband für das Burgenland) sowie die Finanzierung der Werbung durch Ortstaxe und Fremdenverkehrsförderungsbeitrag geregelt. Das Gesetz beinhaltete auch Kriterien für die Bestimmung der Fremdenverkehrsgemeinden. Per Verordnung vom 30. Oktober 1968 gab es 43 Gemeinden, die den Fremdenverkehr zu gestalten hatten. Sie waren Pflichtmitglieder des Landesfremdenverkehrsverbands und als solche im „Fremdenverkehrstag" vertreten. Das Landesfremdenverkehrsamt besorgte die Geschäfte.

Tourismusgesetz 1992: Der Begriff „Tourismus" wird eingeführt

Das Tourismusgesetz 1992 wurde schon in Hinblick auf den 1989 beantragten und 1995 erfolgten EU-Beitritt Österreichs formuliert. Ziel war ein Gesetz, das mit Mitteln der EU eine weiterhin erfolgreiche Tourismusentwicklung ermöglicht. In dieser Weiterentwicklung des Burgenländischen Fremdenverkehrsgesetzes 1966 wurde nicht nur der Terminus „Tourismus" eingeführt und definiert – auch die Zielsetzungen waren detaillierter:
So wurde auf Erholung und Gesundheit, landschaftliche Schönheit, kulturelle Werte, Sport, Volkstumspflege und gesellschaftliches Leben Bezug genommen, ergänzt um Marktforschung, Entwicklung einer positiven Tourismusgesinnung und Verbesserung der Infrastruktur.
Diese Ziele sollten mit örtlichen und regionalen Tourismusverbänden sowie dem Landesverband Burgenland Tourismus erreicht werden.
Die Landesregierung bestimmte den Status „Fremdenverkehrsgemeinde" und ordnete diese unter definierten Kriterien einer der vier Ortsklassen zu.

Unternehmer schließen sich zusammen

Unmittelbar oder mittelbar durch den Tourismus berührte Unternehmer bildeten die Mitglieder eines örtlichen Tourismusverbands. Ein verpflichtender Tourismusverband wurde für die Gemeinden der Ortsklassen I–III errichtet. Örtliche Tourismusverbände konnten sich zu einem Regionalverband zusammenschließen.
Dem Landesverband Burgenland Tourismus gehörten die örtlichen Tourismus- und Regionalverbände als Mitglieder an. Der „Landesfremdenverkehrstag" wurde zur „Tourismuskonferenz", das „Landesfremdenverkehrsamt" zur „Geschäftsstelle" des Landesverbands Burgenland Tourismus.

Mit EU-Förderungen zur Leitbranche

Die finanzielle Grundlage der Tourismusförderung und -werbung bildeten – wie bisher – die von der Gemeinde eingehobene Ortstaxe und der Tourismusförderungsbeitrag, vorgeschrieben vom Landesverband. Neu eingeführt wurde die Tourismusabgabe für Ferienwohnungen. Mit der Gesetzesnovelle 1994 wird die Landesförderung für die gewerbliche Tourismuswirtschaft geregelt.

Weitere Novellen betreffen Änderungen bei den Organen des Landesverbands und die Möglichkeit der Aufnahme von freiwilligen Mitgliedern in Tourismusverbänden.
Mit den EU-Fördermitteln entwickelte sich der Tourismus zu einer Leitbranche der burgenländischen Wirtschaft. Neben den etablierten Tourismusverbänden auf den drei Ebenen entstanden touristisch relevante Vereine, Organisationen und Kapitalgesellschaften wie die Neusiedler See Tourismus GmbH. Damit einher ging naturgemäß eine Zersplitterung der Ressourcen, der Administration und der finanziellen Mittel, sodass eine Evaluierung notwendig erschien.

Das Tourismusgesetz 2014

„Nicht alle müssen alles machen" lautete die Devise bei der Erarbeitung eines neuen Tourismusgesetzes. Es galt, die Kräfte zu bündeln und den Tourismus stärker zu professionalisieren, um die verfügbaren Mittel effizient einzusetzen.

Das Tourismusgesetz 2014 sah deshalb vor:

- Unternehmer können sich durch Vollversammlungsbeschlüsse bestehender Tourismusverbände – anhand eines festgelegten Verfahrens und relevanter Mindestgrößen – innerhalb von zwei Jahren freiwillig zu einem neuen Tourismusverband vor Ort (Selbstverwaltungsträger) zusammenschließen.
- Die Ebene des Regionalverbands wird abgeschafft, mit dem Landesverband und den Tourismusverbänden gibt es eine zweigliedrige Tourismusstruktur.
- Neben der Maßzahl „Übernachtungen" werden als neue Kriterien die „Tourismusintensität" und die „Erwerbstätigenanzahl in Gastronomie und Beherbergung" bei der Ortsklasseneinteilung der Gemeinden aufgenommen.
- Den Tourismusförderungsbeitrag hebt das Land ein (bisher der Landesverband Burgenland Tourismus). Die Einhebung der Ortstaxe verbleibt bei der Gemeinde.
- Die Erträge aus den Tourismusabgaben werden gemäß den Aufgaben des Tourismusverbands, der Gemeinden und des Landesverbands Burgenland Tourismus neu aufgeteilt.

Errichtung der Burgenland Tourismus GmbH

Mit Inkrafttreten einer Novelle im Februar 2016 wurden als Träger des Tourismus festgelegt: das Land Burgenland, die Tourismusverbände und die Gemeinden. Das Land hat für seine Aufgaben eine Gesellschaft mit dem Firmenwortlaut „Burgenland Tourismus GmbH" zu errichten oder die Errichtung einer solchen Gesellschaft durch die Burgenländische Landesholding GmbH zu beschließen. Die Burgenland Tourismus GmbH wurde am 26. Februar 2016 errichtet.

Auflösung des Landesverbands Burgenland Tourismus – Übergangsregelungen

Die Übergangsregelungen aus 2014 wurden ins Burgenländische Tourismusgesetz 2021 übernommen. Die Auflösung des Landesverbands Burgenland Tourismus wurde am 25. Juli 2023 wirksam.

Reduktion der Tourismusverbände

Von den vormals insgesamt 130 örtlichen Tourismusverbänden und Regionalverbänden konnte innerhalb der Frist von zwei Jahren deren Anzahl mit Jahresbeginn 2020 auf 15 reduziert werden. Hinzu kommen zwei Kurfonds nach dem Heilvorkommen- und Kurortegesetz 1963.

Das Tourismusgesetz 2021

Während die Gesetze 1992 und 2014 als Regierungsvorlagen dem Landtag zur Beschlussfassung zugeleitet wurden, basiert das Tourismusgesetz 2021 auf einem Initiativantrag. Das neue Gesetz trat am 20. Februar 2021 in Kraft. Als neue Zielbestimmung wird in Paragraf 1 angeführt: „Der Marktauftritt des Landes Burgenland, der Gemeinden und der Tourismusverbände soll insbesondere durch Bündelung

der finanziellen und personellen Ressourcen effizient gestaltet und ein erkennbarer Mehrwert für die Landesbevölkerung sowie die Wirtschaft des Landes geschaffen werden."

Vier Tourismusträger, drei Tourismusverbände

Neben dem Land Burgenland, den Tourismusverbänden und den Gemeinden wird in Paragraf 4 die „Burgenland Tourismus GmbH als Landestourismusorganisation" angeführt. Den vier Tourismusträgern werden detaillierte Aufgaben zugeordnet. Gemeinden, in denen der Tourismus von besonderer Bedeutung ist, können aufgrund bestimmter Kriterien mit Bescheid der Landesregierung auf die Dauer von fünf Jahren zu „Tourismusgemeinden" erklärt werden.

Die Zuweisung der einzelnen Gemeinden zum Tourismusverband Nordburgenland (40 Gemeinden), Mittelburgenland-Rosalia (59 Gemeinden) und Südburgenland (72 Gemeinden) erfolgte mit Verordnungen der Landesregierung. Kurorte sind Teil jenes Tourismusverbands, dem die Gemeinde zugeordnet ist. Vertreten werden Gemeinden in den Verbänden durch Delegierte.

Zentrale Steuerung des Tourismus

Die Einhebung der Tourismusabgaben sowie die Geldmittelverteilung werden unter Zugrundelegung der Aufgaben der Tourismusträger neu geregelt. Die zentrale Steuerung des Tourismus erfolgt durch die Burgenland Tourismus GmbH. Mit Stichtag 27. Oktober 2023 gibt es bisher vier Gesetzesnovellen.

Ziel: Eine erfolgreiche Weiterentwicklung

Der Tourismus hat sich dank des Einsatzes der vielen Unternehmer, ihrer Beschäftigten, der Tourismusverantwortlichen in den Gemeinden, der Regionen, des Landes und in den Verbänden zu einer Leitbranche der burgenländischen Wirtschaft entwickelt. Die Tourismusgesetzgebung schafft Rahmenbedingungen und den Gestaltungsraum, um eine erfolgreiche Weiterentwicklung zu ermöglichen.

Paul Mayerhofer ist ehemaliger Leiter des Hauptreferats Tourismus in der Landesregierung.

Von der Therme zur Natur

Ein Beitrag von Ulrike Tschach-Sauerzopf, Burgenland Tourismus

Wie haben sich die Strategien von Burgenland Tourismus in den vergangenen 20 Jahren auf die Entwicklung des burgenländischen Tourismus ausgewirkt? Eine Entwicklung, skizziert in vier Phasen.

Thermenboom und Experimente (2005–2010)

Die Jahre 2005 bis 2010 waren vom Förderschwerpunkt des Landes, das Südburgenland als Thermenregion auszubauen, geprägt. Zugleich erfolgte eine Qualitätsoffensive im Beherbergungsbereich, die eine Aufwertung der Angebots- und Produktgestaltung zum Ziel hatte. Betriebe und Orte sollten ihre Angebote weiter differenzieren, ein modernes Destinationsmanagement entwickeln und stärker auf Internationalisierung setzen. Manche der Ziele dieser **„Zukunftsstrategie Tourismus Burgenland 2010“** blieben unerreicht. Einige Ansätze wirken hingegen bis heute weiter, wie etwa das Modell der fünf Angebotssäulen Wein/Kulinarik – Gesundheit/Wellness – Sport – Kultur – Natur.

Anfang der 2000er-Jahre wandelte das rasante Wachstum der Reisebranche den Tourismus vom Anbieter- zum Nachfragemarkt. Der Druck auf erfolgsverwöhnte Tourismusregionen wuchs durch große Konkurrenz im In- und Ausland. Es kam zu einem regelrechten Wellness-Boom. Für den Gast bot sich österreichweit ein gleichförmiges Bild des Wellnessangebots. Im Burgenland wollte man mit der Spezialisierung der einzelnen Thermen differenzierter am Markt auftreten: Der Begriff „Wellness“ wurde durch „Therme“ ersetzt, ein Hinweis auf die natürlichen Heilvorkommen der Region. Das bedeutete aber auch: Die touristische Vermarktung sowie Investitionen konzentrierten sich in dieser Zeit vor allem auf den Thermentourismus im Süd- und Mittelburgenland. Zugleich wurde für das Burgenland aber auch der erste Grundstein als Ganzjahresdestination gelegt. Diese Entwicklung erforderte die Neugestaltung der Tourismusmarke und des gesamten Werbeauftritts. Jahrzehntelang waren der Neusiedler See und der Seewinkel für die Sommer-Urlaubsdestination Burgenland gestanden. Der Werbeauftritt warb nun mit dem Slogan „So will ich leben“. Das Markenattribut „pannonisch“ – eigentlich ein Relikt der burgenländischen Tourismuswerbung aus den 1970er-Jahren – erfuhr einen Relaunch. In der Region Neusiedler See entfachte dieser Schritt heftige Diskussionen – und stieß auf Ablehnung im Süd- und Mittelburgenland.

Im Jahr 2009 wurde – auf Basis einer strategischen Entscheidung – die St. Martins Therme & Lodge in Frauenkirchen eröffnet. Damit endete der Thermenboom im Burgenland. Das Kalkül, den Tourismus über das Thermenangebot zu internationalisieren, war ein höchst experimenteller Ansatz. Mittlerweile weiß man, dass Thermengäste im Umkreis von maximal fünf Stunden Anreisezeit angesprochen werden können. Heute beschränkt sich das Publikum großteils auf inländische Gäste. Immerhin: Langfristig gesehen bedeuteten Projekte dieser Zeit den Beginn für eine engere Vernetzung des Tourismus in Ostösterreich, Ungarn und Slowenien. „Visionär“ blieb bisher auch der Plan, den gemeinsamen Kultur- und Naturraum „Neusiedler See – Fertő tó“ zu einer gemeinsamen grenzüberschreitenden Tourismusregion zu machen. Die Ängste, bei der Vermarktung benachteiligt zu werden, waren auf beiden Seiten groß. Zu groß. Es gelang zumindest, die Neusiedler See Card um einige touristische Leistungen in Ungarn zu erweitern. Aus den damaligen Kooperationsversuchen gingen – bis heute erfolgreich – der Naturtourismus sowie Rad-, Reit- und Wanderwege hervor.

Dringend erforderlich war damals eine **Qualitätsoffensive bei den Betrieben**. Neue Gästegruppen für das Burgenland sollten angesprochen werden. Besonders eklatant war der damals hohe Anteil der 1-Stern-Hotels und Pensionen (172 im Jahr 2005). Durch Förderungen der EU und des Landes wurde der mittlere und höhere Qualitätsbereich ausgebaut. Im Jahr 2022 waren es nur noch 67 Betriebe, während der 3-Sterne-Bereich von 137 Betrieben auf 169 wuchs. Heute sind 55 Hotels im gehobenen 4- bis 5-Sterne-Bereich zu finden. Dieses Upgrade von Produkten und Angeboten vollzog sich auch gastronomisch, vor allem in der Region Neusiedler See. Auch die Weingüter unterstützten nach und nach das Image einer „modernen“ Urlaubsdestination, aufbauend auf unterschiedlichen Kooperationen im Sektor Wein/Kulinarik.

Pragmatismus und Vernetzung (2010–2016)

Im Jahr 2010 zählte man im Burgenland 2,9 Millionen Übernachtungen. Allerdings bildeten die Inlandsgäste mit durchschnittlich 78 Prozent immer noch eine satte Mehrheit, nur an wenigen Standorten wurde ein höherer Anteil an ausländischen Urlaubsgästen registriert. Mit der neuen Strategie „Abschlag in die Zukunft" formulierte die Politik erstmals das Ziel von drei Millionen Übernachtungen. Das sollte durch eine Reform der Tourismusorganisationen, eine Professionalisierung der Themensäulen und die Stärkung flexibler Netzwerke erreicht werden. Das Thema Natur wurde nunmehr als Klammer für sämtliche Angebotssäulen formuliert. Die außergewöhnliche Landschaft vor allem des Seewinkels diente der Tourismuswerbung als attraktive Kulisse für den Gast. **Das Potenzial der Natur wurde nun klar als jenes Potenzial erkannt, das dem Burgenland ein eigenes Profil am Markt verschaffen kann.** Das erforderte eine engere Vernetzung zwischen Tourismus, Nationalpark und Naturparks. Es folgte der Versuch, mit „Naturanbietern" Differenzierungsmerkmale zum alpinen Raum zu erarbeiten. Dieser breit angelegte Prozess der Naturtourismus-Strategie und seine Umsetzung kamen nach einiger Zeit zum Erliegen. Dennoch bemerkenswert: Erstmals finanzierte Burgenland Tourismus kompakte Werbemaßnahmen für burgenländische und ungarische Partner.

In dieser Phase wurden Themen wie Kultur und Kulinarik an neue Landesorganisationen und Vereine ausgelagert, aber gemeinsam vermarktet. Die Reform der Tourismusorganisationen war von höchster strategischer Bedeutung. Die örtlichen und regionalen Tourismusvereine wurden auf 17 Verbände und zwei Kurorte reduziert, Budgetmittel und Kompetenzen neu verteilt und die Landestourismusorganisation damit deutlich gestärkt. 2016 erreichte man das formulierte Ziel von über drei Millionen Nächtigungen.

Harmonisierung und Tourismuseinbruch (2017–2022)

Die Umsetzung der **„Strategie Tourismus Burgenland 2022+"** stand unter stürmischen Vorzeichen: ein politischer Wechsel, drei Geschäftsführer in Folge und der weltweite Einbruch des Tourismus durch COVID-19. In der Zeit des Stillstands fanden wichtige Strukturänderungen statt. Marketing und Werbung wurden maßgeblich reduziert, der Fokus auf den Inlandsmarkt gelegt.

Im Jahr 2021 wurde das Tourismusgesetz erneut reformiert und auf drei Tourismusverbände Nord-, Mittel- und Südburgenland reduziert. Das Kernstück der „Strategie 2022+" betraf vor allem die Harmonisierung der internen und externen Informationssysteme. Ein wesentlicher Fokus galt der Digitalisierung. Das Burgenland etablierte als einziges Bundesland ein flächendeckendes Online-Meldewesen. Die Burgenland Card – auf Basis der Neusiedler See Card entwickelt – wurde als Gästekarte auf das gesamte Burgenland ausgeweitet.

Nachhaltigkeit und Lebensgenuss (ab 2023)

In den vergangenen Jahren hat sich immer mehr gezeigt, dass Tourismus nicht isoliert betrachtet werden darf. Tourismus umfasst sämtliche Bereiche: die Bevölkerung, den Arbeitsmarkt, öffentliche und Freizeit-Infrastruktur, vor allem aber die Natur und das kulturelle Umfeld. Dementsprechend verfolgt die **Tourismusstrategie 2030 „Burgenland trifft Zukunft"** einen systemischen Ansatz. Die üblichen Handlungsfelder wurden um Lebensraumentwicklung und Arbeitsmarkt erweitert, Nachhaltigkeit wird als relevante Querschnittmaterie verstanden. Dieser Ansatz bedingt künftig eine landesweite Zusammenarbeit über den Tourismus hinaus. Zudem erfordert der Klimawandel entsprechende Maßnahmen für die Zukunft. Die Erwartungshaltung der Gäste hinsichtlich einer intakten Umwelt am Urlaubsort wird sich erhöhen. Ein maßvoller Umgang der Tourismusanbieter mit der Natur ist gefragt. Der Klimawandel wird die Rahmenbedingungen im Tourismus verändern. Auch vor diesem Hintergrund ist das Ziel die Zertifizierung des gesamten Burgenlands bis 2030 als nachhaltige Region. Der Trend zur Regionalität wird sich fortsetzen. Burgenland Tourismus wird sich von einer innovativen Marketing- und Werbeorganisation stärker zum Dienstleister für alle Partner, Gäste und Einheimischen weiterentwickeln.

Ulrike Tschach-Sauerzopf war bei Burgenland Tourismus für Marktforschung und Strategie verantwortlich.

Conclusio

Es gelang, die Neusiedler See Card um einige touristische Leistungen in Ungarn zu erweitern. Mit einer Qualitätsoffensive bei den Betrieben konnten neue Gästegruppen angesprochen werden. Die Weingüter unterstützen das Image einer „modernen" Urlaubsdestination.
In den 2010er-Jahren wurde das Potenzial der Natur klar erkannt. In den vergangenen Jahren wurden die Bevölkerung, die Natur, der Arbeitsmarkt und das kulturelle Umfeld verstärkt in Überlegungen eingebunden. Nachhaltigkeit wurde als relevante Querschnittsmaterie verstanden.

Was ist zu tun?
Der Klimawandel wird die Rahmenbedingungen im Tourismus verändern. Das erfordert entsprechende Maßnahmen für die Zukunft.
Die veränderte Erwartungshaltung der Gäste ist zu berücksichtigen. Die Bedeutung der Nachhaltigkeit wird auf betrieblicher und regionaler Ebene (siehe Zertifizierung) zunehmen. Burgenland Tourismus wird sich stärker zum Dienstleister für Partner, Gäste und Einheimische weiterentwickeln.

Eine statistische Zeitreise: Die Nächtigungsentwicklung

Ein Beitrag von Gerhard Haider, Illmitzer Tourismusanlagen

Die Beherbergungsbetriebe im Burgenland konnten die Anzahl ihrer Nächtigungen seit dem Jahr 1979 fast verdoppeln. Die Anzahl der vermieteten Betten stieg um rund 26 Prozent. Allerdings konnte die Region Neusiedler See als größte Tourismusregion in diesem Zeitraum nur um rund 40 Prozent zulegen, während der Anteil der vermieteten Betten nahezu gleich (plus 1,1 Prozent) blieb. Was sind die möglichen Gründe dafür?

Dieser Beitrag möchte anhand von drei Zeitsprüngen und einem Blick auf ausgewählte Gemeinden die Entwicklung der Anzahl der Nächtigungen in der Region Neusiedler See skizzieren. Um aussagekräftige Daten zu erhalten, wurde das Jahr 2019 vor der Pandemie gewählt, um so die Entwicklung in 20-Jahr-Sprüngen zwischen 1979, 2000 (als die Neusiedler See Card eingeführt wurde) und 2019 nachzuvollziehen. Zum Teil lassen sich anhand der Daten dramatische Veränderungen feststellen, die mit der strategischen Ausrichtung der Gemeinden verbunden sind.

Verschiebung der Prioritäten

Im Jahr 1979 konnte die Region Neusiedler See knapp 70 Prozent aller Nächtigungen im Burgenland erzielen (1.265.000 von insgesamt 1.896.000). Im Jahr 2000 waren es immerhin noch gut 56 Prozent, 2019 (dem Jahr vor Corona) nur mehr 52 Prozent. Die Bedeutung der Region als Nächtigungslieferant für das Burgenland schrumpfte. Das Land Burgenland setzte sich mit dem EU-Beitritt Österreichs (im Jahr 1995) Prioritäten im Bereich des Wellness- bzw. Thermentourismus. Die Thermen- und Hotelstandorte Lutzmannsburg und Stegersbach wurden neu errichtet, Bad Tatzmannsdorf wurde massiv ausgebaut. Fast über Nacht bewarb man nun andere Märkte. Nicht mehr Deutschland stand im Fokus, sondern vor allem der Inlandsgast (als Thermenbesucher). Dazu kam noch, dass die „Badedestinationen“ in Österreich aufgrund der immer günstigeren „Sommer-Flug-Angebote“ der Reiseveranstalter zunehmend unter Druck kamen und an Bedeutung verloren.

Anteil deutscher Gäste halbiert

1979 lag der Anteil der deutschen Nächtigungen im Burgenland bei 41 Prozent – in der Region Neusiedler See bei fast 58 Prozent. Im Jahr 2000 sank der Anteil im Burgenland auf rund 20 Prozent – in der Region Neusiedler See auf 33 Prozent. 2019 lag man bei nur mehr 13 Prozent im Burgenland und in der Region Neusiedler See bei 22 Prozent. **Die absolute Anzahl der deutschen Nächtigungen hat sich zwischen 1979 und 2019 halbiert:** von 780.000 auf 410.000. Der einstig wichtigste

Herkunftsmarkt des Burgenlands (und speziell der Region) wurde sich selbst überlassen. Das hat auch damit zu tun, dass die Österreich Werbung umstrukturiert wurde, so wurden etwa die Standorte in Deutschland sukzessive minimiert. Das Burgenland konnte als kleinstes, touristisch ressourcenschwaches Bundesland nicht mehr in diesem Ausmaß auf deren Infrastruktur zurückgreifen.

Im Gegenzug wurde vor allem der inländische Gast forciert (durch den Schwerpunkt auf Radfahren und das – Mitte der 1990er-Jahre – aufgebaute Thermen- und Wellnessangebot). 1979 lag der Anteil der österreichischen Gäste im Burgenland bei rund 38 Prozent (in der Region Neusiedler See bei gut 37 Prozent). Im Jahr 2000 wurden im Burgenland mehr als 75 Prozent der Nächtigungen von österreichischen Gästen erzielt (in der Region Neusiedler See rund 62 Prozent). 2019 kamen fast 78 Prozent aller Nächtigungen im Burgenland von inländischen Gästen – in der Region Neusiedler See rund 66 Prozent. Die absolute Anzahl der inländischen Nächtigungen hat sich landesweit seit 1979 mehr als verdreifacht: von rund 720.000 Nächtigungen auf fast 2.500.000 im Jahr 2019. **Die Region Neusiedler See wurde marketingmäßig „ausgehungert“ und glitt immer mehr, auch durch den Radtourismus, in Richtung (Tages-)Ausflugsgebiet.** Das Aushängeschild „Badetourismus am Neusiedler See“ verlor massiv an Strahlkraft.

Unschärfen der Statistik

Etwas überdeckt wurde diese Abwärtsspirale in der Region Neusiedler See von Einzelprojekten, die in den 2000er-Jahren rund um den Neusiedler See errichtet wurden. Sowie auch durch die „großzügige“ Einbeziehung tourismusfremder Nächtigungen in die Statistik.
In der kaum touristischen Gemeinde Frauenkirchen wurde im Jahr 2010 die St. Martins Therme & Lodge auf die grüne Wiese gestellt. Die Therme weist knapp 400 Betten und rund 110.000 Nächtigungen auf und hat sich, mit der zusätzlichen Naturausrichtung, sehr gut in die Erweiterung der regionalen Angebotspalette eingefügt.

Im gleichen Jahr eröffnete in Rust das Burnout-Zentrum Sonnenpark Neusiedler See mit gut 100 Betten und rund 40.000 Nächtigungen. Im Jahr 2012 entstand in Kittsee das Rehabilitationszentrum mit rund 100 Betten und 30.000 Nächtigungen. In St. Andrä am Zicksee erzielt das Rehazentrum mit rund 140 Betten jährlich rund 40.000 Nächtigungen. Diese Einrichtungen sind tourismusfern, aber Teil der Tourismusstatistik.

Zur Nächtigungsentwicklung

Die gesamte touristische Nächtigungsentwicklung in der Region Neusiedler See seit 1979 könnte als verhalten bezeichnet werden. Allerdings unterscheiden sich die einzelnen Gemeinden in ihrer Entwicklung zum Teil deutlich. Diese Unterschiede sind vor allem dem Angebot und der Suche nach einem USP (Alleinstellungsmerkmal) geschuldet.

Ein Vergleich ausgewählter Orte und deren Nächtigungsentwicklung seit 1979:

Die Region Neusiedler See konnte seit 1979 einen Zuwachs von rund 39 Prozent an tourismusrelevanten Nächtigungen (ohne Camping) erzielen.

Die Landeshauptstadt Eisenstadt konnte ihre Nächtigungen Anfang der 1980er-Jahre allein durch die Eröffnung des Hotel Burgenland um 92 Prozent steigern. Das touristische Angebot lebt bis heute vorwiegend vom Tagesausflug. Mit der Eröffnung des Hotel Galántha im September 2022 ist das Angebot um 120 Zimmer gestiegen.

Die Stadtgemeinde Frauenkirchen wurde durch die Errichtung der St. Martins Therme & Lodge zur „Tourismusgemeinde“ und konnte um 370 Prozent zulegen. Rund 400 Betten in der Lodge machen das möglich.

Die Freistadt Rust erzielt zusätzliche Nächtigungen unter anderem durch das Burnout-Zentrum Sonnenpark Neusiedler See (mit rund 40.000 Nächtigungen). In Rust konnten die Nächtigungen seit 1979 um 83 Prozent gesteigert werden.

Durch die Ausrichtung speziell auf die Angebote des Nationalparks und den Ausbau der Weinveranstaltungen konnte die Nationalparkgemeinde Illmitz ihre Nächtigungen im Vergleich zu 1979 um rund 31 Prozent steigern.

Ganz anders sieht es in der größten Tourismusgemeinde des Burgenlands aus. Podersdorf am See hatte im Jahr 2019 ein Minus von 25 Prozent bei den Nächtigungen (ohne Camping) im Vergleich zu 1979 zu verzeichnen. Das entspricht einem Rückgang von 40 Prozent im Vergleich zum Jahr 2000, als die Neusiedler See Card eingeführt wurde. Der Fokus auf das Sommerangebot führte offensichtlich zu einem massiven Bettenschwund. Die Auslastung der Betten ist deutlich zurückgegangen.

Auch die Festspielgemeinde Mörbisch am See hat mit einem Nächtigungsschwund zu kämpfen. Mörbisch verzeichnete im Jahr 2019 um elf Prozent weniger Nächtigungen als 1979 und um 37 Prozent weniger als im Jahr 2000. Auch hier ist die vorwiegende Ausrichtung auf den Sommer (Seefestspiele und Badetourismus) offensichtlich für diese Entwicklung verantwortlich.

Der Bezirksvorort, die Stadtgemeinde Neusiedl am See, verlor ebenfalls deutlich. Im Vergleich zu 1979 verzeichnete man einen Rückgang der Nächtigungen um 44 Prozent. Diese Entwicklung ist mit einem eklatanten Bettenverlust verbunden; vor allem in Hinblick auf eine touristische Ausrichtung verringerte sich der Anteil deutlich. Heute prägen Zweitwohnungsbesitzer das Bild der früher starken Tourismusgemeinde.

Besonders deutlich lässt sich diese Entwicklung auch in Weiden am See ablesen. Durch massiven Bettenschwund sanken die Nächtigungen um 61 Prozent im Vergleich zu 1979. Gemessen am Jahr 2000, als die Neusiedler See Card eingeführt wurde, beträgt der Rückgang sogar 70 Prozent. Mit der Neuerrichtung des „Nils am See" versucht man diesem Trend jüngst entgegenzusteuern.

Diese Entwicklungen legen den Schluss nahe, dass „Sommer – Sonne – Strand" als monothematische Ausrichtung deutlich an Bedeutung verloren hat. Jene Orte, die sich mit ihrem Angebot primär diesem Motto verschrieben haben, erzielen mitunter nur noch geringe Bettenauslastungen und haben mit teils dramatischen Bettenverlusten zu kämpfen. Wer nicht rechtzeitig alternative Wege eingeschlagen hat, ist heute stärker unter Druck, neue Konzepte zu entwickeln.

Zugleich lässt sich diese Entwicklung aber auch als eindrucksvoller Beleg dafür lesen, dass die Region Neusiedler See neben Segeln, Surfen und Baden noch wesentlich mehr zu bieten hat. Zwar setzt das Burgenland weiterhin auf eine Ausrichtung als Wellness- und Thermenland, doch ist in jüngster Zeit eine breitere Themenpalette im Marketing zu erkennen. **Daneben haben sich jedenfalls über die Jahre innovative Ideen Richtung Naturtourismus, Erholung, Kultur, Kulinarik und Wein entwickelt. Sie werden aber immer noch zu selten gezielt als touristische Angebote ausgebaut.** Der 2021 errichtete Tourismusverband Nordburgenland versucht, wie auch schon seine Vorgängerorganisationen, das Angebot der Region umfassender aufzustellen. Diese Aktivitäten wurden durch die letztjährlichen Entwicklungen verstärkt, als eine Austrocknung des Sees durch die Medien geisterte. Veranstaltungen und deren Unterstützung durch den Burgenland Tourismus und den TVB-Nordburgenland, wie z. B. das See Opening, die Pannonian BirdExperience, Weinveranstaltungen im Frühling, der Pannonische Herbst und „Martiniloben", geben Anlass zu Hoffnung auf eine stärkere Ausrichtung auf den Nächtigungstourismus in der Region.

Zur Auslastungsentwicklung

Auch bei der Entwicklung der Bettenauslastungen ist ein genauerer Blick auf die Statistik notwendig, um den Weg der einzelnen Gemeinden einschätzen zu können. **Die Anzahl der Betten, deren Auslastung und die touristische Ausrichtung der Gemeinden hinsichtlich eines USPs hängen miteinander zusammen.** Zum Teil haben neue Betriebe – wie etwa in der nicht touristisch positionierten Gemeinde Frauenkirchen – die Statistik ordentlich durcheinandergewirbelt.

Burgenland

1979: 75 Tage Bettenauslastung
2000: 98 Tage Bettenauslastung (Thermenangebot)
2019: 115 Tage Bettenauslastung

Durch den starken Ausbau des Angebots im Wellness- und Thermentourismus Mitte der 1990er-Jahre und den damit beginnenden Umstieg auf einen Ganzjahrestourismus konnte das Burgenland bei der Auslastung der Betten aufholen. Da hier die Camping-Nächtigungen mit geringer Auslastung herausgerechnet wurden, ergibt sich ein durchaus positives Bild.

Region Neusiedler See

1979: 71 Tage Bettenauslastung
2000: 80 Tage Bettenauslastung (Einführung der Neusiedler See Card)
2019: 99 Tage Bettenauslastung (St. Martins Therme & Lodge ist bereits eröffnet)

Frauenkirchen

1979: 46 Tage Bettenauslastung
2000: 15 Tage Bettenauslastung
2019: 237 Tage Bettenauslastung

Mit der Errichtung der St. Martins Therme & Lodge wurde Frauenkirchen zu einer Ganzjahres-Tourismusgemeinde.

Illmitz

1979: 85 Tage Bettenauslastung
2000: 97 Tage Bettenauslastung
2019: 112 Tage Bettenauslastung

Illmitz hat sich von einer (fast reinen) Sommerurlaubsgemeinde mit der Nutzung des Naturangebots des Nationalparks und der Forcierung des Themas Wein durchaus positiv entwickelt. Die „Saison" konnte deutlich verlängert werden. Initiativen wie die „Pannonian BirdExpierence" im April, Birdwatching (April bis Juni und September bis November) und verschiedene saisonverlängernde Weinveranstaltungen – vom „Frühlingsspaziergang" im März oder April bis zum „Martiniloben" im November – haben zu dieser positiven Entwicklung beigetragen.

Neusiedl am See

1979: 94 Tage Bettenauslastung
2000: 108 Tage Bettenauslastung
2019: 92 Tage Bettenauslastung

Mit rund 60.000 Nächtigungen geht Neusiedl einen ähnlichen Weg wie Eisenstadt. Seminartourismus ist das prägende Element. Durch das Verschwinden der vielfältigen Beherbergungsbetriebe hat die Stadt als Tourismusgemeinde allerdings verloren. Nur mehr einige wenige Gewerbebetriebe blieben übrig. Neusiedl ist heute geprägt von vielen Tagesausflüglern, vergleichsweise wenigen Nächtigungen und vielen Zweitwohnungsbesitzern.

Eisenstadt

1979: 75 Tage Bettenauslastung
2000: 76 Tage Bettenauslastung
2019: 73 Tage Bettenauslastung

Trotz der Verdoppelung der Betten und Nächtigungen seit 1979 blieb die Bettenauslastung in der Landeshauptstadt fast unverändert niedrig. Mit rund 73 Tagen kann hier von keinem Ganzjahrestourismus gesprochen werden.

Weiden am See

1979: 81 Tage Bettenauslastung
2000: 71 Tage Bettenauslastung
2019: 68 Tage Bettenauslastung

In Weiden am See halbierte sich die Anzahl der vermieteten Betten in den vergangenen 40 Jahren. Die Bettenauslastung – im Jahr 2019 belief sie sich auf 68 Tage – entspricht einem reinen Sommerurlaubsort. In den letzten Jahren versuchte man unter anderem mit der Errichtung eines neuen Hotels im Seepark gegenzusteuern. Das „Nils am See" sollte mit 63 Zimmern und rund 120 Betten zur besseren Auslastung des ebenfalls neu errichteten Restaurants am Strandbad beitragen.

Podersdorf am See

1979: 59 Tage Bettenauslastung
2000: 67 Tage Bettenauslastung
2019: 65 Tage Bettenauslastung

Die Marktgemeinde Podersdorf ist, als größte Tourismusgemeinde des Burgenlands, eine reine Sommerdestination geblieben. Trotz vieler, engagierter Versuche in den vergangenen Jahren, das durch Veranstaltungen wie „Martiniloben", Kulinarik im Herbst oder Frühlingsaktivitäten zu ändern, hat die Bettenanzahl im Vergleich zu 1979 um rund ein Drittel abgenommen. Zugleich haben die Nächtigungen am gemeindeeigenen Camping-

Das Säulendiagramm zeigt die „unbereinigten" Zahlen für die Jahre 1979/2000/2019/2023 inklusive der Campingplatznächtigungen sowie Nächtigungen in „tourismusfernen" Betrieben.

Mit Blick auf 2023 wird deutlich, dass vor allem touristisch kleinstrukturierte Orte (wie Mörbisch, Illmitz ...) noch nicht das Niveau von 2019 erreichen konnten und eigentlich die gleichen Nächtigungszahlen wie 1979 aufweisen. Aber auch anhand der unbereinigten Daten wird deutlich, dass sich das Burgenland (gesamt) mit einem Nächtigungsplus von 66 Prozent wesentlich besser entwickelt hat als die Region Neusiedler See mit einem Zuwachs von lediglich 36 Prozent. Das ist primär auf die starke Zunahme von Hotels im Mittel- und Südburgenland zurückzuführen, die mithilfe von EU-Förderungen und Mittel für Ziel-1-Regionen entstanden sind.

platz stark zugenommen: Im Jahr 1979 waren es rund 141.000 Übernachtungen, bis zum Jahr 2019 wuchsen sie auf rund 190.000 an. Die mangelnde Bettenauslastung von zwei Monaten dürfte zur Entwicklung des Bettenschwundes beigetragen haben.

Mörbisch am See

1979: 77 Tage Bettenauslastung
2000: 75 Tage Bettenauslastung
2019: 62 Tage Bettenauslastung
In der Festspielgemeinde Mörbisch verringerte sich in den vergangenen 40 Jahren sukzessive die Bettenauslastung. Mit 62 Tagen Bettenauslastung pro Jahr zählt man statistisch zu den Gemeinden mit der geringsten Auslastung in der Gruppe großer Tourismusgemeinden im Burgenland. Zwei Monate Auslastung lassen, trotz einiger Sportveranstaltungen in der Vorsaison, auf eine reine Sommerdestination schließen.

Jüngste Entwicklungen bis 2023

(Fast) kein Ort in der Region Neusiedler See konnte im abgelaufenen Jahr 2023 an die Nächtigungen im Jahr vor Corona (2019) anschließen. Am stärksten hat es jene Orte mit kleinen Strukturen getroffen, die viele Privatvermieter und Frühstückspensionen aufweisen. **Insgesamt verzeichnete die Region 2023 mit mehr als 1,7 Millionen Nächtigungen einen Zuwachs** von 11,5 Prozent im Vergleich zum Vorjahr und rund sechs Prozent im Vergleich zu 2019. **Der Zuwachs wurde aber nur in wenigen Orten erzielt:** in Andau (Scheiblhofer – The Resort), in Eisenstadt mit dem Hotel Galántha, in Kittsee mit dem Rehazentrum, in Parndorf mit dem Pannonia Tower und Ibis Styles, in Weiden am See mit dem Hotel Nils am See und in Nickelsdorf bescherte das Nova Rock Festival statistisch ein Plus von 137.000 Nächtigungen. Festzuhalten ist: Die Tourismusregion Neusiedler See hat als Urlaubsdestination Probleme. Augenscheinlich wurden diese im vergangenen Jahr durch die Berichterstattung über die Wassersituation im Neusiedler See. Hier wurde offenkundig, dass die Region, trotz eines umfassenden Angebots, immer noch auf den Neusiedler See reduziert wird. Das Burgenländische Tourismusgesetz 2021 hat die Organisationsstrukturen gravierend verändert. **Die Bedeutung des einzelnen Beherbergungsbetriebs ist gestiegen. Die Betriebe können und müssen viel selbständiger agieren.**
Was für große, professionelle Betriebe ein Vorteil sein kann, ist für etliche kleine, private Unterkünfte eine massive Herausforderung. Durch die traditionelle Kleinstrukturiertheit der Beherbergung in der Region gibt es einen hohen Organisationsbedarf vor Ort. Dieser ist jetzt, trotz der gesteigerten Unterstützung durch die einzelnen Gemeinden, den Burgenland Tourismus und die Mitarbeiter der drei Tourismusverbände, nicht mehr überall im erforderlichen Ausmaß gegeben bzw. kommt bei den Betrieben nicht ausreichend an. Mit der Errichtung von großen Einheiten in den letzten Jahrzehnten (St. Martins Therme & Lodge, Vila Vita, Scheiblhofer – The Resort, Hotel Galántha, Nils am See, Hotel Nationalpark ...) wurden zwar zusätzliche Nächtigungsbringer geschaffen, viele kleine Pensionen und Privatvermieter blieben aber auf der Strecke. Dennoch gibt es Möglichkeiten für die örtliche und regionale Entwicklung in der Region.
Das nahezu ganzjährige Natur- und Nationalparkangebot (Nationalpark, Naturpark ...), das fast unerschöpfliche Weinangebot, die außerordentliche Kulinarik, das vorhandene Kulturangebot bieten weiterhin gute Chancen für innovative Orte.

Gerhard Haider ist Geschäftsführer der Illmitzer Tourismusanlagen Betriebsgesellschaft mbH. Er war 28 Jahre Geschäftsführer des Tourismusverbands Illmitz.

Nächtigungsentwicklung 1979/2000/2019/2023

„unbereinigte" Zahlen mit Camping und „tourismusfernen" Betrieben

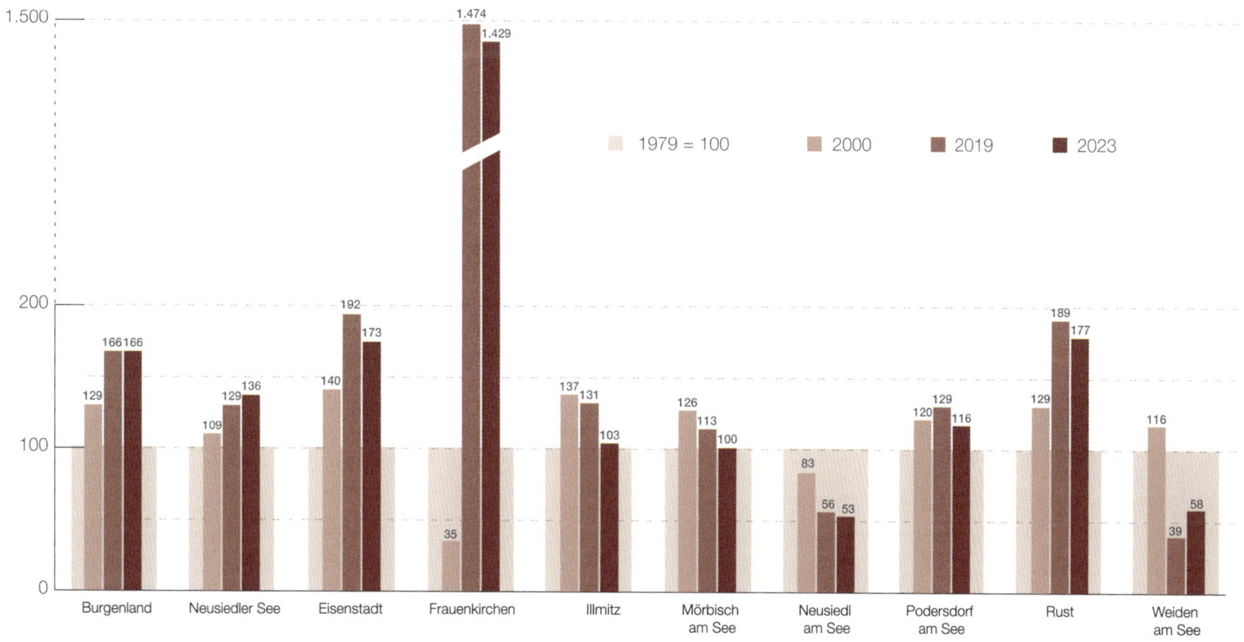

Nächtigungsentwicklung 1979/2000/2019

„bereinigte" Zahlen ohne Camping und „tourismusferne" Betriebe

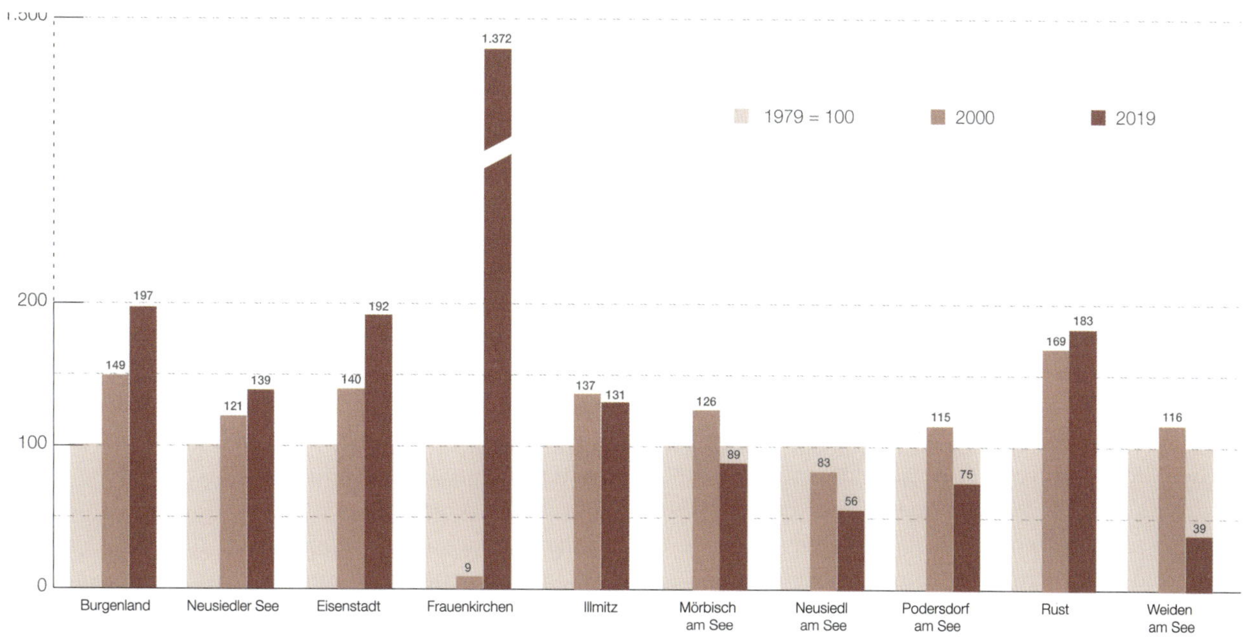

Zukunftsorientierte Ausbildung in der Region

Ein Beitrag von Alexandra Laminger,
Direktorin der PANNONEUM Wirtschafts- und Tourismusschulen Neusiedl am See

Am PANNONEUM, den Wirtschafts- und Tourismusschulen Neusiedl am See, bilden wir junge Menschen für eine Karriere im Tourismus aus. Wir vermitteln den Schülerinnen und Schülern unternehmerisches Denken und Praxisbezug, aber auch Begeisterung für die touristische Branche. Dafür braucht es eine offene Ausbildung, die viele Möglichkeiten bietet.

Nach der Matura in der Höheren Lehranstalt für Tourismus oder Wirtschaft bzw. der Abschlussprüfung in den dreijährigen Schulformen stehen den Schülerinnen und Schülern alle Wege offen. In der Tourismusbranche, die nicht nur auf Hotels und Gastronomie reduziert werden darf, gibt es eine Vielfalt an Betätigungsfeldern. Unsere Absolventinnen und Absolventen erhalten eine fundierte praktische, wirtschaftliche Ausbildung und können in nahezu allen Bereichen, je nach eigenem Interesse, Fuß fassen. Eventmanagement, Marketing, Verkauf oder die klassische Buchhaltung, gepaart mit Allgemeinbildung und Fremdsprachen, sind Bereiche, die den jungen Menschen in unserer Schule nähergebracht werden. Mit einer zu starken Spezialisierung würde man die Möglichkeiten der jungen Menschen einschränken. Gerade 14-Jährige haben oft noch keine konkreten Vorstellungen über ihr späteres Arbeitsleben. Bei uns bekommen sie alle Grundlagen, um im Tourismus bleiben zu können, sie werden aber auch für viele andere Betätigungsfelder ausgebildet. **Wichtig ist uns, in der Ausbildung Praxisbezug und unternehmerisches Denken zu vermitteln.** Interessierte Schülerinnen und Schüler werden durch das EU-Programm Erasmus+ zur europaweiten Mobilität angeregt. Es geht nicht zuletzt darum, die Jugendlichen dabei zu unterstützen, ihren Horizont zu erweitern. **Eine stark europäische bzw. internationale Ausrichtung versteht sich heute von selbst, auch davon profitiert der Tourismus.**

Absolventinnen und Absolventen als Impulsgeber für die Region

Der Tourismus zählt, nicht nur aufgrund der Wertschöpfung, zu den wichtigsten Wirtschaftsbereichen der Region Neusiedler See. Mit dem PANNONEUM haben wir eine Ausbildungsstätte, der unter diesen Voraussetzungen eine besondere Rolle zukommt. Nicht wenige unserer Absolventinnen und Absolventen haben in der Region wichtige Impulse gesetzt. **Als Gründerinnen und Gründer** von Unternehmen oder in bestehenden Betrieben haben sie durch ihre Tätigkeit und mit neuen Ideen **frischen Wind in die touristische Landschaft gebracht. Nicht alle sind gleich nach der Ausbildung im Nordburgenland geblieben. Manche kommen nach einem Auslandsaufenthalt, einem Studium oder einer Tätigkeit in anderen Betrieben in die Heimat zurück** und beleben den Tourismus in der Region in verschiedensten Funktionen sehr erfolgreich. Man sollte auch dazu übergehen, den Begriff Tourismus weiter zu denken, dazu zählen in unserer Region auch Weingüter, Zulieferbetriebe für diverse touristische Unternehmen oder sogar der Flughafen Wien.

Tourismusausbildung im Wandel

Im Jahr 2024 wurde österreichweit davon berichtet, dass die Lehrlingszahlen insgesamt, aber besonders im Tourismus zurückgehen. Dem gegenüber stehen Betriebe, die dringend Arbeitskräfte suchen. Wir bemerken auch in unserer Schule, dass das Interesse an einer Ausbildung im Tourismus zurückgeht. Grundsätzlich können Jugendliche am PANNONEUM sowohl an den dreijährigen Fachschulen als auch an den Höheren Lehranstalten zwischen Wirtschaft und Tourismus wählen. In der Abteilung Tourismus gibt es aktuell nur mehr zwei erste Klassen. War vor zehn Jahren das Verhältnis noch ausgewogen, stehen diesen zwei Klassen in der Abteilung Tourismus im Schuljahr 2024/25 sieben Klassen in der Abteilung Wirtschaft gegenüber. Dieser Trend eines sinkenden Interesses an einer Ausbildung im Tourismus ist österreichweit zu verzeichnen. Die Gründe für diese nachlassende Nachfrage lassen sich nur vermuten: **Für viele gilt der Tourismus aufgrund seiner Arbeitszeiten als Betätigungsfeld als unattraktiv.** Wochenenddienste, wie sie Teil der Gastronomie oder Hotellerie sind, gibt es allerdings auch in anderen Bereichen, die vermeintlich für Jugendliche wesentlich attraktiver sind.

Wertschätzung und positive Erfahrungen schenken

Die Schülerinnen und Schüler beider Abteilungen unserer Schule werden durch die verpflichtenden Sommerpraktika auf die Berufswelt vorbereitet. Als Erweiterung des lehrplanmäßigen Unterrichts gehen wir an unserer Schule Kooperationen mit Betrieben aus der Region ein, die unseren Schülerinnen und Schülern vor Ort vermitteln, wie das Unternehmen organisiert ist und welche Unternehmenskultur vorherrscht.

Positive Erfahrungen während der Praktika und der Ausbildungszeit können die Jugendlichen motivieren, einen Beruf in der Tourismusbranche zu ergreifen. Wichtig wäre, diese jungen Menschen als potenzielle Arbeitskräfte von morgen zu verstehen, deren Fähigkeiten in den ersten Praxiserfahrungen nicht nur geschärft werden, sondern die in diesem Moment auch eine emotionale und soziale Prägung erleben. Das kann entscheiden, ob sie später in dieser Branche bleiben. Schülerinnen und Schüler, die negative Erfahrungen während der Praktikumszeit machen, sind für die Tourismusbranche als Arbeitskräfte verloren. In Bezug auf Kommunikation, Vereinbarungskultur und Wertschätzung haben die touristischen Betriebe oft noch Verbesserungspotenzial. Mitarbeiterführung muss in Anbetracht der aktuellen gesellschaftlichen Veränderungen gänzlich neu gedacht werden.

Wenn wir den Bereich Tourismus breiter und größer denken und die Arbeitsbedingungen an die neuen Anforderungen unserer Zeit anpassen, bleibt er ein attraktiver und erfüllender Arbeitsplatz für die jungen Menschen von heute. Dazu legen wir am PANNONEUM den Grundstein der touristischen Ausbildung in der Region Neusiedler See.

Alexandra Laminger, Studium der Wirtschaftspädagogik. Sie ist seit 27 Jahren am PANNONEUM Neusiedl am See beschäftigt. Seit 2018 leitet sie die Wirtschafts- und Tourismusschulen als Direktorin.

Lösungen für die Last Mile gesucht

Ein Beitrag von Ulla Rasmussen, VCÖ – Mobilität mit Zukunft

In den vergangenen Jahren wurden die Mobilitätsangebote abseits des Individualverkehrs deutlich verbessert. Allerdings sind noch einige Lückenschlüsse nötig, wie etwa bei der Last Mile. Wie komme ich vom Bahnhof zum Hotel? Wie mobil bin ich ohne Auto in der Region? Was kann getan werden, damit mehr Besucherinnen und Besucher umweltverträglich anreisen?

Über den Pendelverkehr wird am meisten berichtet, doch der am stärksten wachsende Verkehr ist der Ausflugs- und Freizeitverkehr. Für das Burgenland sind die aktuellsten verfügbaren Mobilitätsdaten mehr als zehn Jahre alt. Damals waren 33 Prozent der Alltagswege der Bevölkerung Freizeitwege, 22 Prozent Arbeitswege. Von anderen Bundesländern liegen aktuellere Daten vor. In Oberösterreich ist der Anteil der Freizeitwege zwischen dem Jahr 2012 und dem Jahr 2022 um ein Drittel gestiegen. Auch im Bundesland Salzburg gab es einen starken Anstieg. Wir können davon ausgehen, dass es im Burgenland nicht anders ist.

Österreichweit sind 32 Prozent der Wege der Haushalte Freizeitwege für Ausflüge und Besuche, an Samstagen sogar 44 Prozent und an Sonn- und Feiertagen 73 Prozent. Deutlich mehr als die Hälfte dieser Freizeitwege wurden vor zehn Jahren mit dem Auto gefahren, wodurch pro Jahr rund 2,5 Millionen Tonnen an Treibhausgas-Emissionen verursacht wurden. Der Anteil der klimaverträglichen Mobilität ist im Freizeitverkehr stark zu erhöhen. Aber wie ist es zu schaffen, dass mehr Gäste mit öffentlichen Verkehrsmitteln oder dem Fahrrad anreisen und vor Ort unterwegs sind? Sieben Punkte, die unsere Freizeitmobilität nachhaltig verbessern:

1. **Neues dort errichten, wo es bereits eine gute öffentliche Erreichbarkeit gibt**

Aus Fehlern der Vergangenheit müssen wir lernen. Werden neue Freizeiteinrichtungen fernab öffentlicher Verkehrsangebote errichtet, dann ist mehr Autoverkehr die Folge. **Die Standortwahl entscheidet über die Mobilität der künftigen Gäste.** Attraktionen, die nahe von Bahnhöfen errichtet werden, erfreuen sich vieler Gäste, die mit der Bahn anreisen – und sparen sich einiges an Parkplatz-Errichtungskosten. In der Schweiz gibt es eine kluge Regelung: Der Betreiber eines neuen Standorts ist verpflichtet, Maßnahmen zu setzen, dass nach der Eröffnung der Autoverkehr nicht wesentlich höher ist als davor. Die Folge: Es werden Standorte mit guter öffentlicher Erreichbarkeit gewählt oder das Unternehmen investiert in bessere öffentliche Verkehrsverbindungen.

2. **Nachträglich gute Öffi-Verbindungen schaffen**

Bei den bestehenden Freizeitattraktionen sind im Nachhinein gute öffentliche Verbindungen zu schaffen. Ein Finanzierungsbeitrag durch die Freizeiteinrichtungen ist gerechtfertigt, da sie vom öffentlichen Verkehrsangebot profitieren. Gleichzeitig hat die einheimische Bevölkerung den Nutzen eines verbesserten öffentlichen Verkehrsangebots. Ein Beispiel dafür ist im Salzburgerischen Werfenweng ein für den Tourismus eingerichtetes Shuttle-Service, das auch von der einheimischen Bevölkerung benutzt werden kann.

3. Potenzial des Radverkehrs nutzen
Über Elektroautos wird zwar am meisten berichtet, das meist gekaufte Elektrofahrzeug ist aber das Elektrofahrrad. Das Elektrofahrrad ermöglicht einer größeren Bevölkerungsgruppe, mit dem Fahrrad Ausflüge zu machen, es können gemütlich weitere Distanzen gefahren werden und es können mehr Menschen auch dort das Fahrrad nutzen, wo es Steigungen gibt. Dieses große Potenzial kann genutzt werden, wenn es eine sichere und gute Radinfrastruktur zur Freizeiteinrichtung sowie ausreichend sichere und wettergeschützte Fahrradabstellplätze gibt. Letztere sind sehr platzsparend. Je nach Abstellsystem können auf einem einzigen Autoabstellplatz 10 bis 20 Fahrräder parken.

4. Kombination von Öffis und Fahrrad ermöglichen und fördern
Der öffentliche Verkehr und das Fahrrad sind die Zwillinge der umweltverträglichen Mobilität. Wichtig ist, die Voraussetzungen zu schaffen, damit die Gäste diese Kombination nutzen können. Zum einen betrifft das die Radmitnahme in Bahn und Bus. **Der Radexpress Burgenland**, der an Samstagen, Sonntagen und Feiertagen von Ende April bis Anfang November von Wien nach Neusiedl am See fährt, ist gut, **sollte jedoch häufiger fahren und nicht erst Ende April starten. Auch bei Bussen ist die Radmitnahme weiter zu verbessern.** Dass dies möglich ist, ist beispielsweise in Vorarlberg auf einigen Buslinien zu sehen, im Mostviertel entlang des Ybbstalradwegs oder in Tirol im Ötztal und Lechtal. Zum anderen ermöglichen Leihfahrräder am Bahnhof den Gästen, zum Freizeitziel zu radeln.

5. Anreise mit Öffis und Fahrrad bewerben
Damit die Gäste ein vorhandenes Angebot auch nutzen, muss es entsprechend beworben werden. Auf der Website der Freizeiteinrichtungen sollten die Möglichkeiten der Anreise mit dem öffentlichen Verkehr und dem Fahrrad sofort ins Auge stechen. Idealerweise gibt es auch Anreize, etwa einen Kaffee-Gutschein oder sonstigen Rabatt für alle, die ohne Auto anreisen. Oder es ist überhaupt die Zufahrt mit dem Auto nicht möglich. Beispielsweise ist im Nenzinger Himmel in Vorarlberg für Tagesausflüge die Zufahrt nur per Shuttlebus erlaubt.

6. Einfache Tarife, kostenlose Öffis mit Gästekarte
Seit Juni 2024 können Urlaubsgäste **mit der Burgenland Card alle Linien des öffentlichen Verkehrs im Burgenland** und das Burgenländische Anrufsammeltaxi **kostenfrei nutzen**. Das erhöht die Attraktivität des Burgenlands als Reiseziel und reduziert die Verkehrsbelastung.

7. Mobilitätsmanagement umsetzen
Bei Unternehmen ist Mobilitätsmanagement bereits weit verbreitet, bei Freizeiteinrichtungen und Tourismusregionen hingegen noch nicht. Dabei kann mit Mobilitätsmanagement das Mobilitätsverhalten der Gäste nachhaltig verbessert werden. Ein wesentlicher Hebel sind die PKW-Abstellplätze. Je größer der PKW-Parkplatz, umso mehr Gäste kommen mit dem Auto. Mehr Staus sowie mehr Abgase und Lärm belasten die Bevölkerung und schmälern den Genussfaktor einer Region. Bei Großparkplätzen sollten Betreiber für jeden Stellplatz eine Abgabe bezahlen. Die Einnahmen fließen in einen Topf, aus dem Verbesserungen des öffentlichen Verkehrsangebots finanziert werden.

Auch aus ökonomischer Sicht ist es klug, die autofreie Anreise zu Freizeit- und Urlaubszielen stark zu verbessern und zu fördern. Zum einen ist Genießen der Natur ein besonders häufig genanntes Motiv für Ausflüge. Doch Autokolonnen, Abgase und Lärm trüben das Ausflugserlebnis. Zum anderen nimmt in den Großstädten die Zahl der autofreien Haushalte zu, immer mehr Familien sind ohne eigenes Auto mobil. Wer diese größer werdende Zielgruppe nicht als Gäste verlieren möchte, muss als Ausflugs- und Urlaubsdestination mit dem öffentlichen Verkehr gut erreichbar sein und vor Ort ein gutes autofreies Mobilitätsangebot anbieten, vom öffentlichen Linienverkehr über Anrufsammeltaxis bis hin zu Leihfahrrädern.
Für den zunehmend beliebter werdenden Radurlaub ist ein **dichtes Netz an sicheren Radwegen wichtig**. Und das Gute dabei: Das bessere klimaverträgliche Mobilitätsangebot steht auch der einheimischen Bevölkerung zur Verfügung.

Ulla Rasmussen ist Geschäftsführerin der Mobilitätsorganisation VCÖ – Mobilität mit Zukunft. Studium der Politikwissenschaft in Kopenhagen, danach für das dänische Verkehrsministerium tätig. Seit 2001 bei VCÖ als Expertin für Energie und Klima, seit 2021 als Geschäftsführerin.

Nachhaltigkeit als Schlüssel für zukunftsfähigen Tourismus

Ein Beitrag von Franziska Kasztler,
Nachhaltigkeitsbeauftragte für den Tourismusverband Nordburgenland

In Zukunft werden Nachhaltigkeit und ökologische Ausrichtung bei der Destinationswahl der Gäste eine immer stärkere Rolle spielen. Zugleich müssen sich Tourismusorganisationen auf erweiterte Aufgaben vorbereiten, wie etwa die Vermarktung der Destination nach außen. Aus diesen Gründen hat die Destination Nordburgenland Anfang 2024 einen Zertifizierungsprozess gestartet. Ziel ist es, eine glaubwürdige Haltung und kommunizierbare Angebote zu entwickeln.

Die Tourismusorganisationen der Zukunft werden mit zusätzlichen Aufgaben konfrontiert sein. In der Vergangenheit stand das klassische Tourismusmarketing im Vordergrund. Zukünftig werden auch die Gästeinformation und die Vermarktung der Destination nach außen zu den Aufgabenbereichen gehören. Der Tourismus ist auch verantwortlich für die sozialen und ökologischen Auswirkungen seiner Geschäftstätigkeit. **Zudem wird im Tourismus der Nachhaltigkeitsaspekt auch immer wichtiger bei der Entscheidung des Gastes für seine Urlaubsdestination.** Die „Generation Z" recherchiert öfter, ob ein Siegel oder Zertifikat glaubwürdig ist oder welche ökologischen und sozialen Standards ein Unternehmen bietet. Mit der Frage: Gibt es Transparenz und ist das, womit geworben wird, auch wirklich glaubwürdig?

Genau aus diesen Gründen startete die touristische Destination Nordburgenland mit Jänner 2024 in einen zukunftsgerichteten Nachhaltigkeitsprozess mit der Zielsetzung der Zertifizierung. **In diesem mittel- und langfristigen Prozess geht es darum, eine nach innen und außen spürbare Haltung zur Nachhaltigkeit sowie kommunizierbare Angebote zu entwickeln.** Zudem soll die regionale Identität gesteigert und die Betriebe der Destination in ihren Nachhaltigkeitsbemühungen noch besser unterstützt werden.

In der Zielsetzung der Zertifizierung haben sich alle burgenländischen Destinationen gemeinsam mit Burgenland Tourismus entsprechend der nationalen Strategie für das „Österreichische Umweltzeichen für Destinationen" entschieden. Diese renommierte und vertrauenswürdige Auszeichnung umfasst 119 Kriterien in sechs Bereichen von Management bis Kultur – davon sind 63 Muss-Kriterien und 56 Soll-Kriterien. Zudem wird im gleichen, effizienten Prozess auch das „TourCert"-Zertifikat angestrebt, welches auch internationalen Gästen eine verstärkte Orientierung bieten soll.

Konkrete Umsetzungsphase

Was wird in diesem Nachhaltigkeitsprozess nun konkret für das Nordburgenland umgesetzt? Nach einer seit Jänner 2024 andauernden Evaluierungsphase von Daten und Fakten wurde begonnen, ein Nachhaltigkeitsnetzwerk in der Destination zu entwickeln. Zum Beispiel wurden Betriebe durch Workshops auf den Weg mitgenommen sowie der Austausch mit Regionalentwicklerinnen und Regionalentwicklern zu zukünftigen Projekten intensiver gestartet. Alle Gemeinden wurden über den Prozess informiert. Im nächsten Schritt erfolgt die Erarbeitung eines konkreten Maßnahmenprogramms für die nächsten vier Jahre, das den Nachhaltigkeitsprozess entsprechend sichtbar und spürbar machen soll. **Eine besonders zentrale Stellung wird die Mobilität einnehmen.** Derzeit reisen noch 91 Prozent der Gäste mit dem Auto in die Destination an (Quelle: T-Mona, Österreich Werbung). Das führt zu vielen Emissionen, die es in Zukunft zu minimieren gilt. **Die Integration der Gäste-Mobilität in die Burgenland Card ab Juni 2024 ist hier ein erster Schritt in die richtige Richtung.**

Die Zertifizierung soll weiters auch dazu dienen, **Impulse und Orientierung für die vielen Tourismus- und Freizeitbetriebe** in der Destination zu bieten. Ab September 2024 wird es hierzu auch neue Förderungen und Beratungen von Seiten der Wirtschaftsagentur Burgenland geben. Vor allem die ökologische und ökonomische Frage hängen oft eng miteinander zusammen, wenn es um den effizienten Einsatz von Ressourcen geht, wie etwa den Wasser- oder Energieverbrauch.

Ganz wesentlich ist: Es gilt in diesem Prozess auch, verborgene Schätze zu heben! Die Region Nordburgenland verfügt über verschiedene Schutzgebietsprädikate und viele kulturelle Einzigartigkeiten, die es in Zukunft auch verstärkt zu kommunizieren gilt. Als große Chance für den gesamten Lebens-, Kultur- und Naturraum!

Franziska Kasztler studiert an der FH Burgenland Nachhaltigkeitsmanagement. Seit Jänner 2024 ist sie beim Tourismusverband Nordburgenland für diesen Bereich verantwortlich.

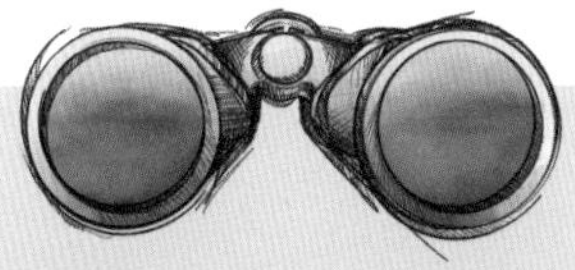

Conclusio

Der Aspekt der Nachhaltigkeit wird im Tourismus für Gäste ein immer wichtigeres Kriterium.

Was ist zu tun?
Anfang 2024 wurde ein zukunftsgerichteter Nachhaltigkeitsprozess mit der Zielsetzung der Zertifizierung des Nordburgenlands begonnen. Die Zertifizierung soll auch den Tourismusbetrieben Impulse geben. Als weiterer Schritt soll ein Nachhaltigkeitsnetzwerk in der Destination entwickelt werden. Ein konkretes Maßnahmenprogramm wird ausgearbeitet. Mobilität wird dabei eine ganz zentrale Rolle spielen.

Unsere Gäste möchten Qualität

Ein Interview von Bibi Watzek

Didi Tunkel, Geschäftsführer von Burgenland Tourismus, im Gespräch über eine Rückbesinnung auf den deutschen Markt, neue Trends und den Anspruch, als erstes Bundesland zertifiziert nachhaltig zu sein.

Der Tourismusverband Nordburgenland wurde im Rahmen des Tourismusgesetzes 2021 reformiert und ist nun zentral organisiert. Wie kann der Kontakt zu den rund 800 Betrieben in den mehr als 30 Gemeinden aufrecht bleiben?

„Zentral organisiert" klingt recht steif. Der Burgenland Tourismus ist in engem Austausch mit den Geschäftsführern der drei Regionen, wir haben alle zwei Wochen einen Jour fixe mit den Teams. Mit den 800 Betrieben sind wir in einem regen Austausch. Es gibt Gastgeber-Newsletter; es gibt Coaches für die Vermieter, die den Betrieben persönlich zur Verfügung stehen; wir veranstalten eigene Marketingtouren, bei denen die Betriebe Neuigkeiten erfahren; es gibt digitale Schulungen für die von uns umgesetzte Digitalisierung des Meldewesens. Wir sind also sehr breit aufgestellt: Jeder Betrieb bekommt von Burgenland Tourismus die nötigen Informationen.

In jüngster Zeit bemüht man sich wieder stärker um den deutschen Markt. Welche Maßnahmen gibt es, um Gäste aus Deutschland in die Region zurückzuholen?

Wir haben einiges getan, um ausländische und auch deutsche Gäste ins Land zu holen, zum Beispiel die Pop-up Tour, mit der wir in Köln und Stuttgart präsent waren. In München, wo bei der BMW Welt 5.000 Medienvertreter anwesend waren, haben wir unsere Genuss-Kampagne mit Nicholas Ofczarek präsentiert. Außerdem gibt es den Podcast „Reisen Reisen" in Deutschland, bei dem das Burgenland, speziell das Nordburgenland, als Genussregion vorgestellt wurde. Und wir waren bei der F.re.e München, Bayerns größter Reise- und Freizeitmesse, bei den E-Bike Days in München und bei der Internationalen Tourismus-Börse ITB in Berlin.

International verzeichnet man neue Urlaubstrends wie Caravaning und Tiny Houses. Welche Angebote setzen Sie in der Region?

Durch die Corona-Krise hat sich die Nachfrage nach Camping, Caravaning und Tiny Houses verstärkt. Zurück zur Natur, Individualität und Ursprünglichkeit sind Werte, die immer häufiger gefragt werden. In der Region Neusiedler See gibt es 14 Campingplätze und mit dem Campingplatz Podersdorf den größten Tourismusbetrieb

des Burgenlands. Dort werden rund 230.000 Nächtigungen erwirtschaftet. Urlaub beim Winzer liegt im Trend und Tiny Houses sind im Kommen, insbesondere wenn sie, wie oft im Burgenland, in unberührter Landschaft platziert sind. Das Burgenland birgt viele kleine, feine Geheimnisse, die zeigen, dass man hier gut Urlaub machen kann.

Die Region Neusiedler See ist grenzüberschreitend – wie macht sich das bei touristischen Konzepten bemerkbar?

Als aktuelles Projekt ist der grenzüberschreitende Nationalpark zu nennen: der Nationalpark Neusiedler See – Seewinkel auf österreichischer Seite und Fertő-Hanság in Ungarn. Ein Plan ist, gemeinsam mit Ungarn eine Nationalpark-Radroute zu entwickeln. Der bereits bestehende Radweg B10 rund um den See ist einer von zwei 5-ADFC-Sterne-Radwegen in Österreich.

Zu Großevents wie Nova Rock, See Opening, der Oper im Steinbruch oder den Seefestspielen in Mörbisch kommen Zehntausende Gäste. Wie kann man sie motivieren, länger zu bleiben und wiederzukommen?

Das ist eine große Herausforderung. Wir haben in Mörbisch bei „Mamma Mia“ eine Umfrage gemacht und festgestellt, dass 80 Prozent der Besucher Burgenland-Urlauber sind, die schon einmal da waren. Es muss uns gelingen, die Säulen Natur, Kultur, Bewegung, Radfahren, Wein und Kulinarik sowie Thermen so aufzustellen, dass, wenn Gäste eine Säule in Anspruch nehmen, sie auch für andere Säulen erreichbar sind. Wenn wir es schaffen, dass der Gast nur eine Nacht länger bleibt, haben wir in der Region Nordburgenland schon viel geschafft.

Wie ist Ihre Vision, wo soll das Burgenland 2030 stehen?

Meine Vision ist, dass das Burgenland ein zertifiziertes nachhaltiges Qualitätstourismusland wird. Wir wollen dies als erstes Bundesland schaffen. Dazu haben wir einiges anzubieten: Authentizität, Kultur, Natur und deren Schutz. Die Voraussetzungen sind gut. Gäste, die hierherkommen, möchten Qualität. Sie sind auch bereit, dafür etwas zu bezahlen. Wenn wir eine Verlängerung der Vorsaison und der Nachsaison schaffen, haben wir große Schritte in diese Richtung gemacht.

Didi Tunkel, geboren in Pinkafeld, ist seit 2020 Geschäftsführer von Burgenland Tourismus. Zuvor hat er die Event-Maturareisen „Summer Splash“ aufgebaut und geleitet.

Sanfter Tourismus und starke Attribute

Ein Interview von Gunnar Landsgesell und Alois Lang

Ein Gespräch mit Hans-Peter Doskozil, Landeshauptmann Burgenland, und Stefan Ottrubay, Vorstandsvorsitzender der Esterhazy Betriebe, über Entwicklungsoptionen für den Tourismus in der Region, die Marke Welterbe und die Bedeutung des Neusiedler Sees.

Die Tourismusregion Neusiedler See ist sowohl durch Strukturwandel als auch durch den Klimawandel herausgefordert. Wie können die Betriebe dabei unterstützt werden? Welche Maßnahmen werden gesetzt?

Doskozil: Seitens des Landes ist es unsere Aufgabe, die bestmögliche Infrastruktur für die Betriebe zu schaffen. Das beginnt bei einer adäquaten Förderkulisse und geht über ein prägnantes Marketing für die Region bis hin zur Unterstützung der einzelnen Betriebe seitens des Burgenland Tourismus. Die Region um den Neusiedler See mit dem Nationalpark, aber auch der burgenländische Tourismus insgesamt haben sich zu einer starken Marke entwickelt. In der Tourismus-Strategie 2030 haben wir unter anderem Nachhaltigkeit und Regionalität als Schlüsselthemen festgelegt. Dazu läuft ein Prozess, in dem alle Tourismusverbände mit dem Österreichischen Umweltzeichen und TourCert zertifiziert werden sollen. Auch die kleinen Betriebe werden eingebunden. Unser Ziel ist es, das Burgenland als erstes Bundesland gänzlich nachhaltig zertifizieren zu lassen. Das Thema Nachhaltigkeit wird auch mit der Burgenland Card forciert, mit der alle Öffis im Burgenland kostenlos genutzt werden können. Unser Markenzeichen, der sanfte Tourismus, baut auf den Säulen Natur, Sport, Thermen, Kultur und Genuss auf. In der Region um den Neusiedler See sind die einzigartigen Eigenschaften unseres Heimatlandes in hohem Maße vorhanden. Herausragend ist das erstklassige Weinangebot. Mit einer hervorragenden Radinfrastruktur und kulinarischen Events sorgen wir für eine möglichst lange Tourismussaison. So profitiert die Region beispielsweise auch von landesweiten Maßnahmen wie dem Anradeln im Frühjahr und dem „Martiniloben" rund um den Landesfeiertag am 11. November. Damit wollen wir die Region touristisch vom Klimawandel unabhängiger machen.

Ottrubay: Eine Profilierung kann nur über starke Attribute erfolgen. Davon hat die Region einige zu bieten: die Landschaft im Übergang zur Pannonischen Ebene, das über tausendjährige Kulturerbe, den Wein und vieles mehr. Ein Blick auf die Nächtigungszahlen in den einzelnen Gemeinden legt den Schluss nahe, dass die Saisonverläufe in jenen Gemeinden tendenziell problematisch sind, in denen es austauschbare Angebotsschwerpunkte gibt.

Eine Profilierung kann langfristig deshalb am ehesten gelingen, wenn sie über USPs erfolgt. Dafür wäre es auch wichtig, die Leitbetriebe in das landesweite Marketing einzubinden. Es braucht Bewusstseinsbildung, dass man auf der Betriebsebene viel tun kann, gerade auch hinsichtlich der Klimaerwärmung. Dabei denke ich an ein System der kurzen Wege, um lokale Produkte stärker zum Einsatz zu bringen. Gute Lebensmittel und eine unverwechselbare Kulinarik sind für die eigene Bevölkerung, aber auch für den touristischen Gast unerlässlich. Hier muss das Burgenland in seinen drei Regionen Nord, Mitte und Süd noch viel tun.

Das Prädikat Welterbe würden viele Tourismusregionen in Österreich gerne für die Stärkung ihres Images nutzen. In der Region Neusiedler See/Fertő taj herrscht aber oft der Eindruck, dass die UNESCO damit Tourismusprojekte blockiert. Wie kann es gelingen, der Bevölkerung ein realistisches Bild des Welterbes zu vermitteln und dieses zu einem essenziellen Teil der regionalen Identität zu machen, der auch im Tourismusmarketing integriert ist?

Doskozil: Das Welterbe Neusiedler See ist bereits essenzieller Teil der regionalen Identität, das soll auch so bewahrt werden. Der Status UNESCO-Welterbe bedeutet aber nicht, die Region unter einen Glassturz zu stellen. Hier leben und arbeiten Menschen, und man darf nicht übersehen, dass die vielen Facetten dieses Lebens die Region auch touristisch interessant machen. Deshalb gilt es, Traditionelles zu bewahren, aber gleichzeitig Modernes zuzulassen, dann bleibt das harmonische Große und Ganze in der Region bestehen. Ein wichtiges Instrument dafür ist der Managementplan. Er bietet die Leitlinie für die Entwicklung der Welterberegion und wurde 2023 aktualisiert. Mit dem Projekt „Inwertsetzung Welterbe“ sensibilisieren wir seit 2017 Entscheidungsträgerinnen und die Bevölkerung für das Welterbe. Mittlerweile sind viele neue Verantwortungsträgerinnen – auch im Verein Welterbe Neusiedler See – am Zug.

Ottrubay: Das Welterbe ist leider noch nicht besonders gut in der öffentlichen Wahrnehmung verankert. Jede Qualitätsmarke ist mit Auflagen versehen, insbesondere die starken Marken.

Das gilt natürlich auch für die „Marke" Welterbe. Besonders exklusiv sind die Welterberegionen, die den Weinbau und Tourismus verbinden. Hier bewegen wir uns im engen Kreis von Spitzenregionen wie Loire, Bordeaux oder Alto Douro. Diese Verbindung nutzt das Burgenland noch viel zu wenig. Was die Vielfalt und Qualität des Kulturerbes betrifft, muss das Verständnis noch geschärft werden, denn eine Inwertsetzung dieses Prädikats wird es nur mit einer Kenntnis darüber geben. Dafür braucht es strategische Beratung, wie das Welterbe in das Marketing der Regionen integriert werden kann. Hier müssen wir die Nachbarregionen Westungarn und Westslowakei mitnehmen. Denn wir haben gesehen, wie sehr grenznahe Attraktionen auch die jeweils andere Seite beleben.

Wie kann die Region grenzüberschreitend weiterentwickelt werden? Ein in Europa erfolgreiches Tool ist das EVTZ-Modell, also der Europäische Verbund für territoriale Zusammenarbeit. Das ist eine Förderstruktur, die in Österreich noch kaum bekannt ist. Ein Vorbild wäre der Geopark Karawanken zwischen Kärnten und Slowenien, dort konnte die Entwicklung der Region angekurbelt werden. Wäre dieses Tool auch für die Region Neusiedler See relevant?

Doskozil: Ja, auch wir denken an grenzüberschreitende Tourismusprogramme. In erster Linie werden diese derzeit über Interreg abgewickelt, mit Partnern aus Ungarn und der Slowakei.

Ottrubay: Für mich klingt das nach einem interessanten Tool, um die Region gemeinsam mit Ungarn weiterzuentwickeln. Soweit ich weiß, schließen sich beim EVTZ-Modell Gemeinden in einem Verbund zusammen und gelten dann als juristische Person. Das allein hätte schon den Vorteil, mit einer Stimme zu sprechen und sich bei der Entwicklung von gemeinsamen Zielen zu koordinieren. Als Esterhazy Gruppe wollen wir gerade als große touristische Organisation mit einem starken strategischen Blick denken. Von einer sehr einfachen Randregion in den 1960er- und 1970er-Jahren sind wir als Drei-Länder-Region zu einem Anbieter mutiert, der ein großes europäisches Potenzial besitzt. Daher ist der Eingriff in die qualitativen Segmente des Tourismus ein entscheidender Punkt. In diesem Bereich wollen wir in den nächsten Jahren sehr eng mit Partnerbetrieben und der Tourismuswerbung kooperieren.

Ortskerne tendieren trotz gezielter Förderungen zur Erhaltung von Gebäuden zum Veröden. Die regionale Architektur ist Kern des Welterbes und wichtiger Teil des touristischen Angebots. Wie können die Ortskerne wiederbelebt werden? Wäre es zudem aus Landessicht denkbar, denkmalgeschützte Gebäude wie Streckhöfe oder auch Schüttkästen zu erwerben und Nutzungskonzepte zu erarbeiten?

Doskozil: Zur Belebung der Ortskerne haben wir bereits über die Raumplanung wichtige Weichen gestellt, es dürfen zum Beispiel keine Supermärkte mehr am Ortsrand errichtet werden. Damit wollen wir Leerstände vermeiden und auch die Bodenversiegelung eindämmen. Rege genutzt wird auch die burgenländische Dorferneuerung, seit 1988 sind über 35 Millionen Euro an EU- und Landesmitteln in die burgenländischen Gemeinden geflossen. Die geschlossene Siedlungsgrenze, die in der Welterberegion als besonders wertvoll erachtet wird, bietet

indirekt auch den Anreiz, dass die Gemeinden sich mit der Belebung der Ortskerne selbst auseinandersetzen. Von den oft über 100 Jahre alten Streckhöfen, die das Ortsbild lange geprägt haben, sind leider viele der modernen Baukultur zum Opfer gefallen. Mittlerweile erleben sie aber eine Renaissance und werden landesweit liebevoll renoviert – auch für touristische Zwecke.
Mit dem Baukulturgesetz ist ein Regelwerk zum Erhalt dieser traditionellen Bauweisen in Arbeit, um die Bautypologie unserer Ortskerne zu sichern.

Ottrubay: Es gibt europaweit viele ortstypische Konzepte für historische Ortskerne. In Italien wird zum Beispiel sehr erfolgreich mit den Alberghi Diffusi gezeigt, wie sich ungenutzte traditionelle Gebäude für den Zusammenschluss eines virtuellen Hotels nutzen lassen. Warum sollte das nicht auch bei uns funktionieren? Das wäre es wert, zwei bis drei Pilotprojekte mit lokalen Unternehmen unter Einbeziehung der Hausbesitzer umzusetzen.
Man könnte der Freizeit- und der Weinwirtschaft sowie dem Nächtigungstourismus eine neue Entwicklungsspur geben, um traditionelles Kulturerbe zu erhalten. Vor allem ist uns auch der Erhalt der wertvollen Bausubstanz bei Esterhazy ein sehr großes Anliegen. Seit der Gründung der Stiftungen haben wir über 200 Millionen Euro in die großen Baudenkmäler in Eisenstadt, die Burg Forchtenstein und Schloss Lackenbach investiert. Es geht hier um ein europäisches Kulturerbe. Wir sind stolz, dass so dem Burgenland große Werte erhalten werden.

Der Neusiedler See spielt nach wie vor eine bedeutende Rolle in der Region: als Badegewässer ist er vor allem für die Freizeitnutzung wichtig, touristisch zunehmend als wertstiftendes Landschaftselement. Sollte insofern die Diskussion über Freizeitnutzung und touristische Wertschöpfung deutlicher getrennt werden?

Doskozil: Der See ist Landschaftselement und Badegewässer. Was wir trennen sollten, ist das Ausspielen von gesellschaftlichen Interessen und Naturschutz. Gerade die Kulturlandschaft rund um den Neusiedler See ist nur durch menschliche Eingriffe zu so einer besonderen Landschaft geworden, die auch Heimat zahlreicher geschützter Tier- und Pflanzenarten ist. Der burgenländische Weg, siehe Windkraftausbau, hat bereits in der Vergangenheit gezeigt, dass es uns gelingt, unterschiedliche Interessen zusammenzuführen. Das wird uns auch in Zukunft gelingen.

Ottrubay: Der See spielt im Freizeitverhalten eine wichtige Rolle in der Region, hat aber in touristischer Hinsicht einen Bedeutungswandel erlebt. Und zwar stärker in Richtung eines atmosphärischen Zugangs zum Naturraum.
Die Wahrnehmung des Sees und des Schilfgürtels findet heute im Rahmen des Naturerlebens und anderer Tourismusformen statt. Die Frage ist deshalb: Wie kann man diesem gestiegenen Interesse begegnen, um ein besseres Verständnis für die Erhaltung dieses einzigartigen Sees zu schaffen? Das gilt ebenso für Ungarn, auch wenn der See dort nicht dieselbe identitätsstiftende Rolle einnimmt. Mit der geplanten großen Seeanlage in Fertőrákos wird sich das sicher ändern.

3.

Marketing im 21. Jahrhundert – Besinnung auf USPs

Der Weg zur Marke Neusiedler See

Ein Beitrag von Robert Jeller, ehemaliger GF der Neusiedler See Tourismus GmbH

Nicht nur der Pegel des Neusiedler Sees schwankte in den vergangenen Jahren beträchtlich, auch die touristische Marke Neusiedler See ist ins Schwanken geraten. Eine gute Marke zu entwickeln und aufzubauen, erfordert Zeit, Mühe und eine kluge Strategie. Sie sollte auf den Bedürfnissen und Erwartungen der Zielgruppe basieren und kontinuierlich gepflegt werden. Ein Blick in die Vergangenheit soll zeigen, wie die Verwendung der Marketing-Tools zu einer besseren Positionierung der Marke Neusiedler See geführt hat.

Was ist eigentlich eine Marke, was macht eine gute Marke aus?

Ein kluger Markenstratege sagte einmal, eine Marke sei das Bauchgefühl des Kunden. Eine erfolgreiche touristische Marke hat die Fähigkeit, eine emotionale Verbindung zu ihren Kunden herzustellen. Kunden verknüpfen ihre Urlaubserfahrungen, Gefühle und Eindrücke mit einer Marke. Diese emotionale Bindung kann einen erheblichen Einfluss auf zukünftige Urlaubsentscheidungen haben. Kunden, die eine starke emotionale Bindung zu einer Marke haben, sind eher bereit, wiederholt Produkte oder Dienstleistungen dieser Marke zu kaufen und sie anderen weiterzuempfehlen. Der Wert der Marke steigt.

In den 1990er-Jahren nahmen die Übernachtungszahlen rund um den Neusiedler See stetig ab. Hauptursache dafür waren das Ausbleiben der Gäste aus Deutschland aufgrund geänderter Urlaubspräferenzen und der Fokus auf den Inlandsgast für die neuen Thermen. Zu sehr setzte man in den 1980er-Jahren auf günstige Massenangebote für weniger zahlungskräftige Touristen zu Lasten der Qualität.

Für die Vermarktung des touristischen Angebots waren neben dem Landesverband Burgenland Tourismus primär die örtlichen Tourismusverbände zuständig. Deren finanzielle Ressourcen waren allerdings beschränkt. Auch die Bildung der Vermarktungsgemeinschaft ARGE Neusiedler See konnte den Trend nicht umkehren. Böse Menschen meinen, dass es den örtlichen Tourismusgranden wichtiger war, den eigenen „Kirchturm“ im Prospekt wiederzufinden.

Neue Organisationsform, neue Strategie, neue Ziele

Eine Trendwende konnte erst mit der Gründung der Neusiedler See Tourismus GmbH (NTG) im Dezember 1997 eingeleitet werden. Zu den Aufgaben der Gesellschaft gehörten unter anderem die Koordinierung der touristischen Angebotsgestaltung sowie das Marketing für die Destination Neusiedler See. Gesellschafter waren 25 örtliche Tourismusverbände aus den Bezirken Neusiedl am See, Eisenstadt Umgebung und der Landeshauptstadt Eisenstadt. Die Finanzierung erfolgte über Beiträge der Gesellschafter und Landeszuschüsse. Ein sechsköpfiger Beirat beriet und überwachte die Tätigkeit der Gesellschaft.

Sofort ging man daran, eine verbindliche Destinations- und Marketingstrategie zu erarbeiten. Als Kerngeschäfte und primäre Umsatzbringer für den Tourismus wurden der Badeurlaub, das Radfahren und der Kurzurlaub definiert. Naturtourismus im Nationalpark Neusiedler See – Seewinkel und (wein-)kulinarische Aktivitäten sollten als Zukunftsgeschäfte weiterentwickelt werden.

Die Markenstrategie für die Region Neusiedler See baute in der Gründungsphase konsequent auf den definierten Kern- und Zukunftsgeschäften auf. „Viva Pannonia" als Einladung und Ausdruck der besonderen Lebensfreude – als Gegenwelt zur alpinen Wanderwelt – stand gleichsam als Klammer über allem und gab die direkte Antwort auf den damaligen Slogan von Burgenland Tourismus: „So will ich leben."

Markenkern der Region Neusiedler See in der Anfangsphase:

- **Der pannonische Steppensee**
- **Das pannonische Rad- und Reiterlebnis**
- **Der pannonische Rhythmus der Jahreszeiten**
- **Die pannonische Gaumenfreude**
- **Das pannonische Naturerlebnis**

Damals wurde lebhaft über die Verwendung des Begriffs „pannonisch" debattiert. Hat er die Kraft, wirklich als Synonym für ein neues Image der Region aufgeladen zu werden? Zu viele assoziierten damit kitschige Folklore, deftiges Gulasch und schmalzige „Zigeunermusik". Doch die Tourismusvisionäre erkannten das enorme Potenzial, das in diesem Begriff steckte. Er konnte zum Sinnbild für eine eigenständige kulturelle und touristische Entwicklung in der Zukunft werden.

Das vorrangige Ziel der Marketingbemühungen bestand darin, das Kerngeschäft zu stärken und die Vor- und Nachsaison zu verlängern. Dafür wurden lokale Veranstaltungen wie das „Martiniloben", das Frühlingserwachen oder das Summer Opening zu regionalen Eventformaten ausgebaut, an denen sich jeder Ort beteiligen konnte.

Die Neusiedler See Card als Marketinginstrument

Ein entscheidender Schritt zur Neupositionierung der Region war die Einführung der Neusiedler See Card im April 2000, Österreichs erster echter All-inclusive-Gästekarte. Schon ab der ersten Übernachtung erhielten Gäste diese Karte von ihrem Beherbergungsbetrieb und konnten damit bis zu 40 Freizeiteinrichtungen kostenlos und so oft sie wollten besuchen. Auch ökotouristische Angebote wie die freie Benützung der öffentlichen Verkehrsmittel in der Region wurden integriert.
Ab 2002 hatten die Gäste mit dieser Karte auch freien Zugang zu zahlreichen Sehenswürdigkeiten auf der ungarischen Seite des Neusiedler Sees.
Diese Karte trug maßgeblich dazu bei, die Gäste zu mehr Aktivitäten zu motivieren, und dazu, die Region intensiver zu erleben. Zu Recht wurde daher die Entwicklung der Neusiedler See Card

im Jahr 2002 mit dem Burgenländischen Innovationspreis sowie mit dem Burgenländischen Tourismuspreis ausgezeichnet.
Mit all diesen Bemühungen konnte tatsächlich eine Trendumkehr bei den Gästeübernachtungen erreicht werden. Hilfreich war auch der EU-Beitritt im Jahr 1995 samt zusätzlicher Fördergelder. Das Niveau der Zahl der Übernachtungen von 2002 konnte – trotz sinkender Aufenthaltsdauer – über viele Jahre gehalten, zuletzt vor der Corona-Pandemie sogar noch gesteigert werden.

Aus der Nische zum zentralen Markenelement

Wesentliche Erfolgsfaktoren der Marke Neusiedler See waren und sind der einzigartige Naturraum der Region und das klare, qualitativ hochwertige Markenversprechen auf Basis der fünf Angebotskerne. Dass der Besucher nicht enttäuscht wird, liegt wohl auch daran, dass die touristischen Angebote in enger Abstimmung mit den Leistungsträgern und Beherbergungsbetrieben entwickelt und vermarktet wurden. Nicht zuletzt der immer deutlicher spürbare Klimawandel machte die einstigen Nischengeschäfte im Bereich Natur- und Weintourismus zu einem zentralen Element der Marke Neusiedler See, was vor allem in der Vor- und Nachsaison seine Wirkung zeigt.
Doch die Marke beginnt zu schwächeln. In letzter Zeit wird der Markenname Neusiedler See durch die Bezeichnung „Nordburgenland" ersetzt. Das mag zwar der Eingliederung der Region Rosalia geschuldet sein und den Selbstwert jener Gemeinden stärken, die nicht unmittelbar am See liegen, auf Google Maps findet man den Namen aber nicht.
Wenn sich regionale Destinationsmarken an die Namen überregional bekannter einzigartiger Natur- oder Kulturlandschaften anlehnen, werden sie unverwechselbar und einprägsam. Der Neusiedler See ist für sich schon eine solche starke Marke. Umso mehr liegt es auf der Hand, den Namen auch für die Tourismusdestination zu verwenden. Jeder andere Name, auch wenn er sich aus einer geografischen Einteilung sinnvoll ableiten lässt, bedarf einer immensen Kraftanstrengung, um einen ähnlichen Bekanntheitsgrad zu erreichen. Oder wissen Sie, zu welchem Schweizer Kanton der Bodensee gehört? Das Geld, das für diese Art von Tourismuswerbung eingesetzt wird, könnte wohl sinnvoller und effektiver verwendet werden.

Die Hausaufgaben für das Destinationsmanagement

Was braucht es in einer Zeit, in der alte Erfolgsrezepte an soziale, ökologische und ökonomische Grenzen stoßen, um die Wettbewerbsfähigkeit der Destination Neusiedler See und ihrer Management- und Marketingorganisation zu steigern?
Destinationsmanagement bedeutet heute, regionale Ressourcen ganzheitlich als Potenzial zu entwickeln und den Tourismus als Gestalter in den Lebensraum zu integrieren (und nicht von „oben" zu verordnen).

1) Mehr als in allen anderen Regionen ist die Tourismusdestination Neusiedler See gefordert, die Einzigartigkeit ihrer Kultur- und Naturlandschaft zu bewahren und vor zerstörerischen Eingriffen zu schützen. Die im neuen Managementplan

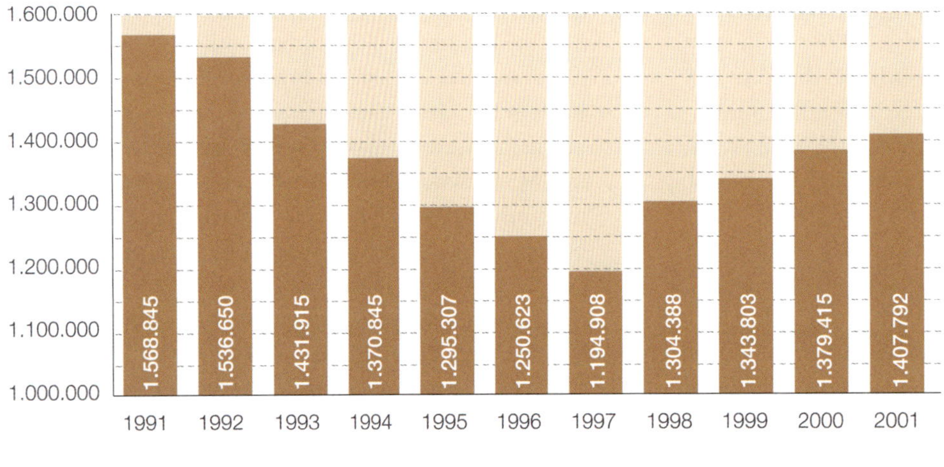

Trendwende:

Im Jahr 2002 zählte die Region 1.413.644 Übernachtungen. (Quelle: Eigene Darstellung JR)

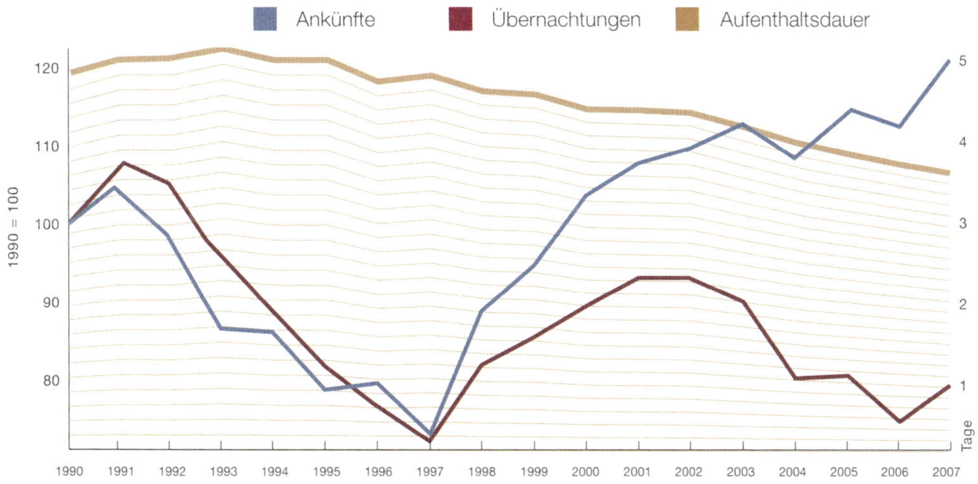

Ankünfte und Übernachtungen in der Region Neusiedler See:

Quelle: Linzer, H.: UNESCO-Welterbe Neusiedler See, Kulturelles Erbe als Basis der Raumentwicklung, Diplomarbeit, 2008

vorgeschlagenen Maßnahmen zum Schutz und zur Erhaltung des Welterbes geben den Weg vor und sind zügig umzusetzen.

2) Tourismus findet im realen Lebensraum der Bevölkerung und nicht nur in einer abgegrenzten Urlaubskulisse („Ghettotourismus“ in All-inclusive-Clubs) statt. Auch außerhalb des Welterbes erwarten Einheimische und Urlauber ein stimmiges Bild. Es gilt daher, schonend mit den Ressourcen umzugehen, den rasanten Bodenverbrauch einzudämmen und den Raum respektvoll zu nützen.
3) Der Blick auf den See und die einzigartige Landschaft, die nicht immer mit spektakulären Naturwundern prahlt, muss behutsam gepflegt werden. Zu viele Ankündigungs- und Werbetafeln oder veraltete Hinweisschilder säumen die Straßen und Ortseinfahrten.
4) Während historische Ortskerne zunehmend verwaisen und traditionelle Gebäudeformen (Streckhöfe!) billigen Umbauten zum Opfer fallen, umzingeln immer mehr gesichtslose Reihenhausanlagen, hässliche Genossenschaftsbauten und Fachmarktzentren die Ortsränder. Wenn der Neusiedler See als begehrte Destination attraktiv bleiben soll, braucht es stimmige Ortsatmosphären, architektonisch hochwertige Bauten und gestalterische Konzepte – auch für die Räume dazwischen.
5) Mit dem Pilotprojekt „Ökotourismus und Ökomobilität“ konnte die Region schon vor mehr als 20 Jahren zeigen, wie Urlaubsgäste mit intelligenten Lösungen eingeladen werden, alternative, umweltschonende Verkehrsmittel zu benützen. Dieses Potenzial ist noch lange nicht ausgeschöpft. Es betrifft sowohl die Anreise als auch die Mobilität in der Urlaubsregion.
6) Destinationen sind weit mehr als nur touristische Wirtschaftssysteme. Sie sind komplex gewebte Netzwerke aus eigenständigen Akteuren, die in unterschiedlichen Formen miteinander agieren. Diese Zusammenarbeit muss gefördert, die Akteure müssen in tourismuspolitische Entscheidungsprozesse eingebunden werden. Dialogforen mit den Stakeholdern und Interessengruppen sollen Verständnis füreinander und den gemeinsamen Weg schaffen. Die durchaus krisenfeste kleine Betriebsstruktur mit Hunderten Unterkunftsbetrieben und einem hohen Stammgästeanteil bildet dafür eine solide Basis.

Ein erster Schritt zur Umsetzung einer gemeinsamen Vision wäre die Ausarbeitung eines strategischen Wegweisers. Die Region Neusiedler See hat das Potenzial, zu einer Modellregion für nachhaltigen Tourismus zu werden. Es braucht das Wissen und die Kraft vieler, um dieses Ziel zu erreichen. Nur wenn alle gemeinsam an einem Strang ziehen, können wir die Wettbewerbsfähigkeit unserer Destination stärken und unsere Region zu einem wahrhaftigen Juwel für Besucher und Einheimische gleichermaßen machen.

Robert Jeller, BWL-Studium an der Wirtschaftsuniversität Wien, war Leiter der Stabsabteilung Strategie in der Wirtschaftskammer Österreich. Von 1998 bis 2002 war er Geschäftsführer der Neusiedler See Tourismus GmbH.

Die Rolle von Schutzgebieten im Tourismus

Im Jahr 1993 wurde Österreichs erster grenzüberschreitender Nationalpark gegründet. Die vielfältigen Vorteile, die er für das Tourismusmarketing bringen würde, waren nur wenigen bewusst. Auch die Gründung des „Welterbe-Naturparks Neusiedler See – Leithagebirge" hat die Angebotsseite deutlich erweitert – mit Fokus auf nachhaltigem Tourismus.

Der Nationalpark als Imageträger

Ein Beitrag von Michaela Kojnek-Kroiss, Nationalpark Neusiedler See – Seewinkel

Die Erwartungshaltung an Österreichs ersten grenzüberschreitenden Nationalpark bei dessen Gründung 1993 war innerhalb des Tourismussektors breit gefächert: Die einen rechneten mit einer raschen Zunahme der Nächtigungen im Seewinkel, andere befürchteten ein problematisch hohes Ausflugsverkehrsaufkommen. Es gab sogar Pessimisten, die vor den Folgen des Betretungsverbots und der Gebietsaufsicht warnten. Von den vielfältigen Vorteilen, die der Nationalpark für das Tourismusmarketing mit sich bringen würde, war selten die Rede. Wie schnell der Nationalpark danach als unübertreffbarer Imageträger für die gesamte Region erkannt wurde, ist heute noch erstaunlich. Von der Ferienwohnung bis zum 4-Sterne-Hotel, vom Restaurant (Fleisch vom Weiderind) bis zum Fahrradverleih, vom Pferdefuhrwerker bis zum Schifffahrtsunternehmer, vom Eventmanager bis zum Fremdenführer: Innerhalb kürzester Zeit verortete sich ein Großteil der Betriebe in ihrer Werbebotschaft quasi „mitten im Nationalpark". Natürlich brachte eine neue, weltweit positiv besetzte Schutzgebietskategorie auch neue Gästeschichten. Auch deshalb, weil damit Inlandsgäste auf den Geschmack des Naturerlebnisses „vor der Haustür" kamen. Diese strukturellen Änderungen wurden in der Region aber kaum wahrgenommen. Die Bandbreite an Vorteilen, die ein Nationalpark für die qualitative Tourismusentwicklung mit sich bringt, ist damit freilich noch nicht abgedeckt. Übrigens: Die immer wieder angesprochene Gefahr des „Zu-Tode-Liebens" geschützter Natur durch Massentourismus ist leicht zu entkräften: mit einem Blick auf die Aufgaben eines Nationalparks, die von der Besucherlenkung und dem Bildungsauftrag bis zum Ermöglichen eines authentischen Naturerlebnisses reichen.

Welche Rolle hat nun ein Nationalpark im Tourismusmarketing?

Image und Bekanntheitsgrad: Mit einem Nationalpark wird nicht nur ein außergewöhnliches Naturerlebnis, sondern auch eine hohe Umweltqualität assoziiert. Das Tourismusmarketing nutzt diesen Imagefaktor auf allen Ebenen und in allen Werbemitteln. **Der Nationalpark setzt keine aktiven Werbemaßnahmen um, wird jedoch aktiv als Werbeträger eingesetzt.**
Medienpräsenz: Naturthemen, wie sie von Nationalparks aufbereitet werden, sind für Medien besonders attraktiv. Nationalparks transportieren die Tourismusregion – kostenlos. Unterstützung erhält die Tourismusbranche bei ihrer Medienarbeit auch durch zur Verfügung gestellte Inhalte wie Fotos, Videos und Texte sowie die Betreuung von Journalisten.
Infrastruktur: Naturerlebnis und Besucherlenkung in einem Nationalpark verlangen nach einer gebietsspezifischen Infrastruktur, vom einfachen Wegweiser über Beobachtungsplattformen bis hin zum Besucherzentrum. Allein im Nationalparkzentrum in Illmitz werden jedes Jahr an die 40.000 Besucher gezählt (ganz ohne Werbebudget).
Besucherprogramme: Die Bereicherung des Urlaubsprogramms verringert die Wetterabhängigkeit und erhöht die durchschnittliche Aufenthaltsdauer in der Region. Das ist in den österreichischen Nationalparkregionen statistisch belegt. Strukturell vergleichbare Standorte mit dem Schwerpunkt auf Großevents hinken in der Bettenauslastung um bis zu 50 Prozent hinterher. (Im Vergleich: Podersdorf und Mörbisch haben ca. 70 Vollbelegstage pro Bett und Jahr, Illmitz ca. 110.)

Zielgruppen/Gästestruktur: Tourismusbetriebe in der Nationalparkregion erreichen Zielgruppen, die zu den begehrtesten am Markt zählen: ein internationales, nicht konjunktursensibles Publikum, das ein überdurchschnittliches Bildungsniveau besitzt und wegen der weiteren Anreise eine längere Aufenthaltsdauer aufweist. Bevorzugte Reisezeiten sind Frühling und Herbst. Es bestehen ein hoher Direktbucheranteil und großes Interesse an regionalen Produkten.
Nationalparks sind bevorzugte Zielgebiete für Wissenschaftler und Studiengruppen, zudem Veranstaltungsorte für Fachtagungen. Damit kommen unzählige Multiplikatoren in die österreichischen Nationalparks.
Insgesamt führt das zu einer längeren Saison und einer höheren Pro-Kopf-Wertschöpfung.
Im Gegensatz zu vielen internationalen Naturtourismus-Destinationen bleibt die Wertschöpfung in der Region bzw. bei der einheimischen Bevölkerung.
Kooperation mit den Tourismusorganisationen: Der Nationalpark kann sich in allen Bereichen des Marketings einbringen, von der Angebotsaufbereitung bis zur Pressearbeit. Die Tourismuswerbung wird allerdings nicht mitfinanziert, dafür gibt es weder einen Auftrag noch ein Budget. Der Nationalpark wiederum ist in alle relevanten Strategie- und Konzeptentwicklungen im regionalen Tourismus eingebunden.
Diese Kernkompetenzen müssen insofern als höchst wirksame Instrumente für die Weiterentwicklung und Profilierung der Tourismusregion Neusiedler See gesehen werden.

Michaela Kojnek-Kroiss ist beim Nationalpark Neusiedler See – Seewinkel für Öffentlichkeitsarbeit und Social Media verantwortlich.

Naturparks als Instrument der Tourismusentwicklung

Ein Beitrag von Thomas Böhm, Wirtschaftsagentur Burgenland

In den Landschaftsschutzgebieten des Burgenlands sind sechs Naturparks ausgewiesen. Einer davon ist der 2006 gegründete „Welterbe-Naturpark Neusiedler See – Leithagebirge". Fünf Gemeinden kooperieren als Träger des Naturparks: Donnerskirchen, Purbach, Breitenbrunn, Winden und Jois. Mit den von ihnen entwickelten Projekten haben sie sich mit einem breit gefächerten Naturerlebnisangebot neu positioniert.

Naturparks dienen der Vermittlung von Wissen über Natur und Kultur und stehen für eine behutsame Pflege und Bewirtschaftung. Als ökologische Nischen und Korridore für gefährdete Tier- und Pflanzenarten sind sie besonders wertvoll. Das entspricht dem gesetzlichen Ziel der Naturparks: Schutz der Landschaft und deren Nutzung. Wertvolle charakteristische Landschaftsräume sollen so vor der Zerstörung bewahrt und weiterentwickelt werden. Darüber hinaus sind diese Schutzgebiete zum Kern regionaler Identität geworden. Sie dienen ganz klar dem positiven Image einer Region. Sie sind Schaufenster der Biodiversität und öffnen neue Wege zu einem nachhaltigen Naturerlebnis. Tourismustrendforscher erwarten in den nächsten Jahren die stärksten Zuwächse im Bereich der Naturerlebnis- und Wanderangebote.

Naturtourismus eignet sich besonders für ländlich periphere Regionen als Möglichkeit zur Regionalentwicklung, da außer einer attraktiven Naturausstattung relativ wenig Infrastruktur benötigt wird. Um einen relevanten Beitrag zur Wertschöpfung zu leisten, achten die Naturparks darauf, dass eine durchgängige Dienstleistungskette sichergestellt wird. Dazu müssen spezifische Angebote in den Schutzgebieten entwickelt werden: im Bereich der Gastronomie, der Beherbergung und der Dienstleistung (Naturführungen, Fahrrad- bzw. E-Bike-Verleih, Kanus etc.).

Der „Welterbe-Naturpark Neusiedler See – Leithagebirge" ist einer von mehreren Naturparks in der Region. Er ist rund 10.000 Hektar groß und bietet auf engstem Raum eine Vielfalt an Landschaftselementen. Sein Bild wird von Weingärten zwischen dem Kalksandstein und dem Schilfgürtel geprägt, von naturnahen Mischwäldern, Trockenrasen und Feuchtwiesen. Keltengräber und historische Kellergassen sind Teil des kulturhistorischen Erbes. Das lässt sich auf ausgeschilderten Wanderwegen erkunden, aber auch mithilfe einer App („Na-Na-Na-App"), mit der man sich Routen durch angrenzende Schutzgebiete individuell zusammenstellen kann.

Das ganze Jahr Saison

In Österreich werden die 48 Naturparks jährlich von rund 20 Millionen Gästen besucht. Der Großteil der Besucher kommt aus städtischen Regionen. Meist sind es Familien, die neben der Erholung auch kulturorientierte Bildung suchen. Die Naturparks im Burgenland können sehr leicht bei Wanderungen oder Radtouren erlebt werden. Wer sich mehr Zeit nimmt, erhält mit geschulten Naturführern tiefere Einblicke in die regional-typischen Besonderheiten von Fauna und Flora, Kultur, Klima und Geschichte. Aufgrund des milden Klimas können die Naturparks im Burgenland das ganze Jahr erlebt werden.
Der Begriff Ökotourismus ist dabei kein leeres Schlagwort.

Das individuelle Entdecken vieler besonderer Lebensräume am Übergang von den Alpen zur ungarischen Tiefebene hat bereits eine lange Tradition. Ebenen und geringe Steigungen sowie ein engmaschiges Wegenetz machen die verschiedenen Lebensraumtypen wie Laubwälder, Trockenrasenkuppen, Niedermoore, Hutweiden und Streuobstwiesen leicht erreichbar.

Zunehmend nutzen auch Schulgruppen das ganzheitliche Umweltbildungsangebot der burgenländischen Naturparks. Dabei spielen erlebnisorientierte Formen der Wissensvermittlung eine besondere Rolle.

Den Kindern wird spielerisch der Zusammenhang von Landschaft und Kultur der jeweiligen Region verständlich gemacht.
Das geschieht auf Lehrpfaden und Themenwegen sowie im Rahmen von Erlebnisführungen.
In Zukunft sollen in den Naturparks auch verstärkt multimediale Informationssysteme eingesetzt werden, um so Jugendlichen spannende Zusammenhänge in der Natur verständlich zu machen.

Thomas Böhm ist bei der Wirtschaftsagentur Burgenland für die landesweite Koordination der Naturparks verantwortlich.

Die Wiederentdeckung des deutschen Markts

Ein Beitrag von Manfred Gram, Journalist

Der Schwerpunkt auf Thermengäste hat dazu geführt, dass mehr Inlandsgäste in den Nächtigungsstatistiken aufscheinen. Auch dadurch war der deutsche Markt nicht mehr wirklich in Schwung gekommen. Nun kommt es im Nachbarland aber wieder verstärkt zu Marketingaktivitäten.

Der Neusiedler See wurde in den 1920er-Jahren, als die Mobilität auch im Urlaub noch sehr eingeschränkt war, als das „Meer der Wiener" bezeichnet. Patrik Hierner, Geschäftsführer des Tourismusverbands Nordburgenland, erinnert an diese Zuschreibung, wenn die Sprache auf den Steppensee kommt. Und ja, Sonnenbad und Wassersport wurden jahrzehntelang direkt mit der Region in Verbindung gebracht. Auch kein Wunder, denn „auf Segeln, Surfen, Sonnen lag lange Zeit der touristische Fokus", so Hierner. Lange Zeit? Ist dem heute nicht mehr so? „Gegenwärtig ist der Wassersport nicht mehr ganz so wichtig. **Im Tourismus ändern sich die Bedürfnisse der Gäste und somit auch die Rahmenbedingungen permanent. Als Urlaubsdestination muss man sich daher viel breiter aufstellen**", fasst der Tourismusmanager den Stand der Dinge zusammen. Dementsprechend sind Angebote rund um den See wichtiger geworden: Der Radtourismus boomt seit gut 30 Jahren. Ebenso das Wandern. Aber auch der Kultur- und Kulinarikbereich sind zum wichtigen Faktor im Fremdenverkehr avanciert. Auf seine gefeierte Gastronomie, aber auch auf die zahlreichen Kunst- und Kulturfestivals ist man am Neusiedler See daher besonders stolz, und das wird dementsprechend kommuniziert. Und aus dem Produkt Wein ist längst ein attraktives Tourismusangebot mit stimmigen Veranstaltungen geworden. „Es geht darum, diese Vielfalt der Region zu bewerben", erklärt Hierner.
Das Nordburgenland ist so etwas wie der touristische Treiber: Gut 940 Unterkunftsbetriebe, das entspricht ungefähr zwei Drittel des ganzen Burgenlands, finden sich hier. Mit 1,6 Millionen Übernachtungen stellt man zudem mehr als die Hälfte der Gesamtnächtigungen.

Bedeutungsverschiebung des Sees

Einer dieser Betriebe ist das Hotel Wende in Neusiedl am See. Martina Wende führt gemeinsam mit ihrer Schwester Birgit das gut gehende Hotel mit seinen 104 Zimmern und 200 Betten. Anfang der 1970er-Jahre war es von ihren Eltern als simple Frühstückspension gegründet worden. Viele Jahre profitierte man von einem vergleichsweise hohen Anteil deutscher Gäste. Heute ist man neu ausgerichtet: Vorwiegend Seminargäste buchen sich hier das ganze Jahr über ein. Wende kennt den Tourismus rund um den See seit frühesten Kindheitstagen und hat ein feines Sensorium für veränderte Rahmenbedingungen. „**Den Badeurlauber, der ausschließlich zum Strand geht, den gibt es schon lange nicht mehr. Gleichzeitig ist aber der See wichtiger denn je – als prägendes Landschaftselement und faszinierender Naturraum.** Ohne ihn wären neue touristische Konzepte und Erweiterungen nicht möglich."

Vieles hat sich also in den letzten Jahren verschoben. Nicht nur beim Gang zum Strand. Auch die Verweildauer eines durchschnittlichen Urlaubers hat sich verändert. „Gäste bleiben kürzer und nicht mehr zwei oder gar drei Wochen wie noch in den 1970er- und 1980er-Jahren“, hat Wende, die in den vergangenen sieben Jahren rund sechs Millionen Euro in Renovierungs- und Sanierungsarbeiten im Hotel investiert hat, beobachtet. Corona wirkte hier noch einmal verkürzend auf die Verweildauer. **Und auch der Bustourismus – vor allem aus Deutschland – hat aus Sicht von Martina Wende etwas abgenommen.**

Kürzere Aufenthalte auch in Mörbisch

Eine Beobachtung, die sie übrigens mit der Mörbischer Bürgermeisterin Bettina Zentgraf teilt. Zentgraf, selbst im Vorstand des Tourismusverbands Nord, betreibt auch eine kleine Frühstückspension. „Früher blieben Gäste oft zwei bis drei Wochen, heute meist nur noch eine Woche“, erzählt sie. Eine Verschiebung, die bereits in den 1990er-Jahren begonnen hat, als Flugreisen günstiger wurden. Zudem hat Mörbisch, ein Ort mit jährlich rund 100.000 Nächtigenden wegen seiner berühmten Seefestspiele, im Sommer noch zahlreiche Kulturgäste, die meist nur für eine Nacht oder übers Wochenende bleiben. Nicht ganz optimal für betriebswirtschaftliche Kalkulationen, aber wenn Mörbisch mit seinen 1.100 Gästebetten ausgebucht ist, weichen nicht wenige Kulturfans in kleinere Orte in der Umgebung aus und beleben so die Region. Aktuell nähert sich das Burgenland, was die Auslastung und Übernachtungen betrifft, übrigens wieder den Werten vor Beginn der Pandemie. „2019 war ein Rekordjahr mit über drei Millionen Nächtigungen im Burgenland. In dieser Hinsicht entwickeln wir uns weiter“, erklärt Tourismusmanager Hierner.

Neuer Wind für den deutschen Markt

Für gut 70 Prozent dieser Nächtigungen sind österreichische Touristen verantwortlich. Den höchsten Anteil an internationalen Gästen bringt das Naturerlebnis, vor allem in der Nationalparkregion im Seewinkel. Gäste aus den Nachbarländern kommen aus Ungarn, Tschechien, der Slowakei, der Schweiz und Deutschland. Vor allem der deutsche Markt, der schon einmal stärker war, ist dabei von großer Bedeutung. Deshalb betreibt man dort einigen Marketingaufwand, um das Burgenland zu bewerben. **„Zwischen ein und eineinhalb Prozent der Deutschen kennen Österreichs östlichstes Bundesland“**, erzählt Kurt Kaiser, Marketingchef bei Burgenland Tourismus, und relativiert ein wenig: „In Bayern und Baden-Württemberg ist dieser Anteil zwar um einiges höher, aber je weiter nördlich es geht, desto rapider nimmt der Bekanntheitsgrad des Burgenlands ab.“ **Der Bekanntheitsgrad des Begriffs „Neusiedler See“ ist freilich auch dort höher als jener des „Burgenlands“.** Ein Geheimtipp-Status, der nichtsdestoweniger geändert werden muss. Dafür setzt Burgenland Tourismus auf einen klassischen Marketing-Mix und zeigt Präsenz auf Online-Plattformen, bemüht sich um Reisejournalismus-Beiträge in Presse, TV und einschlägigen Podcasts und holt auch Influencer an Bord. Parallel dazu ist man in Städten mit Pop-ups wie dem „Burgenland Dorf“ präsent und präsentiert nebst Wien die ganze Palette touristischer Vielfalt. „Neben Tourismus-Messen werden auch Spezial-Messen wie z. B. die E-Bike Days in München besucht. Denn ein Rad kann man zum Urlauben im Burgenland immer mitnehmen. Egal, ob man einen Thermenbesuch bucht oder eine Genuss-tour plant“, so Kaiser.

Manfred Gram ist Journalist und Autor und schreibt u. a. für das Wirtschaftsmagazin TREND, Falstaff und Der Standard.

UNESCO-Welterbe und Tourismus – eine pragmatische Zweckgemeinschaft

Ein Beitrag von Hannes Klein, Verein Welterbe Neusiedler See

Zugegeben, das Konzept „Welterbe" ist etwas sperrig. Es hat aber enormen Bekanntheitswert. Warum es Welterbestätten gibt, wie man eine solche wird und dass damit eine gemeinsame Verantwortung verbunden ist, um dauerhaft eine Welterbestätte zu bleiben, ist schon weniger bekannt.

Es ist ein verbreitetes Missverständnis, dass ein Welterbeprädikat eine touristische Auszeichnung darstellt und mit dieser automatisch ein touristischer Hype einhergeht. Ohne Zweifel, Welterbestätten sind zumeist per se attraktive touristische Anziehungspunkte. Aber das ergibt sich nebenher. Im Konzept der UNESCO ist eine touristische Verwertung der Welterbestätte nicht zwingend vorgesehen.

Ein Welterbe mit dynamischer Entwicklung

Welterbestätten sollen ein dauerhaftes und gemeinsames Erbe der gesamten Menschheit sein. Bauten, Städte, Landschaften oder andere materielle Güter von besonderem Wert und besonderer Wertigkeit sollen auch für die kommenden Generationen erhalten bleiben. Bei Kulturlandschaften wie jener der Region um den Neusiedler See – eine der Welterbestätten, die man mit rund 750 Quadratkilometern im Vergleich getrost als flächenmäßig ausgiebig einstufen kann – sind die Anforderungen zur Erhaltung nochmals etwas verschärft. Kulturlandschaften sind lebendige Organismen, die sich schneller und stärker entwickeln als beispielsweise Einzeldenkmäler. Kulturlandschaften sind – mit einem kleinen Augenzwinkern – die Königsklasse des Welterbemanagements. Zumal wir im Einzugsbereich des Ballungsraums Wien und durchaus auch der Städte Bratislava, Sopron und Győr liegen. Hier tut sich ständig etwas. **Es gibt Begehrlichkeiten aus allen Richtungen. Und doch soll der Charakter der Region erhalten bleiben.**
Die UNESCO-Welterbestätte Kulturlandschaft Fertő–Neusiedler See wurde 2001 mit dem begehrten Prädikat ausgezeichnet. Ca. ein Drittel dieser Stätte liegt in Ungarn, zwei Drittel liegen in Österreich. Definierte Schutzgüter („Attribute") sind der Neusiedler See und die Salzlacken des Seewinkels, die historische, über Jahrtausende vom Menschen gestaltete Kulturlandschaft, aber auch die besondere Lage im Grenzraum der Kulturen, der klimatischen Zonen und ökologischen Lebensräume mit einem reichen archäologischen, ethnografischen und architektonischen Erbe.
Aber wie soll man das einem Tagestouristen erklären? Wir halten fest: Tourismus ist ein Nebeneffekt des Welterbes – muss aber keiner sein. **Im besten Fall ergänzen Tourismus und Welterbe einander.**

In der Realität ist es aber eher so, dass das Thema Welterbe von Touristen und Tourismusmanagern entweder nicht wahrgenommen, nicht verstanden oder erst gar nicht aufgenommen wird – weil eben zu kompliziert und sperrig. Oder die Besucher kommen ohnehin, wodurch man sich mit dem Thema Welterbe gar nicht im Detail auseinandersetzen muss. Oder man hat sich damit erst wieder zu beschäftigen, wenn das Welterbemanagement wegen eines neu geplanten großen Resorts an einem unmöglichen Standort wieder unnötig laut aufschreit. Und ja, Overtourism in (anderen) Welterbestätten gibt es eventuell auch noch. – Da kann dieses Prädikat gegebenenfalls schnell zur zusätzlichen Last werden.

Ein schwierig zu erfassender Tourismusfaktor

In der Region Neusiedler See haben wir kaum Zahlen zu Tagestouristen, auch gibt es keine validen Daten zum Beitrag des Welterbes zum Tourismus in der Region. Das ist methodisch schwierig fassbar. Zumindest für Österreicher gilt der Neusiedler See nach wie vor als das „Meer der Wiener" und die Region rund um den See ist berühmt für Wein, Radfahren und fürs Beobachten unzähliger Vogelarten – immerhin gibt es den (ebenfalls grenzüberschreitenden) Nationalpark nach internationalen Kriterien.
Aus Wien ist man schnell und komfortabel da, sei es für einen Ausflug mit der Familie oder auf ein schönes Essen in cooler Location am See mit anschließender Befüllung des Kofferraums mit Weinkisten vom Winzer des aktuellen Vertrauens. Es ist doch wirklich schön hier! Und die Kühlanlagen fürs gekühlte Blonde auf den Booten am See lassen sich in der Marina auch ganz gut bestellen – da muss man nicht erst ins offene Wasser hinaus schippern, das mitunter ohnehin eine seichte Angelegenheit ist. Aber auch das wird schon wieder. Die Bilder waren 2022 allerdings wirklich unansehnlich. Kein Wasser mehr in der Ruster Bucht, nur noch dieser eklige Schlamm – darf das denn sein? Ist das denn noch natürlich? Bei den Nächtigungszahlen hat es schon einen Effekt gegeben, aber den kann man auch als Post-Corona-Effekt sehen.

Aktuelle Herausforderungen im Spiegel des Managementplans

Wirklich ein Problem ist der sukzessive Verlust der Lackenlandschaft im Seewinkel – diese periodisch austrocknenden Gewässer stehen definitiv unter Druck, hier herrscht Handlungsbedarf.
Die Diskussionen dazu laufen, es wird noch dauern, aber die Touristen haben ohnehin andere Prioritäten. Wohin also kann eine gemeinsame Reise von Tourismus und Welterbe in der Region Neusiedler See gehen? Zum Family Park nach St. Margarethen? Zu den Seefestspielen in Mörbisch?
Wir haben versucht, im neuen Welterbe-Managementplan dazu ein paar Gedanken zu formulieren. Es wird wenig überraschen, dass es aus Sicht des Welterbemanagements keine großen Tourismusresorts am See braucht, auch wenn das touristische Angebot in der Region mitunter in die Jahre gekommen ist. Auch hier, wie in der Landwirtschaft, im Weinbau und nicht zuletzt in den gemeindestrukturellen Entwicklungen, gibt es einen schleichenden, aber sich beschleunigenden Strukturwandel. **Es bedarf also einer teilweisen Erneuerung der touristischen Infrastruktur und guter, frischer Ideen – letztendlich gilt es doch, Wertschöpfung zu erzielen. Wir meinen, es geht darum, einen möglichst gemeinsamen Blick aufs Ganze zu entwickeln, auch grenzüberschreitend, indem man verstärkt mit den Kolleginnen und Kollegen aus Ungarn zusammenarbeitet.**

(Übrigens: Schloss Esterházy in Fertőd ist nun wirklich vorbildlich renoviert – ein Schmuckstück, das Haydn zu einer Symphonie inspirieren würde; auch das Felsentheater in Fertőrákos sei erwähnt.) Wo liegen die Stärken und Schwächen, wo soll man also ansetzen? Vor allem aber, wie kann man das Thema Welterbe da überhaupt einbauen?

Es geht um Information, Bildung und Vernetzung. Und um eine Mindestausstattung an Infrastruktur, um das Welterbe auch sicht- und erlebbar zu machen. **Das Stichwort „Nachhaltigkeit“ darf nicht fehlen.** In diesem Zusammenhang geht es um die Erhaltung des freien Seezugangs, klimaschonende Verkehrserschließungen in der Region, die Stärkung des Radtourismus und eine Erneuerung der Seebäder, falls nötig, die auch auf den Charakter der Region und die Anforderungen der Welterbestätte Rücksicht nimmt: sensibel, zurückhaltend und punktgenau. Ebenfalls weiter in den Vordergrund zu rücken gilt es den Wein- und Kulturgenuss sowie den Tourismus, der am Nationalpark und an den ökologischen Besonderheiten des Sees Interesse zeigt. Lobenswerte Initiativen dazu laufen. Ganz oben steht aber naturgemäß die Frage: Wie schafft man es, Wertschöpfung zu erzielen, aber dabei die damit verbundenen Belastungen zu minimieren? Die Stärkung des Nächtigungstourismus ist dabei der wesentlichste Punkt. Gäste, die länger bleiben, nehmen auch mehr mit – Wein, Mitbringsel, vor allem aber lang nachwirkende positive Eindrücke und Erinnerungen –, es gibt keine besseren Welterbebotschafterinnen und -botschafter als genau solche!

Hannes Klein war von 2014 bis 2024 Geschäftsführer des Vereins Welterbe Neusiedler See.

Conclusio

Eine teilweise Erneuerung der touristischen Infrastruktur passiert.

Was ist zu tun?
Wichtig ist, dass diese Erneuerung bzw. der Ausbau nicht nur sensibel erfolgt, sondern auch kommuniziert wird. In Form von Best-Practice-Beispielen lässt sich zeigen, dass nachhaltige Entwicklung so ausgerichtet sein kann, dass sie auch vermittelbar ist und gut sichtbar wird.

Denn: Es braucht eine neue Kultur der Transformation im Bestand, konkret des Erhaltens und des sensiblen Umbaus, oftmals auch des Rückbaus für die nachhaltige Weiterentwicklung des Welterbes.

Das alleine reicht aber nicht, um dem Auftrag des Welterbes nachzukommen. Es braucht definitiv auch aktive Schritte zur Vermittlung durch Veranstaltungen, durch geführte Touren, sodass der Bevölkerung die fortlaufenden Verluste an traditioneller Bausubstanz und kulturellem Erbe verständlich werden. Der Verlust an wertvollem Kultur- und Naturerbe führt unweigerlich zu einem Verlust an regionaler Identität; das gilt natürlich auch grenzüberschreitend.

Ziel ist also die bewusste Wahrnehmung der wichtigsten Werte des Welterbes. Nach dem gleichen Motto, das auch im Naturschutz gilt: Man schützt nur das, was man liebt, man liebt nur das, was man kennt. In diesem Fall kann die Wertschätzung zur Wertschöpfung werden.

Darüber hinaus wäre es wichtig, Maßnahmen im Verkehrsbereich in Abstimmung mit den Gemeinden, den Verkehrsträgern (Bus, Bahn) sowie den Tourismusorganisationen zu setzen.

Zukunftsperspektive OUV

Ein Kommentar von Sibylla Zech, Univ.-Prof. für Regionalentwicklung

Noch ist das Bewusstsein für den außergewöhnlichen universellen Wert (OUV) der Kulturlandschaft Fertő–Neusiedler See im touristischen Selbstverständnis der Region und ihrer Entscheidungsträger schwach ausgeprägt.

Die Kulturlandschaft Fertő–Neusiedler See wurde 2001 in die Liste der UNESCO-Welterbestätten aufgenommen. Damit hatte ihr die Weltgemeinschaft einen außergewöhnlichen universellen Wert (engl. Outstanding Universal Value, kurz: OUV) zugemessen. 2003 legte die Region den ersten Managementplan vor, der 2004 auf der Versammlung des Welterbekomitees in Suzhou (China) mit besonderer Erwähnung angenommen wurde. Der Managementplan Welterbe Neusiedler See war damals einer der ersten Pläne für Kulturlandschaften, die sich integrativ mit den Werten, Gefährdungen und erforderlichen Maßnahmen für den Erhalt und die nachhaltige Entwicklung des Welterbes auseinandersetzten, dies zudem grenzüberschreitend für das österreichische und ungarische Welterbegebiet.
Das Management einer Kulturlandschaft, in der heute fast 120.000 Menschen leben, gelegen inmitten einer wachsenden Metropolregion Wien–Bratislava–Sopron–Györ mit rund 3,5 Millionen Einwohnern, ist besonders herausfordernd. Allein in das österreichische Welterbegebiet strömen jährlich eine Million Tagesausflügler; pro Jahr werden 1,6 Millionen Nächtigungen gezählt. In dieser dynamischen Region sind die 30 Welterbegemeinden mit Bauwünschen für Wohnen, Gewerbe, Handel, Dienstleistungen und nicht zuletzt Tourismus konfrontiert. Trotz beträchtlicher Anstrengungen für alternative Mobilitätsangebote per Zug, Bus, Shuttle oder Fahrrad sind die Verkehrsbelastungen erheblich.
Die Region hat nun einen neuen Managementplan vorgelegt, der zum einen Ziele und Maßnahmen aus dem vorangegangenen Plan und der geübten Praxis (z. B. die Arbeit des Welterbebeirats) verstärkt, zum anderen die Welterbewerte als Attribute des Welterbes, z. B. zur Baukultur, detailliert auflistet und beschreibt und neue Leitgedanken festhält. **Der neue Managementplan positioniert sich ganz klar für einen natur- und kulturbetonten Qualitätstourismus,** der singuläre touristische Großvorhaben ausschließt. Hingegen sollen grenzüberschreitend vernetzte, mit dem Ort verbundene, die Natur- und Kulturwerte schonende Aktivitäten befördert werden. Das Welterbemanagement hat bereits damit begonnen, Guides auszubilden, die Gästen wie Einheimischen die besonderen Werte des Welterbes näherbringen.
Noch aber ist das Bewusstsein für die außergewöhnliche Schönheit, Mannigfaltigkeit und Sensibilität der Kulturlandschaft Fertő–Neusiedler See im touristischen Selbstverständnis der Region und ihrer Entscheidungsträger schwach ausgeprägt. **Es braucht eine neue Kultur der Transformation im Bestand, konkret des Erhaltens und des sensiblen Umbaus, oftmals auch des Rückbaus für die nachhaltige Weiterentwicklung des Welterbes.** Aus diesem Grundverständnis heraus ist das Prädikat Welterbe wesentlicher Qualitätsfaktor in der touristischen Kommunikation und Maßstab für touristische und Freizeitinfrastrukturen.

Sibylla Zech, Professur für Regionalplanung und Regionalentwicklung an der TU-Wien. Sie war an der Erstellung beider Welterbe-Managementpläne beteiligt.

Ka Göd von der Musi? Kulturtouristische Effekte von Großveranstaltungen

Ein Beitrag von Katharina Reise, Geschäftsführerin der Oper im Steinbruch St. Margarethen

Große Kulturveranstaltungen führen zu einer deutlichen Belebung der Region. Wie kann es gelingen, die Attraktivität für die Gäste sowie die touristische Wertschöpfung durch die Verknüpfung weiterer Angebote zu erhöhen?

Wenn in den Sommermonaten an den Wochenenden Busse und Autos mit 11.000 Besuchern über die schmale Bundesstraße zu den beiden Großfestivals Oper im Steinbruch und Seefestspiele Mörbisch rollen, wird dies mit gemischten Gefühlen gesehen: Die Einheimischen beklagen den Stau und die Verkehrsbelästigung, die Gäste jedoch reisen mit großer Vorfreude auf ein kulturelles Ereignis an. Bringen diese Großveranstaltungen aber tatsächlich nur negative Begleiterscheinungen oder profitiert die Region von der Blechlawine? Warum ist der Ruf der Festspiele und die Identifikation mit denselben im Bundesland selbst schlechter als bei den Gästen? Das Image der Marke Salzburger Festspiele beispielsweise lässt die gesamte Region rund um Salzburg durch einen Identitätseffekt der seit mehr als 100 Jahren bestehenden Institution, gepaart mit einem nicht zu unterschätzenden Wirtschaftsfaktor, davon profitieren. 95 Prozent der Gäste in Salzburgs Hauptstadt kommen wegen bzw. aufgrund eines Veranstaltungsbesuchs im Rahmen der Festspiele.[1] Werden diese Effekte – bei aller Vorsicht des Vergleichs – in Bezug auf die Oper im Steinbruch in der Region rund um den Neusiedler See unterschätzt und zu wenig wahrgenommen? Was bringt die Oper tatsächlich?

Beachtliche Umwegrentabilität

Das künstlerische Niveau der Oper und der damit einhergehende Ruf weit über die Grenzen ist unbestritten. Sowohl die Qualität der Aufführungen als auch das Image werden durchwegs positiv wahrgenommen: „Mit dieser Produktion hat die Oper im Steinbruch St. Margarethen eine neue künstlerische Dimension erreicht.“ [2] Aber Kultur kann mehr, als schöne Bilder auf die Bühnen dieser Welt zu zaubern. Der vielfach strapazierte Terminus der Umwegrentabilität ist der Gradmesser für die wirtschaftliche Belebung einer Region. Und tatsächlich: **Durch die Oper im Steinbruch St. Margarethen kommt es zur Belebung der gesamten Region rund um den Steinbruch** – nicht zuletzt durch die Auslastung der Bettenkapazitäten (durch Mitwirkende und Gäste), die Konsumation bei Gewerbetreibenden in der Umgebung sowie die touristische Werbung, die auf zahlreichen Messen im In- und Aus-

land auch für die Region durchgeführt wird. Gemeinsam mit den Seefestspielen Mörbisch bringen die Oper im Steinbruch St. Margarethen und die dort jeweils stattfindenden Zusatzveranstaltungen in zwei Monaten knapp 300.000 Besucher in die Region um den Neusiedler See. Als die Oper im Steinbruch 2018 bekannt gab, dass in dieser Saison keine Opernproduktion gezeigt würde, bedeutete dies einen enormen wirtschaftlichen Schaden für die burgenländische Wirtschaft. Bis zu 50 Prozent Umsatzverlust in der Region Neusiedler See wurden damals befürchtet.[3] Die Besorgnis war nicht ganz unbegründet: Die wirtschaftliche Umwegrentabilität einer einzigen Produktion beträgt sowohl in St. Margarethen als auch in Mörbisch jeweils über 30 Millionen Euro, die dem Land und der gesamten Region zugutekommen.[4] Begünstigt sind vor allem Nächtigungsbetriebe, Gastronomie, Transportwirtschaft, Einzelhandel u. v. m. Auch hinsichtlich der Arbeitsplätze ist die Oper im Steinbruch St. Margarethen ein wichtiger Wirtschaftsfaktor in der Region, beschäftigt sie doch jährlich direkt oder indirekt bis zu 600 Personen. Burgenländische Firmen sind maßgeblich an der Erstellung und dem Aufbau des Bühnenbilds beteiligt, rund 50 Prozent der Statisten und sonstigen Mitarbeiter stammen aus der Region rund um St. Margarethen; unter ihnen viele Schüler und Studenten, die dadurch eine abwechslungsreiche und interessante Sommerbeschäftigung erhalten. Die Oper im Steinbruch St. Margarethen leistet rund eine Million Euro an Abgaben pro Saison. Abgaben, die unter anderem der Gemeinde und damit der Region selbst zugutekommen.

Nächtigungsbilanz: Fehlende Kapazitäten

Vielfach kritisiert wird seitens der Tourismusverantwortlichen die Tatsache, dass die Festspielgäste keine Nächtigungen lukrieren. Die Kritik ist jedoch nicht haltbar. 41 Prozent der Gäste der Oper im Steinbruch übernachten im Rahmen ihres Opernbesuchs in der Region und verbringen zwei Tage im Burgenland.[5] Ein identes Bild zeigt sich bei den Seefestspielen Mörbisch: Auch dort nächtigen 41 Prozent der Gäste in Mörbisch selbst oder in der Region.[6]

Warum ist die Anzahl der Nächtigungen jedoch nicht höher, wenn 40 Prozent des Publikums nicht aus dem Burgenland oder dem angrenzenden Niederösterreich bzw. Wien kommen und damit eigentlich eine Übernachtung naheliegt? Wo nächtigen die gut zehn Prozent ausländischer Gäste, die die beiden Großveranstaltungen in der Region rund um den Neusiedler See besuchen?[7] **Eine Antwort auf diese Fragen könnte sein, dass die Bettenkapazitäten im Burgenland gering sind.** Mit 24.292 Betten im gesamten Burgenland liegt Österreichs jüngstes Bundesland weit unter dem nationalen Durchschnitt. Von den 1.297 Betrieben, die Betten im Burgenland anbieten, sind 69 auf 1- bis 2-Sterne-Niveau, 169 in der Kategorie 3-Sterne und 55 im gehobenen 4- bis 5-Sterne-Segment.[8] Alle anderen Anbieter sind Privatquartiere, Apartments oder Bauernhöfe. Für B2B-Kunden, die rund 30 Prozent der Opernbesucher ausmachen, stellt dieses Bettenangebot eine große Herausforderung dar: Busgruppen, die im Schnitt 20 bis 30 Zimmer benötigen, werden in der Region kaum fündig, weichen auf Hotels hinter der Grenze in Ungarn oder nach Wien aus, wo das Angebot sowie das Preis-Leistungs-Verhältnis wesentlich attraktiver sind. In diesem Zusammenhang spielen jedoch auch andere Faktoren eine wichtige Rolle: Lenk- und Ruhezeiten bei Buschauffeuren machen es erforderlich, dass rund um das Hotel eine attraktive Infrastruktur vorhanden ist, damit Sehenswürdigkeiten und andere Einrichtungen fußläufig erreichbar sind. Dies ist, wenn überhaupt, nur in den urbanen Gegenden – namentlich Eisenstadt und auch Rust – gegeben.

Vom Erstbesucher zum Wiederholungstäter

Wie jedoch schafft man es, aus dem Erstbesucher einen Wiederholungstäter zu machen? Hier sind einerseits die Kulturveranstalter gefordert, ein attraktives Angebot zu schaffen, andererseits ist auch ein ansprechendes Rahmenprogramm nötig, um Interessierte in der Region zu halten. 30 Prozent der Gäste der Oper im Steinbruch sind Erstbesucher, 70 Prozent haben bereits mehrere Produktionen im Steinbruch gesehen. Sie kommen aufgrund der einzigartigen Kulisse im Steinbruch, der interessanten Inszenierungen, der hohen künstlerischen Qualität sowie des Angebots im Steinbruch selbst hinsichtlich Gastronomie, Ambiente und Bequemlichkeit.[9] **Der Kulturgast selbst ist jedoch vielfach interessiert:** Neben dem Vorstellungsbesuch stehen Wein und Kulinarik (56 Prozent), Natur (39 Prozent) sowie Radfahren und Wellness (je 32 Prozent) auf der To-do-Liste.[10] **Durch die Verknüpfung verschiedener Angebote kann für den Gast ein Mehrwert entstehen, der ihn erneut in die Region kommen lässt** bzw. die Aufenthaltsdauer und damit die Anzahl der Nächtigungen steigern kann. Damit könnte auch die Nächtigungsstatistik für die Zeit von Sonntag bis Donnerstag in den Beherbergungsbetrieben verbessert werden. Ein erneuter Blick nach Salzburg zeigt es deutlich: Festspielgäste bleiben besonders lange: 44 Prozent der Gäste bleiben zwischen vier und sieben Tagen in der Region, 25 Prozent immerhin ein bis drei Tage. Dabei profitiert nicht nur die Hauptstadt selbst, sondern auch das Umland.[11] Dass es in dieser Hinsicht noch ein großes Entwicklungspotenzial gibt, zeigt auch die Tourismusstrategie des Burgenland Tourismus, wenn der Geschäftsführer des Burgenland Tourismus, Didi Tunkel, zusammenfasst: „Viele der im Masterplan als Starter-Projekte definierten Umsetzungen benötigen die Mitwirkung vieler Stakeholder im Land. Nur wenn wir alle gemeinsam an einem Strang ziehen, werden wir es schaffen, das Maximum herauszuholen und unsere Zukunft gemeinsam zu gestalten."[12] Dass die Vernetzung der Angebote kein frommer Wunsch bleibt, ist zu hoffen. Nach einer Post-COVID-Phase, in der die Urlaubsdestinationen der Österreicher vor allem im Inland lagen, sind nun Ferndestinationen wieder attraktiv. An konkurrenzfähigen inländischen Angeboten in der Region mangelt es nicht, **eine intensive Bearbeitung der Märkte vor allem im D-A-CH-Raum, den Hauptmärkten auch der Oper im Steinbruch, ist jedoch dringend erforderlich.**

Der pandemiebedingte Fokus auf den österreichischen Markt wird künftig nicht mehr ausreichen, die Gäste ins Burgenland zu bringen. Das gilt sowohl für die Kultur als auch für die übrigen Angebote der Region. Einzelevents allein können diesen Markt kaum durchdringen, eine Verschränkung mit den Tourismuseinrichtungen des Landes und die Vertretung durch dieselben ist unerlässlich. Ebenso unerlässlich ist aber auch eine aktuelle Erfassung der wirtschaftlichen Parameter: Alle zitierten Studien und Befragungen sind zumindest fünf Jahre alt und damit angesichts der neuen Entwicklungen post-COVID, verbunden mit Krisenherden und Inflation, kaum mehr valide. Gleichzeitig bilden sie jedoch die Legitimation für (politisches) Engagement im Land. Was in Salzburg eine Selbstverständlichkeit ist, muss hierzulande noch gerechtfertigt werden.
Denn eines ist klar: Festspiele sind ein wichtiger Wirtschaftsfaktor und sie sind identitätsstiftend – beides ist für das Image und das Selbstverständnis der Region rund um den Neusiedler See unerlässlich.

Katharina Reise, Kulturmanagerin und Kommunikationswissenschaftlerin, ist seit 2011 für die Opern- und Konzertformate im Steinbruch St. Margarethen und auf Schloss Esterházy verantwortlich.

Conclusio

Großveranstaltungen führen zu einer Belebung der Region.

Was ist zu tun?
Wie kann die Wertschöpfung durch eine Verlängerung des Aufenthalts erhöht werden? In erster Linie braucht es dafür eine ausreichende und zur Festspielzeit verfügbare Nächtigungskapazität in unmittelbarer Nähe der Veranstaltungsorte. Zusätzlich braucht es eine thematische Anbindung an das jeweilige Kulturevent, etwa mit geführten Touren, zusätzlichen Konzerten, Kulinarik, unter Einbindung der landschaftlichen Besonderheiten und natürlichen Gegebenheiten und Dörfer. Für solche Aktivitäten sind mehrere Partner zu koordinieren – eine klare Aufgabe für die regionalen Tourismusorganisationen.

[1] *Wertschöpfungsanalyse der Salzburger Festspiele: www.wko.at/sbg/statistik/wks-standortreport-1-sbgfestspiele.pdf*

[2] *https://burgenland.orf.at/v2/news/stories/2720418/ [03.02.2024, 21:18]*

[3] *WKO-Pressemitteilung 11.08.2017*

[4] *Studie FH Burgenland*

[5] *Publikumsbefragung Oper im Steinbruch St. Margarethen 2019*

[6] *Studie FH Burgenland*

[7] *Publikumsbefragung Oper im Steinbruch St. Margarethen 2019*

[8] *https://www.statistik.at/statistiken/tourismus-und-verkehr/tourismus/beherbergung/betriebe-betten [03.02.2024, 20:45]*

[9] *Publikumsbefragung Oper im Steinbruch St. Margarethen 2019*

[10] *Ebd.*

[11] *Wertschöpfungsanalyse der Salzburger Festspiele: https://www.wko.at/sbg/statistik/wks-standortreport-1-sbgfestspiele.pdf*

[12] *Burgenland trifft Zukunft. Tourismus-Strategie und Masterplan 2030: https://www.burgenland.info/fileadmin/user_upload/B2B/Strategie_2030/076.1022023_-_Strategiebroschu_re_215x280mm_v32_RZ_Online.pdf [03.02.2024, 22:02]*

Haydn: Niederösterreicher oder Burgenländer?

Der Komponist Joseph Haydn hat ein unvergleichliches Kulturerbe hinterlassen, das an vielen Orten gepflegt wird. Auch aus touristischer Sicht wäre es wichtig, die Angebotsentwicklung abzustimmen – gerade in einer Grenzregion.

Im Jahr 2009 wurde der Kurator Herbert Lachmayer eingeladen, eine Ausstellung über Joseph Haydn in der Sala Terrena im Schloss Esterházy zu konzipieren. Der Titel war, wie er erzählt, bereits vorgegeben: Haydn Explosiv. Man kann unschwer erkennen, dass damit der Anspruch verbunden war, die eingefahrenen Narrative aufzubrechen: als Teil der Trias der Wiener Klassik, als Papa Haydn und Wegbereiter für Mozart, als Entwickler des Streichquartetts. So richtig das auch sein mag, Zuordnungen wie diese überziehen mittlerweile wie eine Patina die Wahrnehmung des Hofmusikers. Wer „Haydn Explosiv" heute besucht, wird nicht nur über das immersive Erlebnis der Ausstellung überrascht sein, sondern auch verstehen, warum sie 15 Jahre später immer noch funktioniert. Der Kurator lud Künstler zur Gestaltung ein, die man nicht mit der Vermittlung klassischer Musikgeschichte verbinden würde, wie Günter Brus, Franz West, Roy Liechtenstein, Pipilotti Rist, die Künstlergruppe Gelitin unter anderem Mit teils unorthodoxen Mitteln, in der Sache aber immer seriös, historisch und biografisch präzise, gelang es, Haydn weg vom Geniekult in einen popkulturellen Zusammenhang zu rücken. Bestimmte biografische und zeitgeschichtliche Momente wurden deutlicher gewichtet, etwa die Bedeutung der Aufklärung, Haydns London-Reisen als befreiende Erfahrungen oder auch die Einflüsse traditioneller (ethnischer) Musik auf dessen Schaffen. Im Ausstellungskonzept wurde auch auf die nächste Generation nicht vergessen: Screens in Kinderaugenhöhe bereiten gewitzt Informationen über den Komponisten und Hofkapellmeister auf. **Dieser Ansatz, spielerisch frühe Begegnungen zu schaffen, die später durch andere Angebote abrufbar sind, ist insbesondere im Fall von Haydn wertvoll.** – Wenn man an seine Bedeutung für die Region denkt, an einen kulturellen Auftrag und nicht zuletzt an eine Einbindung in touristische Konzepte.

Reichhaltiges Erbe

Warum hier etwas länger auf diese Ausstellung eingegangen wird, hat nicht nur mit deren Ansatz zu tun, didaktisch neue Wege zu gehen. **Sie zeigt auch, wie wichtig es ist, Nischen zu besetzen und Angebote zu schaffen, die unverwechselbar sind.** Insbesondere im Fall des Komponisten: Er wurde im niederösterreichischen Rohrau geboren, verbrachte viele Sommer im Schloss Fertőd (Ungarn), wo das Opernhaus stand, und arbeitete im „Winterquartier" in Eisenstadt, lange Zeit seines Lebens im Sold der Fürsten. Auch Wien ist als Station zu nennen. Heute konkurrieren diese Standorte. Niederösterreich schuf innerhalb weniger

Jahre die Marke Haydnregion und bereitete den Ausstellungsbetrieb im Geburtshaus von Joseph und Michael Haydn neu auf. Man setzt auf eine zeitgemäße Vermittlung, versucht über Hörstationen und den Einsatz von Graphic novels auch ein jüngeres Publikum zu erreichen. In Ungarn wurde die Stiftung Haydneum gegründet, im Schloss Esterházy werden Konzerte aus der Barockzeit und der Wiener Klassik veranstaltet. Eisenstadt hat sich als Haydnstadt positioniert und kann neben verschiedenen Initiativen und der neu gegründeten Joseph-Haydn-Privathochschule (zuvor Haydn-Konservatorium) mit zentralen Wirkungsstätten des Künstlers punkten: dem Schloss Esterházy und dem Haydnsaal mit internationaler Strahlkraft, dem Wohnhaus Haydns (das Ausstellungskonzept wirkt etwas in die Jahre gekommen), der Bergkirche und Mausoleum sowie Haydns geliebtem Kräutergarten (und dessen lieblosem architektonischem Umfeld). Mit dem Herbstgold-Festival, den ehemaligen Haydnfestspielen, wurde im Titel zwar auf eine Marke verzichtet, aber auf kluge Weise der Horizont um andere, für die Haydn-Rezeption relevante Musikrichtungen erweitert. Vor allem aber gibt es in Eisenstadt einen großen Bestand an materiellem kulturellen Erbe Haydns, den es wissenschaftlich weiter zu erschließen gilt. Und natürlich findet man in der Region um den Neusiedler See jede Menge Bezugsorte, auf die etwa Rudolf Morawitz, der frühere Obmann des Kammerorchesters Joseph Haydn, hinweist. Es gibt kaum eine Orgel in den Kirchen der Ortschaften, auf der der Künstler nicht gespielt hat. Seinen Wein, der Teil der Bezahlung und wohl auch Quelle der Inspiration war, bezog er etwa aus den Kellern des Martinsschlössl in Donnerskirchen. Man sieht, die Sujets der Region, mit denen auch das Tourismusmarketing arbeitet, schließen sich hier.

Gemeinsame Angebotsentwicklung

Tatsächlich ist Haydns Erbe auf mehreren Ebenen identitätsstiftend für die Region, insbesondere für eine Grenzregion. Insofern liegt es nahe, die verschiedenen Initiativen, Veranstaltungen und Handlungsorte mit möglichen USPs koordiniert für die Öffentlichkeit verfügbar zu machen. Die Frage ist nicht, ob Haydn Niederösterreicher oder Burgenländer ist, sondern wie sich Angebote abstimmen und weiterentwickeln lassen. Das Land Burgenland hat mit der Haydn Strategie 2032 in Hinblick auf den 300. Geburtstag des Künstlers eine Initiative gesetzt, unklar ist der Stand der Umsetzung. Anzudenken wäre, einen Pool zu gründen, um die Stakeholder zusammenzubringen. Vielleicht auch auf Initiative Esterhazys, wo wesentliche Bestände aus dem Haydn-Erbe sowie Expertise vorhanden sind. Die Frage des Umgangs mit dem bedeutenden Werk und wie dieses etwa auch für jüngere Generationen Relevanz haben kann, führt letztlich auch zu den touristischen Potenzialen. **Hier gilt es sicherlich, neue, konkrete Antworten zu finden. Für Eisenstadt könnte das z. B. heißen, Haydn im Rahmen der Bemühungen um eine Innenstadtbelebung stärker in das Zentrum zu bringen,** etwa mit kleinen Konzerten „auf die Straße" zu bringen. **Es gilt auch bestehende Angebote mit einem attraktiven Rahmenprogramm zu erweitern.** Und neue zu schaffen, etwa wie Rudolf Morawitz vorschlägt, analog zum Sommernachtskonzert in Schönbrunn Open-Air-Konzerte im Schlosspark zu veranstalten. Die Lovely Days gibt es dort bereits. *(red)*

Man kann mit Haydn jede Generation begeistern

Der Dirigent Ádám Fischer über die Bedeutung Joseph Haydns für die Region heute

Welches Landschaftsbild, welche Bilder tauchen bei Ihnen auf, wenn Sie an Haydn denken?
Bei Haydn denke ich spontan an Umbrien und an Rust. Lassen Sie mich erklären, wie ich das meine: Als ich das erste Mal nach Italien gereist bin und in Umbrien war, hatte ich das Gefühl, Mozart ist wie die Toskana und ihre Schönheiten, so wie die Pracht von Florenz. Denke ich an Haydn, dann fallen mir Bodenständigkeit und – als italienisches Landschaftsbild formuliert – Umbrien ein. Haydn und Mozart, das ist für mich wie der Unterschied zwischen Umbrien und der Toskana. Und mir fällt Rust ein: Hier bin ich jedes Jahr gewesen und habe immer wieder Haydn dirigiert. Haydn ist wie Rust einen historischen Weg gegangen. Mit dem See, mit den Störchen ist das eine ganz wunderbare Gegend, etwas Besonderes.

Wo sehen Sie die regionale Identität mit Haydn heute verbunden?
In der Bodenständigkeit und Lebensfreude, die ich im Burgenland immer erlebt habe. Das ist genauso wie Umbrien, nur etwas rustikaler als die Toskana. Haydns Musik ist stärker geerdet als Mozarts. Und natürlich hat Haydn eine ganz andere Welt entworfen als Mozart. Das wollte ich immer wieder mit unseren Interpretationen zeigen. Ich fände es abwegig, Vergleiche zu ziehen, zu glauben, Haydn sei so etwas wie ein zweiter Mozart.

Wie kann man jüngere Generationen für Haydn interessieren?
Haydn gehört definitiv in den Schulen vermittelt, im Musikunterricht. Dazu muss man spannende und fantasievolle Aufführungen anbieten. Ich glaube, wenn wir überzeugende Aufführungen von Haydn spielen, kann man jede neue Generation begeistern. Aber es ist sicherlich nicht leicht, Haydn aufregend zu spielen – das ist halt unsere Aufgabe. Ich selbst war mit vier Jahren das erste Mal in einem Konzert. Damals habe ich die Paukenschlag-Symphonie gehört und war enttäuscht von der Aufführung. Aber dass mich Haydn so beeindruckt hat mit vier oder fünf Jahren, das bedeutet, dass die Musik für jede Generation etwas Neues bringt. Falls Haydn vergessen oder weniger gespielt wird, dann ist das eindeutig unsere Schuld und nicht seine. (Bibi Watzek)

Ádám Fischer, geboren in Budapest, ist ein international renommierter Dirigent, der sich u. a. intensiv mit dem Werk Joseph Haydns auseinandersetzt. Er war Mitinitiator der Haydnfestspiele in Eisenstadt und Gründer der Österr.-Ungar. Haydn Philharmonie.

Wurzeln und Flügel

Ein Beitrag von Eduard Kutrowatz, Pianist

Aus dem Burgenland in die Welt – und zurück. Das Musikgenie Franz Liszt ist für unsere Region ein Symbol für die reichen kulturellen Wurzeln dieses Landes.

Er war der absolute Superstar der Musikszene und des gesellschaftlichen Lebens in Europa – Franz Liszt: Wunderkind, Komponist, Klaviervirtuose, „Hexenmeister" in den Konzertsälen Europas, Lehrer und Autor, Kapellmeister und Netzwerker, Freigeist und Frauenschwarm, kurz – eine der schillerndsten Persönlichkeiten des 19. Jahrhunderts, ein absoluter Popstar. Neben Joseph Haydn ist Franz Liszt der zweite weltberühmte Musiker, der im pannonischen Raum geboren wurde, hier gelebt und gewirkt hat, wegging, immer wieder zurückkam und letztendlich das kulturelle Leben in der gesamten Welt der klassischen Musik wesentlich geprägt hat.

Viele Geschichten und Legenden ranken sich um Liszts Geburt, um den 22. Oktober des Jahres 1811. Damals trug die kleine mittelburgenländische Ortschaft Raiding den Namen Dobarjan und war Teil der k. u. k. Monarchie. Am treffendsten kann dieser Teil des pannonischen Raums mit Deutsch-Westungarn tituliert werden. Vater Adam Liszt spielte, bevor er sich nach Raiding versetzen ließ, Cello im Orchester der Esterházys.
Im Jahr 1811 zog ein Komet über den europäischen Himmel und eine Wahrsagerin prophezeite Liszts Eltern die Ankunft eines Wunderkinds. Heute gilt Liszt als eine zentrale Schlüsselfigur der europäischen Musikgeschichte und als Beispiel und Sinnbild für den weltoffenen, grenzenlosen Europäer schlechthin.

Für das Burgenland ist Liszt ein wichtiger und wesentlicher Identitätsstifter, ein Symbol für die reichen und vielfältigen kulturellen Wurzeln dieses Landes und ein kreativer Visionär. „Mein einziges Bestreben als Musiker war und ist es, meinen Speer in die unendlichen Weiten der Zukunft zu schleudern", schrieb Franz Liszt in einem Brief an Carolyne von Sayn-Wittgenstein, seine langjährige Lebensgefährtin. Mit dem Anspruch, viele Grenzen der Traditionen zu sprengen und alle denkbaren Zukunftsperspektiven auch lebbar zu machen – ohne die wechselseitige Bedingtheit von Traditionsbewusstsein und Fortschrittsdenken zu leugnen –, ist Liszt gerade jungen Menschen im Burgenland ein lebendiges Beispiel für den Glauben an die eigenen Fähigkeiten und den Willen, sein kreatives Potenzial voll auszuschöpfen.
Das Burgenland hat mit der Begründung des Liszt Festivals an seinem Geburtsort Raiding Liszts Künstlertum eine bleibende Stätte gegeben und durch die neu aufgeflammte „Lisztomanie" seinem Werk den gebührenden Stellenwert eingeräumt. Die unmittelbare Nähe des Geburtshauses von Franz Liszt zum preisgekrönten Konzerthaus ist international einzigartig und ein wesentliches Alleinstellungsmerkmal des Ensembles. Mit dem Zubau sowie der Neugestaltung des Museums und der Gartenanlage im Jahr 2024 beschreitet das Liszt-Zentrum Raiding selbstbewusst neue Wege in die Zukunft.

Eduard Kutrowatz ist Pianist und Intendant des Liszt Festivals Raiding.

„Urlaub am Winzerhof" stärkt kleinteilige Betriebe

Ein Beitrag von Sarah Aichinger, Redakteurin

Die Initiative „Urlaub am Winzerhof" unterstützt ihre zumeist kleinteiligen Mitgliedsbetriebe durch gezieltes Marketing und ein eigenes Buchungssystem. Die Betriebe profitieren durch das Modell der doppelten Wertschöpfung. Das Gästeaufkommen in der Region Neusiedler See verzeichnet eine positive Entwicklung.

„Urlaub am Winzerhof" ist eine Initiative des österreichweiten Verbands „Urlaub am Bauernhof" und wird von einem engagierten Team von vier Mitgliedern der Landesverbände des Burgenlands, Niederösterreichs und der Steiermark getragen. Ziel ist es, einerseits eine Anlaufstelle für kleinstrukturierte touristische Weinbaubetriebe zu sein, die einen kompetenten Partner bei der Vermietung suchen, andererseits eine Plattform für Wein- und Kulinarik-Liebhaber zu schaffen, die den Weinbau unmittelbar erleben möchten.

Die Besonderheit des Winzerhof-Urlaubs

Als Brücke zwischen Wein und Erlebnis führen wir Menschen zu kleinen, authentischen Winzerhöfen, die eng mit der Region verbunden sind. Egal ob bei Verkostungen oder bei der Mitarbeit – jeder der knapp 300 Mitgliedsbetriebe, von traditionellen bis zu modernen Winzerhöfen, repräsentiert eine eigene Facette der Weinwelt. Vor allem für kleinstrukturierte Betriebe bietet die Mitgliedschaft bei „Urlaub am Winzerhof" eine zusätzliche Einnahmequelle. **Das bedeutet: Sie profitieren ganz klar von einer doppelten Wertschöpfung.** Durch Mitgliederumfragen wissen wir, dass rund ein Drittel des Einkommens der Betriebe durch die Vermietung von Gästezimmern generiert wird.

Der Durchschnittspreis für ein Zimmer mit Frühstück liegt pro Person bei 53 Euro. In den vergangenen 20 Jahren konnten die Zimmerpreise verdoppelt werden, wodurch die Preisanpassung deutlich über der Inflation liegt. **Der Grund für diese Preisentwicklung ist ein durchaus positiver, weil er die gestiegene Qualität bei den Betrieben widerspiegelt.**

Stärkung der Betriebe

Durch die Mitgliedschaft bei „Urlaub am Winzerhof" werden die Betriebe sowohl durch Online- als auch Offline-Marketingkampagnen gestärkt. Die Buchungszahlen für das vergangene Jahr belegen einen steten Aufwärtstrend. 2023 generierten die Mitgliedsbetriebe über das vom Verband zur Verfügung gestellte Buchungssystem rund 6.500 Buchungen im Wert von 1,8 Millionen Euro. 30 Prozent der Gesamtbuchungen gingen an die Region Neusiedler See, die damit einen Umsatz von 512.500 Euro erzielen konnte. Der Schritt zur Online-Buchbarkeit bringt ganz klar Vorteile hinsichtlich der Reichweite sowie als Verbindung zu anderen Plattformen.
Diese positive Entwicklung unterstreicht das wachsende Interesse an Wein- und Kulinarik-Angeboten, belegt aber auch die erfolgreiche

Umsetzung der strategischen Maßnahmen zur Förderung des Tourismus in den Weinbauregionen. Vor allem im Burgenland dominieren die Winzerhöfe, in der Region Neusiedl gibt es mittlerweile über 60 Mitgliedsbetriebe.

Winzer spüren den Klimawandel

Auch die Winzer spüren seit Jahren die Folgen des Klimawandels. Steigende Temperaturen beeinflussen die Traubenreifung. Unregelmäßige Niederschläge führen zu Dürren und Starkregen, heiße, trockene Sommer begünstigen Schädlinge und Pflanzenkrankheiten. Der Klimawandel bringt im Weinbau aber nicht jedes Jahr Nachteile. Wenn sich der Austrieb der Reben und die Rebblüte aufgrund von milden Temperaturen ins Frühjahr verlagern und kein Spätfrost folgt, sind die Trauben oft schon im September reif für die Lese. Dann können sie noch länger an den Rebstöcken hängen bleiben, wodurch sich eine bessere Qualität erzielen lässt. Kommt es allerdings zu einem Spätfrost, bedeutet das für die Blüten ein großes Risiko. Winzerinnen und Winzer versuchen dann unter anderem mit Heizkerzen oder Frostschutz-Beregnung gegenzusteuern – Schutzmaßnahmen, die teilweise sehr kostspielig sind. Die Zimmervermietung ist auch hinsichtlich dieser Unsicherheiten ein wichtiges weiteres wirtschaftliches Standbein. So kann die Abhängigkeit vom Wetter durch eine zusätzliche Einnahmequelle bis zu einem gewissen Grad gemindert werden.

Sarah Aichinger ist im Landesverband „Urlaub am Bauernhof" in Niederösterreich für den Internetauftritt und das Winzer-Projekt zuständig.

Conclusio

Der Urlaub am Winzerhof ist in vielerlei Hinsicht einzigartig.

Was ist zu tun?

Durch den Klimawandel verschiebt sich der Beginn der Weinlese immer öfter in den August. Das beeinflusst die Buchungssituation im Spätsommer und Frühherbst, bietet aber auch Chancen für die Entwicklung neuer kulinarischer Erlebnisse. Nirgendwo sonst können Gäste so früh Jungwein verkosten und die milderen Herbsttemperaturen nach der großen Sommerhitze für Outdoor-Aktivitäten nutzen; für Radtouren, die Beobachtung des Vogelzugs (o. Ä.), den Besuch kultureller Sehenswürdigkeiten.

Der Mineralwassersee unter dem See

Ein Beitrag von Alois Wegleitner, Geograf

Während das bodennahe Grundwasser in der Region knapp wird, befindet sich tiefer unten die größte Mineralwasserlagerstätte Europas. Bereits erschlossen wurde eine ganze Reihe an Mineralquellen, von denen jedoch kaum eine touristisch genutzt wird. Eine Studie könnte über mögliche Nutzungsformen Aufschluss bringen.

Ein Zufallsfund

Als im Jahr 1955 im Mörbischer Strandbad eine Süßwasserbohrung vorgenommen wurde, entdeckte man zufällig die Mineralwasserlagerstätte Neusiedler See. Sie umfasst ein Gebiet von rund 250 Quadratkilometern und ist damit die größte Mineralwasserlagerstätte Europas. Die Lagerstätte besteht aus zwei Mineralwasserstockwerken: Die Horizonte des oberen Stockwerks (bis in eine Tiefe von 150 Metern) liefern hochkonzentrierte Natriumsulfat- und Magnesiumsulfatwässer, die bei Leber- und Gallentherapie sowie bei Durchfallerkrankungen eingesetzt werden können.

Im tieferliegenden Stockwerk (800 bis 1.200 Meter) kommen fluorreiche, niederkonzentrierte Kochsalzwässer sowie höchstkonzentrierte Magnesiumsulfatwässer („Bitterwässer") vor, die sich zur Regulierung der Magensäure bzw. zur Beseitigung von Verstopfungen eignen. Der Fund dieser bedeutenden Stätte fand damals weder in der öffentlichen noch in der touristischen Wahrnehmung gebührende Beachtung. Das hat sich bis heute nicht geändert. Tatsächlich gibt es eine Reihe von Mineralquellen in der Region Neusiedler See, deren Potenzial kaum bis gar nicht ausgeschöpft wird. Im Folgenden ein Überblick.

Status quo der Mineralquellen: Eine Auswahl

Mineralquelle Rust I und Brunnen Nr. 63 in Illmitz:
Beide Quellen verfügen über eine sehr hohe Kaliumkonzentration und stellen eine Besonderheit in Europa dar. Indikation: zur Behandlung von Bluthochdruck-Krankheiten

Sulfina in Illmitz:
Sie liegt östlich des Seedammes in der Ried „Hölle" und gilt als die stärkste alkalische Schwefelquelle Europas. In den 1960er-Jahren wurde das Wasser als Versandheilwasser abgefüllt. Derzeit ist die Quelle stillgelegt. Indikation: Gelenksentzündungen, Allergien, Hautkrankheiten, Gastritis

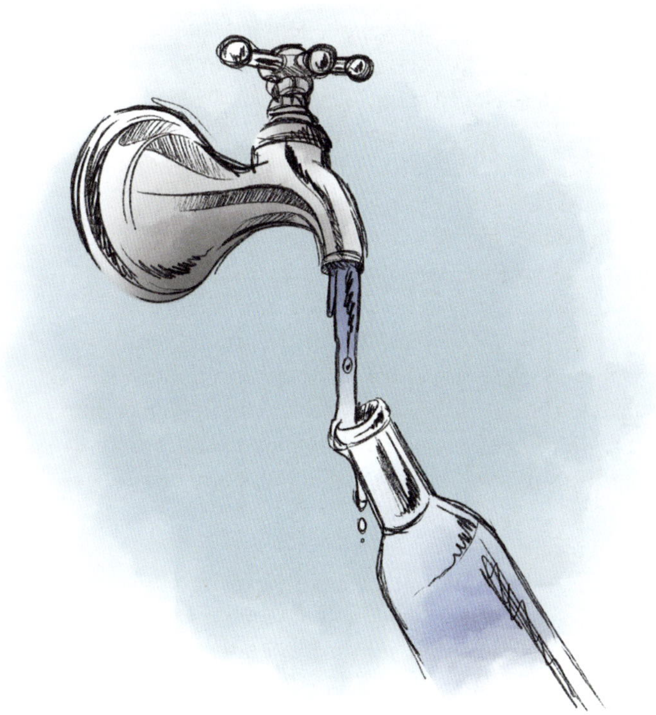

Gastrina in Illmitz:
Ein artesischer Brunnen im Sandeck, der in der Bewahrungszone Sandeck-Neudegg im Nationalpark Neusiedler See – Seewinkel am Mönchhofer-Fischerhütten-Bruchsystem liegt. Die Quelle enthält hochalkalisches Natrium-Hydrogencarbonat-Wasser, das sich zur Behandlung von Gastritis eignet. Derzeit fließt der Überlauf (etwa 30 Zentimeter über der Geländeoberkante) zum Neusiedler See ab.

St. Bartholomäus-Quelle in Illmitz:
Die „Trinkhalle" liegt im Zentrum der Ortschaft, ebenfalls am Mönchhofer-Fischerhütten-Bruch. Sie ist ein Natrium-Hydrogencarbonat-Trinksäuerling, der von der Bevölkerung auch „Arteserwasser" genannt wird. Das Wasser ist seit 1995 als Heilquelle anerkannt und wird sowohl von der Bevölkerung als auch von den Touristen genutzt. Indikation: Trinkkuren bei Magen-, Darm- und Harnwegserkrankungen

Saliter-Quelle in Neusiedl am See:
Ein kohlensäurereicher Säuerling, gelegen am Neusiedler Bruch. Die Quelle befindet sich in einem Gebäude bei der Bezirkshauptmannschaft hinter einem Metalltor. Der Chemismus hat sich seit der Bohrung 1956 völlig verändert. Das Wasser ist keine Kaliquelle mehr, der Natriumgehalt ist stark, der Magnesiumgehalt leicht angestiegen. Eine Neubohrung an anderer Stelle wäre dringend erforderlich. Der Wassertypus eignet sich für den Tafelwasserversand.

Mörbisch I:
Glaubersalzquellen haben in Mitteleuropa Seltenheitswert. Es handelt sich dabei um Wasser aus eisenhaltigem Natrium-Chlorid-Sulfat. Vom Typus her sind sie vergleichbar mit bekannten Thermalbädern wie Karlsbad und Marienbad in Tschechien. Das Wasser eignet sich für therapeutische Trinkkuren und als Versandheilwasser.

Mörbisch II:
Kochsalzquellen, deren Wasser Natrium-Chlorid-Hydrogencarbonat beinhaltet. Sie sind vom Typus her vergleichbar mit den Thermen in Baden-Baden und Montecatini in der Toskana. Das Wasser könnte aus therapeutischen Gründen als Versandheilwasser verwendet werden.

Oggau II und Purgina in Purbach:
Bittersalzquellen, die Magnesium-Natrium-Sulfat-Chlorid beinhalten. Auch sie haben in Mitteleuropa Seltenheitswert und zählen zu den magnesiumreichsten Bitterwässern, die es gibt. Könnte als Versandheilwasser eingesetzt werden.

Podersdorf I:
Schwefelwasser, das beträchtliche Mengen an Natrium-Hydrogencarbonat-Sulfat-Chlorid aufweist. Aus dieser Quelle wurde in der Vergangenheit zeitweise Versandheilwasser abgefüllt.

Balf (Wolfs):
Die Quelle in der Nähe von Sopron ist reich an Sulfidionen, Lithium, Kalzium, Magnesium und Bikarbonat. Mit der Abfüllung des Wassers wurde bereits 1900 begonnen, heute wird das Mineralwasser unter dem Namen „Balfi ásványvíz" in Flaschen vertrieben und kommt als Heilwasser in der Therme zum Einsatz. An einem an einer Radroute südlich des Neusiedler Sees gelegenen Trinkbrunnen wird das Heilwasser – wie in Illmitz – zur freien Entnahme angeboten.

Neusiedler See:
Übrigens könnte auch das Wasser des Sees aufgrund seiner chemischen Zusammensetzung aus Natriumkarbonat (Soda), Natriumsulfat (Glaubersalz) und Magnesiumsulfat (Bittersalz) als Mineralwasser bezeichnet werden.

Ein Fake: Thermalwasserbohrung in Illmitz

Ein hartnäckiges Gerücht hält sich seit Ende der 1990er-Jahre: Am Ende des Zweiten Weltkriegs soll eine Thermalwasserbohrung südlich des Illmitzer „Gemeindewaldes" bzw. nördlich der Seestraße und des Seedammes stattgefunden haben. Dabei soll 35 Grad Celsius warmes Thermalwasser zutage gefördert worden sei. Die Bohrung sei aber aus unbekannten Gründen aufgegeben und zugeschüttet worden. Ein durch den Verfasser angeregter Kurzpumpversuch 1998 ergab, dass es an diesem Ort einen sehr geringen Grundwasserzufluss, aber definitiv kein Thermalwasservorkommen gibt. Die einzige Thermalwasserbohrung auf der österreichischen Seite des Neusiedler Sees erfolgte im Jahr 1977 im Bereich „Pannonia"-Pamhagen.

Perspektiven

Während die Thermen breite öffentliche Aufmerksamkeit erfahren, wird die Entwicklung der therapeutisch bedeutenden Mineralwässer eher stiefmütterlich behandelt. Die stark mineralisierten Heilwässer und Säuerlinge im Gebiet des Neusiedler Sees haben internationalen Stellenwert, harren aber noch ihrer Verwendung. Sie liegen in Mörbisch, Rust, Klingenbach, Großhöflein, Neusiedl am See, Podersdorf und Illmitz sowie in Schützen am Gebirge mit seinen ehemaligen Schwefelquellen. Aus volksgesundheitlichen Erwägungen ist der therapeutische Wert (Trink- und Badekuren) dieser von jeder Verunreinigung freien Mineralwässer evident. **Auch für touristische Konzepte eignen sich die Quellen.** Insofern ist es schwer verständlich, dass die öffentliche Hand diesen Naturschatz weder medizinisch noch kommerziell erschließt. Allerdings: Gefragt ist eine umsichtige Planung, die sich auf wissenschaftliche Verantwortung stützt. Die Intentionen des Natur- und Umweltschutzes (im Sinne des Nationalparks Neusiedler See – Seewinkel) haben im Vordergrund zu stehen. Alle Vorhaben müssten selbstverständlich unter breiter Einbindung der Bevölkerung umgesetzt werden.

Alois Wegleitner, geboren in Illmitz, Lehramtsstudium aus Geschichte und Geografie an der Universität Wien. Zahlreiche Publikationen über regionalgeografische und geowissenschaftliche Aspekte.

Conclusio

Unter unseren Füßen lagert ein bislang touristisch nicht genutzter Schatz. In mehreren Stockwerken liegen Mineralwässer, die erwiesenermaßen eine gesundheitliche Wirkung haben.

Was ist zu tun?
Zu klären ist zunächst, welche der bekannten Mineralwasserquellen sich am besten für eine medizinische Nutzung in Form von Trinkkuren eignen und beste Voraussetzungen für eine ökonomisch sinnvolle Erschließung bieten. Es wäre nicht das erste Mal, dass die Region Gäste aus diesen Gründen anzieht: Schon vor mehr als 150 Jahren sind die ersten Seebäder mit dem Versprechen einer gesundheitsfördernden Wirkung des Seewassers beworben worden.

Literatur

Kollmann, Walter, F. H. (2000): Hydrogeologie der burgenländischen Gesteine, in: Geologie der österreichischen Bundesländer – Burgenland. Geologische Bundesanstalt, Wien, 59–68

Schmid, H. (1970): Die Mineralwässervorkommen rund um den Neusiedler See, in: Wiss. Arbeiten aus dem Burgenland, Heft 44, Eisenstadt, 50–57

Tauber, A. F. (1965): Geologische Typologie und Genese der Mineralquellen und Mineralwässer im Neusiedlerseegebiet, in: Wiss. Arbeiten aus dem Burgenland, Heft 34, Eisenstadt, 259–303

Wegleitner, Alois (1999): Salzlacken, Böden und Mineralwässer im Einzugsgebiet des Neusiedler Sees (Westufer, Wagram, Heideboden, Seewinkel und Hanság), in: Geographisches Jahrbuch Burgenland, Neutal, 175–205

4

Der See: Von der alleinigen Attraktion zur Kulisse

Die vielen Funktionen eines Strandbads

Ein Beitrag von Alois Lang, Tourismusmanager

Als vor rund 170 Jahren die Mediziner ihren Patienten das Baden im schlammhaltigen Wasser des Neusiedler Sees ans Herz legten, entstanden erste Elemente einer Infrastruktur, aus der sich bald die heute bekannten Strandbäder entwickelten. Dem Zeitgeist und der Nachfrage angepasst, änderten sie mehrmals ihr Gesicht und wurden zur Ikone des Tourismus in der Region – wenngleich andere Urlaubs- und Freizeitaktivitäten das Schwimmen und Sonnenbaden längst überholt hatten.

Ein langer, schmaler Steg führte zu einer einsamen Umkleidekabine, von der man über eine Leiter ins Wasser hinuntersteigen konnte. Wer das heilsame Wasser weniger öffentlich nutzen wollte, ließ es sich direkt in die Badewanne seines Sommerfrischequartiers bringen. In Holling (Fertőboz) und Rust etablierte sich schon Mitte des 19. Jahrhunderts nahe am Strand die Gastronomie. Nach dem Ersten Weltkrieg gründeten sich die ersten Yachtclubs. Welch hohe wirtschaftliche Bedeutung zu dieser Zeit ein Strandbad für eine Gemeinde hatte, zeigt die Errichtung einer Schmalspurbahn von der Ortsmitte in Neusiedl am See bis zum Ufer.

Diese Hauptrolle für den Tourismus behielten die Strandbäder bis in die frühen 1980er-Jahre. Auch wenn sie schon damals mancherorts neben Campingplätzen, Mobilheimplätzen und Restaurants mit großem Flächenbedarf zu verschwinden drohten. Apropos Fläche: Obwohl einfach erreichbar und bebaubar, beschränken sich die Seezugänge in der Region – im Gegensatz zu alpinen Seen mit ihren kleinstparzellierten Uferstreifen – auf die öffentlich zugänglichen Strandbäder und Bootshäfen. Auf ungarischer Seite fiel eine Badeanlage sogar dem kommunistischen Isolationswahn zum Opfer. Ans Wasser konnte man bis vor wenigen Jahren nur mehr in Kroisbach (Fertőrákos), wo der Strand bereits seit vier Jahren wegen Bauarbeiten für eine größere multifunktionale Freizeitanlage gesperrt ist. Die Eigentumsverhältnisse der Grundstücke, auf denen die insgesamt acht Strandbäder liegen, sind alles andere als einheitlich: Das Areal in Kroisbach gehört der Stadt Ödenburg (Sopron); vier Strandbäder gehören den entsprechenden Gemeinden: Mörbisch, Neusiedl, Weiden und Podersdorf; die Grundstücke der Strandbäder Illmitz und Breitenbrunn sind Eigentum der Stiftung Esterházy; und in Rust teilen sich die Flächen auf die Stiftung Esterházy (seeseitig) und die Freistadt (landseitig) auf.

Die Diversifizierung hat Folgen …

… für die Strandbäder. Es wäre interessant, zu erheben, ob an einem „Badewettertag" mehr Strandbadbesucher mit dem Fahrrad zur Fähre oder mit Bade-Utensilien auf die Liegewiese kommen (wiewohl sich das Radfahren – trotz steigender Temperaturen aufgrund des Klimawandels – nicht nur auf wenige Monate im Jahr beschränkt). Die früher wichtigste Infrastruktur für den Tourismus ist zu einer (Freizeit-)Infrastruktur für Einheimische wie Tagesausflügler oder Urlaubsgäste geworden. Für den Tourismus als unentbehrliche und saisonverlängernde Infrastruktur müssen heute ein Netz an Fahrradwegen, ein Nationalpark und ein Naturpark, eine erlebnisorientierte Vinothek, eine Therme, ein Dorfmuseum und weitere Museen, ein Golfplatz, Greißlereien mit hochwertigen regionalen Produkten, ein Märchenpark, eine Shopping-Mall, aber auch eine attraktive ÖPNV-Verbindung nach Wien, Bratislava oder Sopron gesehen werden. Das Zeitfenster, in dem ein Strandbad – in seiner ursprünglichen Funktion – tourismusbelebend wirkt, wird immer klein bleiben, daran werden auch die längeren Hitzeperioden nicht viel ändern. Es fällt sogar auf, dass Seegemeinden mit sehr einladenden, gut geführten Strandbädern seit Jahren mit der Auslastung ihrer Betriebe ins Hintertreffen geraten und überdurchschnittlich viele Gästebetten verlieren.

Ein Zugang für neue Zielgruppen?

Das andere Licht, die Stimmung bei Sonnenuntergang auf der Restaurantterrasse, Gänsegeschnatter im Hintergrund, der Wind im breiten Schilfgürtel – ein Strandbad bietet die Infrastruktur, um das alles zu genießen und unbedingt auch fotografisch festzuhalten. Es hat wohl einen Grund, warum die jüngeren Restaurants in den Strandbädern des Neusiedler Sees fast ausnahmslos zweigeschossig gebaut sind: Drei Höhenmeter Unterschied machen aus einem Erinnerungs- oder Hochzeitsfoto ein „Wow!"-Foto, das sofort über alle Kanäle geteilt werden muss. Das sogenannte Badewetter (besser: die Wetterprognose) spielt für diese Form des Landschafts- und Naturerlebnisses eine untergeordnete Rolle. Und Sommerhitze muss schon gar nicht sein.

Fenster in die Landschaft

Die vielleicht wichtigste Funktion eines Strandbads, wenn es um neue Gästeschichten jenseits vom Wassersport geht, ist die eines Fensters in eine Landschaft, die in einem Alpenland nicht „exotischer" sein könnte. Ein ideales „Badegewässer" war der launische Steppensee nie, seine großen Wasserstandsschwankungen waren und sind noch immer gefürchtet. Nur wenige Jahre nach der Errichtung der ersten Strandbäder begann eine fünfjährige Austrocknungsphase (1865–1871), gefolgt von Hochwasserständen. Heute könnten Mediziner den See mit seiner unvergleichlichen Natur guten Gewissens wieder empfehlen – um zumindest die Symptome psychischer Krankheiten unserer Zeit zu lindern.

Alois Lang hat als Regionalmanager für den Neusiedler See bei Burgenland Tourismus, danach bis zur Pensionierung 2021 im Nationalpark gearbeitet. Von 2005 bis 2008 koordinierte er für IUCN die Initiative Grünes Band Europa.

Freizeitsport am Wasser: Trends und Wertschöpfung

Ein Beitrag von Wolfgang Maletschek, Bootshändler

Die breitere Aufstellung des touristischen Angebots seit den 1980er-Jahren und die damit verbundenen Änderungen in der Gästestruktur wurden und werden zwar in den einzelnen Tourismussektoren deutlich registriert, in der öffentlichen Wahrnehmung hält sich aber nach wie vor das Bild vom Segeln als quasi tragende Säule des Tourismus am Neusiedler See. Seither haben sich Freizeit- und Urlaubsverhalten in den Strandbädern und Häfen des Steppensees aber mehrfach gewandelt.

Wenn man die Segler und ihren Beitrag zur Wertschöpfungskette analysiert, so muss man zu allererst einmal vom Begriff „Segler" Abstand nehmen. Vielmehr muss man vom Wassersportler sprechen oder noch einen Schritt weiter gehen und sagen, es gilt, alle zu inkludieren – vom Luftmatratzen-Benützer bis zum Elektrobootfahrer. **Die Einschränkung auf Segler entspricht einem veralteten Bild.** Das zeigt ein Blick auf das Winterlager der Maletschek Nautics GmbH in Weiden am See. 2006, als die Firma gegründet wurde, machten die Segelboote rund 90 Prozent des Winterlagers aus. Fast 20 Jahre später sehen wir, dass nur mehr 60 Prozent der Boote Segelboote sind. Rund 40 Prozent sind Elektroboote – Tendenz steigend. Mit dem Trend zum Elektroboot konnte auch der Einheimische verstärkt für den See gewonnen werden. Viele Bewohner der Seegemeinden fingen mit ihrem ersten E-Boot überhaupt erst an, den See vermehrt zu nützen und Freizeit am Wasser zu verbringen. Ihnen gegenüber steht der klassische „Auswärtige", den wir in Sachen Wertschöpfung nun etwas genauer betrachten wollen. Oft wird angenommen, dass diese Personen nur einzelne Tage oder verlängerte Wochenenden an den See kommen. Dem ist nicht so. Viele der Bootsbesitzer verbringen im Sommer oft ein oder zwei Wochen am Stück am See. In dieser Zeit sind sie auf Unterkünfte angewiesen, was den Zimmervermietungen einen relevanten Anteil an ihrem Geschäft beschert. Auch Jahreszimmer werden nicht selten gemietet. Einzuberechnen ist auch, dass Wassersportler die Gastronomie frequentieren. Für viele Restaurants und Heurigen rund um den See verbessert das die Auslastung. Ein Besuch beim Winzer des Vertrauens rundet – gerade in unserer Region – den Aufenthalt ab. Wassersportler beleben die Wirtschaft auch durch Aufträge bei Bootsfirmen rund um den See. Ob der fällige Unterwasseranstrich, die Erneuerung der Badeplattform oder neue Leinen – an einem Boot gibt es immer etwas zu basteln.

Ein Blick auf involvierte Branchen

Wer über den Tellerrand blickt, erkennt weitere Wertschöpfungsbereiche. Ein beliebtes Beispiel ist der Autohändler. Nach stressigen Wochen im Frühjahr beginnt endlich die Wassersportsaison am See. Weil sich unter der Woche kaum Zeit findet, bleiben die Wassersportler bei der Werkstatt im Seegebiet stehen. Fühlt sich der Kunde dort gut aufgehoben, lässt er sein Service auch in Zukunft dort machen – und erwirbt sogar sein nächstes Auto dort. Viele entscheiden sich nach einigen Jahren auch für einen Zweitwohnsitz in einer der Seegemeinden. In diese Immobilie muss investiert werden: Elektriker, Tischlereibetriebe, Installateure kommen ins Spiel. Auch der Gemüseeinkauf wird am Wochenende gern noch im Burgenland erledigt.
Die Wassersportler schätzen die Qualität und Regionalität der Lebensmittel.
Nicht zuletzt muss auch die Bedeutung des Wassersports für die Gemeinden hervorgehoben werden. Rund um den See befinden sich knapp 5.000 Liegeplätze und fast jeder bedeutet gutes Geld für die Gemeinden. Im Durchschnitt ist mit Kosten von etwa 800 Euro pro Liegeplatz zu rechnen. Multipliziert mit 5.000 ergeben sich daraus Einnahmen von rund vier Millionen Euro.
Fokus Arbeitsmarkt: Im Hinblick auf den regionalen Arbeitsmarkt ist es immer schwer, zu konkretisieren, wie viele Arbeitsplätze nun tatsächlich mit den Bootsbesitzern in Verbindung stehen. Laut einer Erhebung aus dem Frühjahr 2023 waren es etwa 120 Angestellte, die im Bootsverkauf, beim Service, bei Transportleistungen oder in der Leitung von Surf- und Segelschulen tätig waren. Damit verbundene Branchen wären mitzuberücksichtigen, lassen sich aber schwer erfassen.
Ein weiteres Thema sind Hotellerie und der Anteil ausländischer Gäste am See. Dazu sei Folgendes gesagt: Der See ist und bleibt ein „Mekka" für Surfer, Kiter und Wingfoiler. Das lockt definitiv ein junges Publikum an. Für Wassersportler sind Hotelbuchungen wohl eher bei Regatten ein Thema – diese sind allerdings nur bei ausreichend hohem Wasserstand möglich. Urlauber, die mit einem eigenen Boot an den See kommen, um hier Urlaub zu machen, gibt es hingegen kaum mehr.

Planungssicherheit im Klimawandel

Abschließend sei an dieser Stelle noch ein Wunsch an die Politik formuliert – sowohl aus Kunden- als auch aus Unternehmersicht: Planungssicherheit. Für Unternehmen ist das vor allem hinsichtlich der Vororder relevant. Produzenten erwarten oft schon eineinhalb Jahre im Voraus eine Bestellung. Ohne Planungssicherheit ist es aber immens schwer, einen vernünftigen Lagerstand aufzubauen. Ähnlich verhält sich das für die Kunden. Auch ihnen fällt es damit schwerer, im Vorhinein zu planen. Niemand würde in sein Boot investieren, wenn er es eine, vielleicht sogar zwei Saisonen lang nicht nutzen kann. Das wirkt sich wiederum auf die Betriebe aus.

Wolfgang Maletschek ist Geschäftsführer von Maletschek Nautics in Weiden am See, das als Familienunternehmen geführt wird. Er hat 40 Jahre Erfahrung in der Branche.

Eine Neuausrichtung der raren Seezugänge ist geboten

Ein Beitrag von Martina Prucha, ESG Immobilien Esterhazy Betriebe, und Hermann Jahn, Freizeitanlagenmanagement Esterhazy Betriebe

Die Modernisierung der Anlagen zur touristischen und Freizeitnutzung muss an die Bedürfnisse unserer Zeit angepasst werden. Das Seebad Breitenbrunn, nunmehr „Neuer Strand Neusiedler See", stellt sich dieser Aufgabe und geht dabei neue Wege: mit einer breiten Angebotspalette, einer engen Abstimmung des Projekts mit dem UNESCO-Welterbekomitee und mit Rücksicht auf den sensiblen Naturraum. Einbezogen werden auch neue Mobilitätskonzepte: Der Eintritt ist für alle Gäste frei, das Auto soll langfristig verbannt werden.

Das Gesamtareal des Naturseebads Breitenbrunn (ca. 16 Hektar), welches im Eigentum der Privatstiftung Esterhazy steht, war von den späten 1960er-Jahren bis Ende 2018 an die Gemeinde Breitenbrunn verpachtet. Klar definiertes Ziel ist es, das ehemalige Seebad mit all seinen Angeboten und einer Einbindung der außergewöhnlichen Naturlandschaft aus dem Dornröschenschlaf zu wecken. Die in die Jahre gekommene Anlage wird hochwertig modernisiert.

Das naturräumliche Potenzial ist evident: Das Areal liegt im Schutzgebiet „Natura 2000", im UNESCO-Welterbegebiet und nahe dem Nationalpark Neusiedler See – Seewinkel. Das ist der Nährboden für die Entwicklung eines unverwechselbaren Standorts. Bei der Planung galt es, auf diese ökologisch wertvolle und lebendige Kulturlandschaft Rücksicht zu nehmen. Der See und vor allem auch sein Umland mit den typischen Ortschaften, Kulturgütern und Naturwerten wurden dabei in den Vordergrund gestellt. So versuchen wir, den vielschichtigen Ansprüchen des modernen Gastes, der sowohl ein qualitativ hochwertiges, vielfältiges Angebot als auch Naturverbundenheit sucht, gerecht zu werden.

Im Rahmen eines offenen zweistufigen Architekturwettbewerbs entstand ein Konzept, das ein Gesamtangebot mit viel Platz für Individualität bietet. Die Themen Umwelt, Nachhaltigkeit und Regionalität spielten in allen Überlegungen und Planungen eine essenzielle Rolle. Die besondere Lage in einer mehr als sensiblen Umgebung fordert einen mindestens ebenso sensiblen Umgang mit ebendieser. Sowohl Planungsschritte als auch Umsetzungen werden ausschließlich unter Einbeziehung von Natur- und Landschaftsschutz realisiert. Positive Gutachten sind die Grundvoraussetzung für jegliches Handeln vor Ort. Die Anmerkungen des UNESCO-Gestaltungsbeirats zum Bauen im Welterbe, mit dem regelmäßig getagt wird, wurden beispielhaft umgesetzt. Sämtliche Maßnahmen zielen darauf ab, das Areal für die nächsten Generationen nutzbar zu machen. Dafür ist es notwendig, die Naturschauplätze als solche zu erhalten und die Neubauten, wie das Marina-Gebäude und die zukünftigen dezentralen Beherbergungseinheiten, mit ökologisch nachhaltigen Materialien zu errichten. Ressourcenschonende Maßnahmen sind dabei die Grundvoraussetzung, was bereits durch eine Vorzertifizierung in Gold der ÖGNI bestätigt wurde.

Das Marina-Gebäude mit seinen vielfältigen Nutzungsmöglichkeiten – Restaurant, Veranstaltungssaal, regionale Greißlerei, Verwaltung & Rezeption, Bootsvermietung – wird 2024 als erstes sichtbares Zeichen der Neuausrichtung eröffnet. Bereits an den Außen- und Innenfassaden wird erkennbar, dass die verwendeten Materialien die Rauheit und Naturbelassenheit der Umgebung widerspiegeln. Durch die Dachbegrünung wird das Gebäude aus entfernter und erhöhter Position weniger wahrgenommen und passt sich hervorragend der umgebenden Naturlandschaft an. Dabei bietet es Tieren und Pflanzen einen wertvollen Lebensraum. Die spezielle extensive Begrünung schafft einen ökologischen Ausgleich, der für den Natur- und Artenschutz von großer Bedeutung ist. Auch die Landschaftsplanung erfolgte mit Umsicht. Allein in der ersten Bauphase wurden bereits über 8.500 Quadratmeter Bodenfläche entsiegelt, die Grünflächen erweitert. Zahlreiche Baum- und Strauchpflanzungen schaffen eine angenehme Atmosphäre. Die Ausgestaltung der unterschiedlichen parkartigen Freiräume wird an die jeweiligen Nutzungsbedürfnisse angepasst. Die Bepflanzung vermittelt einen landschaftstypischen Charakter und harmoniert mit dem Naturraum. Neben den baulichen Maßnahmen wird auch der Resort-Betrieb auf Nachhaltigkeit in der Bewirtschaftung ausgelegt. Dazu zählen neben einem Entsorgungsmanagement mittels nachhaltigen Müllkonzepts ein Mobilitätskonzept zur optimalen Anbindung des Standorts und Reduktion von Verbrennungsmotoren sowie ein Energiekonzept zur effizienten Bewirtschaftung des Resorts.

Regionalität spielt von der Bauphase bis zum Betrieb und Produkteinkauf eine große Rolle.

Die Zusammenarbeit mit regionalen Lieferanten, der Materialeinkauf über regionale Anbieter und die Wahl der strategischen Partner sind Teil des Konzepts.

Freier Zugang zum Neuen Strand

Das Alleinstellungsmerkmal schlechthin wird der freie Zugang zum Neuen Strand sein: Es wird kein Eintritt zu zahlen sein – lediglich Gäste, die mit dem Auto anreisen, haben eine Parkgebühr zu entrichten. Der Besuch eines Seebads ist für Gäste immer auch ein Ausflug aus dem Alltag, sehr oft aus einem städtischen, dicht bebauten Raum.
Oft geht es den Besuchern nicht nur um das Baden im See, sondern um das Gesamterlebnis in der Region und die damit verbundene Atmosphäre, das besondere Flair und die Erlebnisse. Dazu kommt, dass der Neue Strand viele Nutzergruppen mit sehr unterschiedlichen Bedürfnissen begrüßt: Familien mit Kindern, junge und jung gebliebene (Wasser-)Sportler, Ruhe suchende Pensionisten; Badegäste, Campinggäste, Mobilheimbewohner, Radtouristen, Spaziergänger, Segler etc. Aber auch Natur-, Tier- und vor allem Vogelbeobachter werden jedenfalls auf ihre Kosten kommen.

Martina Prucha, Studium an der WU-Wien mit Postgraduate Master zu Sustainability & Response Marketing. Sie ist Leiterin ESG im Immobilien-Bereich der Esterhazy Betriebe und war maßgeblich am Anforderungsmanagement für den Neuen Strand Neusiedler See beteiligt.

Hermann Jahn ist Leiter des Bereichs Freizeitanlagenmanagement der Esterhazy Betriebe AG und zuständig für die Entwicklung Neuer Strand Neusiedler See.

Auf Safari im Burgenland

Ein Beitrag von Elke Schmelzer, Biologin

2009 wurde die St. Martins Therme & Lodge in Frauenkirchen feierlich eröffnet. Das luxuriös ausgestattete Haus, bestehend aus einer Thermallandschaft und einem 4-Sterne-Hotel, der Lodge, hatte von Beginn an eine ganz besondere Ausrichtung, die bis zum heutigen Tag konsequent gelebt wird. Die einzigartige Natur- und Kulturlandschaft der Region wird in Form von Seewinkel-Safaris in das Programm des Hauses eingeflochten.

Ausgebildete fachkundige und fix angestellte Mitarbeiterinnen und Mitarbeiter begleiten Gäste jeden Alters hinaus in die Natur und bringen ihnen so die einzigartige Umgebung mit ihrer beeindruckenden Artenvielfalt näher. Ein Konzept, das eher in fernen Ländern erwartet wird und in Bezug auf Österreich anfänglich auch für etwas Verwunderung gesorgt hat. Eine Evaluierung der Gäste-Angaben hat ergeben, dass die Teilnahme an geführten Touren in Schutzgebieten in Übersee fast eine Selbstverständlichkeit ist, während Exkursionen im Inland deutlich seltener schon einmal in Anspruch genommen wurden.

Die Möglichkeit, auf Safari zu gehen, ohne sich im Vorfeld um etwas kümmern zu müssen, hat dazu geführt, dass viele Gäste das einfach einmal ausprobiert haben und nach wie vor spontan buchen. Auch jene, die bis dato die Natur eher als Rahmen für ihre sportlichen Aktivitäten gesehen haben, wie z. B. Skifahren oder Mountainbiking, aber nie wegen der Artenvielfalt mehrere Stunden draußen verbracht haben.

Touren mit Spannung und Qualität

Die St.-Martins-Ranger lenken das Fahrzeug und können so schon während der Safari im Wagen wichtige Informationen an die Gäste weitergeben. Alle Teilnehmenden bekommen während der Tour ein hochwertiges Fernglas zur Verfügung gestellt, ein Spektiv und Getränke sind ebenfalls fix dabei. Das eigene Auto wird natürlich stehen gelassen. Das bedeutet völlige Entspannung, kein Konvoi von mehreren Autos, sondern ein Fahrzeug pro Ranger.

Der Erfolg spricht für sich: Die Gäste genießen das private Ambiente und die hohe Qualität der Tour – die Verblüffung ist oft sehr groß, wie gerechtfertigt und passend die Bezeichnung „Safari" doch ist und wie viele Tierarten man, unabhängig von der Witterung, zu sehen bekommt. Da unter anderem die zahlreichen Vogelnamen schwer zu merken sind, hat die St. Martins Therme & Lodge einen eigenen Vogelpass erstellt, der am Ende der Safari abgestempelt wird. Da weiß man dann nicht nur, welche Vögel man gesehen hat:

Je mehr Arten man bei den Touren für seinen Pass „sammelt", desto mehr nähert man sich einer kostenlosen Nächtigung in der Lodge. Das hat bei einigen Gästen eine richtige Sammelleidenschaft ausgelöst, mittlerweile wird die Vogelkunde schon als neues Hobby angegeben.

Vom Naturerlebnis zur Kulinarik

Darüber hinaus merkt man auch, dass die Natur im Nationalpark Neusiedler See – Seewinkel aus der Region eine Ganzjahresdestination macht. Raubwürger, Blässgans und Kornweihe sind eben in einer anderen Jahreszeit zu beobachten als Bienenfresser, Pirol und Uferschwalbe. Die Safaris bringen die Gäste außerdem an verschiedene Plätze in der Region, wo Verbindungen zu Ortschaften, Produzenten und anderen Gastgebern hergestellt werden. Vom Steppenrind über Bio-Schafkäse bis zum Weinbau – die Gäste kommen sehr oft als Stammgäste der Region wieder und erleben bewusst den Wert dieser Regionalität. Das Ungarische Steppenrind beispielsweise wird für das Flächenmanagement im Nationalpark eingesetzt. Es ist eine seltene, alte Haustierrasse, charakteristisch für die Pannonische Tiefebene – ihr Fleisch wird vor Ort in Pamhagen verarbeitet. Die Steppenrinder-Würstel sind unter anderem auch am Frühstücksbuffet in der St. Martins Therme & Lodge zu finden. Ein ganz wichtiger Punkt sei abschließend noch erwähnt: In fachkundiger Begleitung die Natur zu entdecken, stehen zu bleiben, die Merkmale eines Vogels zu studieren, die Nähe von landwirtschaftlichen Tieren zu genießen – da passiert etwas mit uns Menschen. Es steigert das seelische und körperliche Wohlbefinden ungemein. Eine Safari lässt sich ganz stressfrei erleben. Im Winter mit Haube, im Sommer mit Sonnenhut – und schon ist man mittendrin im Geschehen. Und das häufigste Feedback? „Ich habe ganz auf mein Handy vergessen. Das hat mir unheimlich gutgetan – ich fühle mich glücklich."

Elke Schmelzer, Studium der Biologie, zertifizierte Naturvermittlerin, Nationalpark-Rangerin. Sie leitet seit Beginn die Abteilung Safaris, Naturerlebnisprogramme und tiergestützte Ökopädagogik der St. Martins Therme & Lodge.

Neue Impulse abseits des Sees: Eröffnung von drei 4-Sterne-Hotels

Mária Kollár (HegiQ) und Markus Ernst (Galántha) im Gespräch

In den vergangenen zwei Jahren eröffneten drei 4-Sterne-Hotels in der Region ihren Betrieb. Bemerkenswert daran: Keines der Hotels liegt am Neusiedler See. Das darf als weiterer Ausdruck der Diversifizierung des touristischen Angebots verstanden werden.

Hotel HegiQ (Hegykö)

Vielleicht war das Hotel HegiQ im beschaulichen Örtchen Hegykö ja größer geplant. Nun schmiegt sich das Gebäude, das im Oktober 2022 eröffnet wurde, eher unauffällig an das Areal des Thermalbads SÁ-RA. Mit dem Landschaftsschutz dürfte das Hotel jedenfalls d'accord sein: Mit seinen zwei Etagen und 28 Zimmern wirkt das 4-Sterne-Hotel angenehm überschaubar. Die Eigentümer, es sind die gleichen wie die der Therme, versuchen am Südufer des Neusiedler Sees (Fertő) neue Akzente zu setzen. Ganz ohne Seezugang.

Hälfte der Buchungen im Paket

Ein typisches Thermenhotel ist das HegiQ aber nicht. „Es wäre sicherlich zu wenig, die Gäste nur über das Thermalbad anzusprechen", sagt Geschäftsführerin Mária Kollár. In den Wintermonaten spielt das familiär gehaltene Bad naturgemäß eine größere Rolle. Ab März, wenn die Frühlingssaison beginnt, wird der Fokus aber wesentlich breiter. „In unserer Region gibt es genügend interessante Angebote. Deshalb schnüren wir für unsere Gäste gemeinsam mit Unternehmen thematisch abgestimmte Pakete für Aktivtourismus. So wollen wir ein möglichst breites Spektrum an Dienstleistungen anbieten." Beachtlich: Rund die Hälfte der Zimmerbuchungen von Frühling bis Herbst finden im Paket statt.

Für Kulturinteressierte herrscht kein Mangel an attraktiven Ausflugszielen in der Umgebung: die langsam aber stetig weiterentwickelte Regionalhauptstadt Sopron; Fertőd mit Schloss Esterházy oder auch das Höhlentheater in Fertőrákos. Im Dezember 2023 eröffnete in Nagycenk das barocke Schlossmuseum über die Széchenyis neu. Die Familie des legendären Reformers István hatte wesentlichen Einfluss auf die ungarische Geschichte. Ähnlich den benachbarten Tourismusgemeinden auf österreichischer Seite wird Wien auch in Hegykö als wichtiger Markt und wertvoller Teil des Kulturangebots gesehen. Etwas überraschend für die Pannonische Tiefebene ist hingegen ein Paket für Ski-Touristen: Ein erstes Angebot für Tagesausflüge zum Stuhleck (NÖ) gilt als Testballon.

In erster Linie kommen laut Kollár viele Menschen in die Region, um Ruhe zu finden.

Das könne man auch bieten. Mit einem Wellnessbereich im Hotel und der Nationalparkregion (Fertő-Hanság Nemzeti Park) vor der Tür. Die strategisch gute Lage von Hegykö wird gerne für Tagesausflüge – auch mit dem Rad – genutzt. Zur Gästestruktur: Rund 60 Prozent kommen aus Ungarn, viele davon aus Budapest. Die restlichen 40 Prozent teilen sich Österreich, Deutschland und Tschechien. **Gemein ist laut Kollár allen Gästen, dass sie „in der Gegend unterwegs sind, entspannen, aber doch aktiv mit der Region in Kontakt kommen wollen".**

Hotel Galántha (Eisenstadt)

Im Seewinkel in Andau nahm 2022 das „Scheiblhofer – The Resort" seinen Betrieb auf. Das Hotel verfügt über 118 Zimmer und ist auf Wellness und Wein spezialisiert. Im gleichen Jahr eröffnete das Hotel Galántha in Eisenstadt seine Pforten. Vis-a-vis des Schlosses gelegen, wird es mit urbanem Flair und pannonischem Lebensgefühl beworben. Mit 120 Zimmern, einem Konferenz- und Tagungsbereich sowie Restaurant, Sauna und Dampfbad und einer Rooftop Bar hat das Hotel am Schlossplatz eine Lücke in der Infrastruktur der Landeshauptstadt geschlossen. Das bestätigt auch Markus Ernst, Leiter der Hospitality bei den Esterhazy Betrieben: „Das Hotel Galántha spielt hinsichtlich des Nächtigungsangebots in Eisenstadt, aber auch im Veranstaltungsbereich eine zentrale Rolle. Wir bieten in bester Lage einen gehobenen Standard und sind sicherlich für Gäste verschiedener Segmente attraktiv." Neben dem Seminarbetrieb spricht man insbesondere an den Wochenenden ein Zielpublikum aus dem Kultur- (z. B. Veranstaltungen im Schloss) und Freizeitbereich (z. B. Genussradeln) an. Wer etwa ein Konzert im Haydnsaal besucht, findet danach am Schlossplatz mit dem Restaurant Paulgarten im Galántha, der Selektion Vinothek Burgenland und der „Sunrise Cuisine" im Restaurant Henrici eine hohe kulinarische Vielfalt vor.

Buntes Portfolio

In Eisenstadt und der näheren Umgebung sind Events im Kulturbereich breit gestreut, etwa mit dem Pianofestival im April, der Oper im Steinbruch in St. Margarethen von Juli bis August oder dem Herbstgold Festival im September. „Diese Angebote erfreuen sich großer Beliebtheit", so Markus Ernst, „das drückt sich auch in den Zimmer-Vorbuchungen aus. Aber auch das Naturerlebnis kann mit den zur Verfügung gestellten E-Bikes gut abgedeckt werden. An den Wochenenden werden bereits verstärkt Gäste mit speziellen Packages gut abgeholt." Eine fixe Größe bei radaffinen Gästen sei etwa jetzt schon ein Ausflug an den See oder auch ein Besuch in einem Weingut, verbunden mit einer Rundfahrt in der Rosalia.

Wie aber steht es um das nötige Umfeld, das für den Erfolg von Hotel-, Gastronomie- und Freizeiteinrichtungen eine wesentliche Rolle spielt? Gibt es gemeinsame Anknüpfungspunkte beim Marketing von Eisenstadt und dem Nordburgenland? „Generell ist die Vernetzung schon ganz gut ausgebaut", sagt Markus Ernst, „auch wenn es auf beiden Seiten noch eines Feinschliffs bedarf. Angebote und Packages finden sich zum Teil auch bei unseren Partnern und werden gut vernetzt kommuniziert." Als Beispiel nennt Ernst „wein natur genuss Neusiedler See", eine Kooperation, bei der mittlerweile alle Hospitality-Betriebe gelistet sind. **Für die Zukunft sei eine tiefere Vernetzung von beiden Seiten erwünscht, insbesondere, um perspektivisch arbeiten zu können.** Gerade Eisenstadt könne mit seinem bunten Portfolio gemeinsam mit den Leitbetrieben eine wichtige Rolle spielen. „Ein Driver ist sicherlich die Eventschiene, Lovely Days oder auch Eisenstadt in Weiß generieren eine relevante Wertschöpfung, die sich auf die Regionalentwicklung auswirkt." Weiteres Potenzial sieht Ernst bei Großevents, mit deren Hilfe ein breites Publikum erreicht und die Bekanntheit der Region gesteigert werden könnte.
(red) Übersetzung: Mária Madarász-Kalmár

Wein in der DNA – Winzer als Regionalbotschafter

Ein Beitrag von Manfred Gram, Journalist und Autor

Weintourismus hat wesentlichen Anteil daran, dass die Landschaft bunter wird. In der Region Neusiedler See findet sie im intensiven Austausch mit Kunden und Urlaubern statt. Winzer zählen hier ganz klar zu den Protagonisten des Tourismus. Wenn sie vom Terroir, vom Klima oder von ökologischen Aspekten sprechen, transportieren sie mit ihrer Arbeit und ihren Produkten relevante Themen. Heute gilt es, sich zu positionieren und eine Sensibilität zu entwickeln. – Das hätte vor 20 Jahren noch niemand gedacht. Im Porträt drei Winzer und ihre Ansätze, auf die Entwicklungen unserer Zeit zu reagieren.

Üblicherweise ist es nicht immer ganz einfach, herauszufinden, was eine Region im Innersten ausmacht und auch zusammenhält. Üblicherweise. Dem Wesenskern des Burgenlands kommt man allerdings schnell und auch ohne viel Fantasiebegabung auf die Schliche. Seit mehr als 3.000 Jahren, also noch lange vor der Zeit, als sich die Römer in der Pannonischen Tiefebene tummelten, wird in dieser Gegend Wein kultiviert. Das zeigen keltische Ausgrabungen in mehreren Dörfern des nördlichen Burgenlands. Die dort gefundenen Traubenkerne gelten nicht nur als Beweis, dass hier schon um 1000 v. Chr. Weinbau betrieben wurde, sondern sie dienen auch als Nachweis für erste europäische Reben. Die sanfte Hügellandschaft, vielschichtige Böden und das milde Klima mit vielen Sonnentagen haben das ihre dazu beigetragen, dass in Österreichs östlichstem Bundesland der Wein, die Landschaft, die Kultur und die Wirtschaft die Geschichte prägen. Wein hat sich sozusagen tief in die DNA der Region eingegraben. Und das merkt man – nicht zuletzt beim Gespräch mit burgenländischen Winzerinnen und Winzern.

Christian Tschida: Der Weingarten wird's schon richten

„Das Burgenland war lange eine sehr arme Region. Man lebte hier vom Verkauf von Wein", erklärt Christian Tschida. Der Winzer aus Illmitz wird international für seine Weine gefeiert wie ein Popstar. Seine Tropfen stehen in den besten Restaurants der Welt auf der Karte. Auch in seiner Familie wird Wein schon seit Generationen gekeltert. „Üblicherweise hatten Landwirte ein paar Hektar Weingärten, zehn Schweine, zwei Kühe und Hühner", erzählt Tschida, hält kurz inne und ergänzt: „Das hat sich maßgeblich geändert. Tourismus und damit einhergehendes Marketing brachte viele Menschen ins Land. Was früher bäuerlicher Alltag war, wie etwa der Sautanz, ist heute ein Genussevent." Für Tschida ist das prinzipiell eine positive Entwicklung, denn: „Anders als meine Eltern und Großeltern, die keine Zeit hatten, im Weinkeller zu experimentieren, bin ich in der Luxusposition, den Wein zu machen, den ich will." Bei Christian Tschida, der in seinen Lehr- und Experimentierjahren hinter die Weinmacherfassaden in Australien, Deutschland und Frankreich blickte, heißt das: leichte, feine

Rotweine mit einer ausgeprägten Stilistik. Wuchtige Rotweinbomben sind also nicht Tschidas Fall, vielmehr eine Rückbesinnung aufs Wesentliche. Das gilt nicht nur für das Endprodukt, sondern den gesamten Produktionsprozess. Schließlich trägt man als Winzer auch Verantwortung für die Natur. Man denkt nicht allein von Jahrgang zu Jahrgang, sondern auch in Generationen. Und dafür ist verantwortungsbewusstes und nachhaltiges Denken unerlässlich. Dabei folgt der Winzer ziemlich einfachen Grundregeln, wie er ausführt: „Es gibt zwei Arten, Wein zu machen. Entweder man gibt im Keller Vollgas – oder im Weingarten." Tschida entschied sich für die Variante Weingarten, denn: „Hat man ein großartiges Terroir und eine intelligente Bodenbewirtschaftung, braucht man im Keller nichts mehr hinzufügen." Das klingt jetzt allerdings auch einfacher, als es ist. Hinter Tschidas Weinen stecken Knochenarbeit und unendlich viele Experimente. Der gefeierte Weinmacher gilt zwar als einer der Pioniere des „Laisser-faire", einer, der den Wein im Keller die Arbeit machen lässt, aber an Schrauben muss trotzdem gedreht werden, damit das Resultat stimmt. Oder, wie Tschida es bildhaft ausdrückt: „Am Ende des Tages muss dir der Wein mehr Energie geben, als er dir nimmt." Beim Genuss, aber auch beim Herstellungsprozess. „Wenn das Produkt gut ist, wird alles aufgehen und sich ausgehen", gibt der Winzer dabei einen Einblick in seine Philosophie. Dafür ist die Balance mit der Umwelt unumgänglich: **„Das gesamte Tun muss auch für die Umwelt Sinn ergeben. Denn letztlich schmeckt alles besser, wenn es nicht belastet ist – auch der Wein."**

Biologische Bewirtschaftung ist demnach das Fundament, auf dem alles aufbaut. Der 45-jährige Tschida ist hier gewissermaßen auch familiär geprägt. Bereits sein Vater verzichtete vor über 30 Jahren auf Chemie im Weingarten. Und sein Sohn – der bewusst jede Zertifizierung ablehnt – ging da noch einen Schritt weiter. In seinen Weingärten, immerhin insgesamt 15 Hektar, dreht sich alles um die Fruchtbarkeit des Bodens. Kompost und Stroh liegen zwischen den Rebzeilen, Kräuter, Blumen, Gräser wuchern darauf fröhlich vor sich hin. Das war nicht immer eine einfache Reise, wie Tschida sinniert. Vieles basierte auf reinem Bauchgefühl. „Aber auf seinen Bauch sollte man hören, der hat meistens recht."

Julia Wallner: So klein wie möglich, aber „ziemlich gut"

Auch Julia Wallner hörte in gewisser Weise auf ihren Bauch, als sie 2009 den elterlichen Betrieb in Mörbisch übernahm. Man führte eine kleine Landwirtschaft und produzierte Wein. **Tochter Julia strukturierte den Betrieb dann um. Er wurde um eine Pension erweitert und parallel dazu hat die heute 40-Jährige damals auch den Weinbau übernommen.** So konnte die Wertschöpfung auf eine breitere Basis gestellt werden. Dabei setzt man auf Qualität.

„Unsere Familie hatte einmal rund zehn Hektar Rebfläche", erzählt Wallner, die seit 2017 Kellermeisterin ist, und switcht gleich in die Gegenwart: „Jetzt sind es nur noch zwei Hektar, die in kleine Gärten, manche kaum größer als zehn Ar, aufgesplittert sind." 12.000–15.000 Flaschen entstehen im Jahr. Damit ist Wallner alles andere als eine Großproduzentin. Fast alles, was produziert wird, wird ab Hof verkauft. „Früher reisten wir quer durch Österreich, um unseren Wein zu promoten. Das machen wir jetzt nicht mehr."

Braucht es auch nicht, schließlich wurde der Pensionsbetrieb auch um einen Buschenschank ergänzt. Und der läuft ziemlich gut. „Wir sind weitgehend ein Selbstversorger-Betrieb", erklärt Wallner. „Fleisch, Schweins- und Kümmelbraten wird bei uns alles selbst gemacht." Und auch alles, was vom Wild auf den Tisch kommt, denn Wallners Ehemann ist passionierter Jäger.

Der Buschenschank zählt übrigens zu den Gastro-Highlights im Ort und ist gut besucht. Ohne Reservierung läuft gar nichts. Nicht nur in der Festspielzeit im Sommer, wenn in St. Margarethen und natürlich in Mörbisch der Trubel ausbricht. In Mörbisch zählt man mit rund 2.000 Nächtigungen pro Saison mittlerweile zu den Top-5-Betrieben. Aber Wallner relativiert: „Zu den ersten drei können wir nicht aufschließen. Die spielen in einer anderen Liga. Das wollen wir auch gar nicht – wir sind ein Familienbetrieb." Und zwar einer, in dem die Großeltern, Eltern, Onkeln und Tanten mithelfen. Sie springen ein, wenn im Buschenschank, in den Weingärten oder in der Pension einmal Personalnot herrscht.

Birgit Braunstein: Naturnah aus Prinzip

Als eine Art Familienbetrieb versteht sich auch das Weingut Braunstein. „Unsere Familie ist seit über 400 Jahren mit dem Wein verbunden. Der Weinkeller in unserem Haus ist mit 600 Jahren sogar noch älter", erzählt Birgit Braunstein.

Die 55-Jährige zählt zu den renommiertesten Winzerinnen des Landes und bewirtschaftet in Purbach zwischen Neusiedler See und Leithagebirge 20 Hektar Rebfläche. **„Ich habe einen Sturschädel und den braucht es auch, wenn man eigene Ideen und Visionen umsetzen will"**, erklärt sie.

Im konkreten Fall bedeutet das, dass Braunstein Mitte der 1990er-Jahre in den elterlichen Betrieb einstieg und diesen sukzessive ummodelte.

„Ich habe 1995 in Frankreich die Prinzipien der Biodynamik kennengelernt, das hat mich nicht mehr losgelassen", so Braunstein. „Einklang mit der Natur" lautet seitdem die oberste Prämisse für ihr Tun und Handeln im Allgemeinen, insbesondere aber in ihren Weingärten. 2003 stellte die Winzerin den Betrieb auf biologisch um, seit 2009 wird biodynamisch produziert – und man ist im Demeter-Verbund. Das bedeutet: völliger Verzicht auf Chemie mit Augenmerk auf Biodiversität. „Natürlich wurde ich zuerst einmal als Spinnerin

tituliert", erinnert sich Braunstein. Nicht frei von Amüsement erzählt sie auch von einer Anzeige, die es einst gab, als sie am heimischen Hof einen ihrer ersten Komposthaufen anlegte. Heute – fast 30 Jahre später – unvorstellbar. Die Sicht auf Wein hat sich stark geändert. Das lässt sich auch an touristischen Motivationen ablesen. **Mittlerweile stellen 20 Prozent der Gäste weinbezogene Aktivitäten in den Mittelpunkt ihres Aufenthalts im Burgenland.**

Braunstein gilt heute als Pionierin in Sachen naturnaher Weinanbau und heimst für ihre Weine regelmäßig Preise und Bestwertungen ein. **Braunsteins Weingärten sind heute Orte der Biodiversität**, in denen es nur so blüht und grünt und summt und wurlt und wimmelt. Für jede Rebsorte wird nämlich die ideale Lage gesucht und dann gleich auch in Einklang mit Fauna und Flora gebracht. In ihren Weingärten wachsen Kirschbäume, Gras und Blumen dürfen wuchern, damit die Schafe und Ziegen, die hier herumlaufen, etwas zum Fressen haben, um ihren Dung zu hinterlassen. Es gibt Bienenstöcke und regelmäßig werden an den Kraftorten Wanderungen, Führungen, aber auch Yoga- und Meditationseinheiten abgehalten. „Es braucht ein lebendiges Umfeld, damit gute Weine entstehen können", bringt es Braunstein, die pro Jahr zwischen 80.000 und 100.000 Flaschen Wein abfüllt, auf den Punkt. Dabei helfen ihr mittlerweile auch ihre beiden Söhne, die Zwillinge Max und Felix. Sie haben den Hang, experimentierfreudig neue Wege zu gehen, vererbt bekommen: In Tonamphoren, eingelassen in den Erdboden, vinifizieren sie in Kleinstmengen gemeinsam mit ihrer Mutter Wein nach keltischer Tradition. So schließt sich ein über 3.000 Jahre alter Bogen.

Manfred Gram ist Journalist und Autor und schreibt u. a. für das Wirtschaftsmagazin TREND, Falstaff und Der Standard.

Den Erholungswert des Leithagebirges erkennen

Ein Beitrag von Marianne Schreck, Bundesforschungsinstitut für Wald (BFW)

Die Wälder der Region rund um den Neusiedler See sind für neue Trends wie Waldbaden und Waldmeditation ideal geeignet. Sie könnten das Tourismusangebot und das Produktangebot der Waldbesitzer und Waldbesitzerinnen ganz wesentlich erweitern. Weil die Sommer im pannonischen Raum durch die Klimaerwärmung immer heißer werden, werden kühle Rückzugsräume und beschattete Wandergebiete in einem klimafitten Wald immer wichtiger. Über Entschleunigung und die gesundheitlichen Effekte des Waldes.

Welche Rolle könnte der Wald im Leithagebirge spielen?

Wandern, Waldbaden, Gehen und Zur-Ruhe-Kommen. – Diese Attribute korrespondieren zweifellos mit der Positionierung der Region Neusiedler See, die auf Entschleunigung setzt. Mit zunehmend heißeren Sommern – allein im Jahr 2024 verzeichnete Eisenstadt 41 Hitzetage und damit einen neuen Rekord – sowie längeren hochsommerlichen Phasen müssen auch touristische Konzepte auf diese Entwicklungen reagieren. Zumal in einer Region, in der beschattete Flächen rar sind. Dem Wald dürfte in Zukunft insofern eine bedeutendere Rolle zukommen. Auch dann, wenn es für sportliche Aktivitäten klimatisch zu anstrengend wird. *(red)*

Die oftmals komplizierte Beziehung zwischen Mensch und Natur wird auch im Verhältnis zum Wald sichtbar: Der Mensch sehnt sich nach Naturräumen und Erholung, zugleich ist die Begegnung mit der Stille gewöhnungsbedürftig. Grund dafür ist ein oftmals hektischer Alltag, der die Entschleunigung vielleicht als unangenehm empfinden lässt. Echte Ruhe – ohne Reize durch das Smartphone – ist hier gemeint. **Was Klosterurlaube oder Yoga-Retreats in ihren Programmen anführen**, wie etwa Wohlbefinden durch „begleitete Stille", **stellen Wälder** – auch in der Nähe des Wohnortes – **auf ähnliche Weise regional und 24 Stunden zu Verfügung.** Vielleicht sogar ein Waldausgang auf Rezept? Tatsächlich ist es vielerorts Thema, den Wald als Erholungsraum neu zu erfahren. Das könnte auch für die Region Neusiedler See relevant sein. Wenig Beschattung, eine steppenartige Landschaft rund um den See und eine steigende Anzahl von Hitzetagen führen in länger werdenden Sommern zu Belastungen bei Bewohnern und touristischen Gästen. Es gilt, auf die Klimaerwärmung und daraus entstehende Bedürf-

nisse zu reagieren. Der Wald spielt dabei eine wichtige Rolle. Gleichzeitig besteht die Möglichkeit für Waldbesitzer in Österreich, ihr Produktportfolio zu erweitern und ihre wirtschaftlichen Aktivitäten entsprechend zu steuern. Pilotprojekte hat das Bundesforschungszentrum für Wald (BFW) mit „Green Care Wald" gemeinsam mit Partnern entwickelt.

Was im Körper passiert

Das Bemerkenswerte ist, dass schon der Anblick eines Waldes, eines Baumes oder sogar die Vorfreude auf sie wohltuend wirken. Das würde heißen, dass bereits der Weg dorthin zur Entspannung beitragen kann. Der Wald selbst ist eine sinnliche Erfahrung: Terpene etwa, chemische Verbindungen, die den typischen Waldduft ausmachen, höhere Luftfeuchtigkeit, verschiedene Oberflächen, Farb- und Lichtspiele, all diese Stoffe und Reize wirken sich günstig auf unseren Organismus aus. **Die Forschung hat herausgefunden, dass nach 20 Minuten Walderholung körperlich nachweisbare, positive Effekte entstehen**: Der Gehalt an Cortisol – es ist der aussagekräftige Stressindikator im Blut – sinkt. Der Serotoninspiegel steigt. Serotonin ist ein Neurotransmitter und generell für die Regulierung von Emotionen, Appetit und für einen ausgewogenen Schlaf-Wach-Rhythmus zuständig. Das vegetative Nervensystem, das autonom die Vorgänge wie Atemfrequenz oder Blutdruck reguliert, hat die Möglichkeit, sich zu regenerieren. Die Kräfte, die zur Selbstheilung beitragen können, sammeln sich. Der Waldausgang wird zur Chance auf „Reset" in unserer sonst so reizüberfluteten Umwelt.

Walderholung im Forstgesetz

Wald weist in Österreich vier Widmungen auf, die im Forstgesetz verankert sind: Nutzen, Schützen, Wohlfahrt und Erholung. Dass man den Wald nutzt, um den Rohstoff Holz zu gewinnen, oder dass der Wald auch vor Naturgefahren schützt, ist Ausgangspunkt für viele „klassische" Forschungsprojekte.

Sanfte Hügel: Der Wald im Leithagebirge

Von der lokalen Bevölkerung gerne in der Freizeit frequentiert, ist der Wald im Leithagebirge touristisch gesehen eher ein Geheimtipp. Während der See, der ausgedehnte Schilfgürtel, Steppen und Hutweideflächen gut in der Wahrnehmung der pannonischen Region verankert sind, spielt der Wald, der sich am Westufer im sanften Übergang zu den Weingärten und Schilfflächen erstreckt, für den Tourismus bislang keine besondere Rolle. Zwar führt ein Teil des Zentralalpenweges etwa 35 Kilometer den Bergrücken an der Landesgrenze entlang – ausgeschilderte Wege findet man aber eher auf der niederösterreichischen Seite. Das Waldgebiet im Burgenland mit seinen trockenliebenden Zerr- und Flaumeichenbeständen, mit Hainbuchen, Rotbuchen und Feldahorn, würde für die Tourismusregion Neusiedler See jedenfalls eine überraschende Erweiterung des Angebots bieten. *(red)*

Definierte Wege zur Besucherlenkung

Derzeit wird eine sanfte touristische Nutzung des Waldgebiets am Neusiedler See noch zu wenig gesehen. Dabei wären die Voraussetzungen ganz gut. Eine Anbindung an die Seegemeinden wäre aufgrund der nicht allzu großen Distanzen möglich. Was wäre also zu tun? Zunächst müssten gut geeignete Wanderrouten identifiziert werden. Die besten Aussichtspunkte und Blickachsen, Naturdenkmäler, diverse Bründl und andere markante Punkte sind dabei in ein Wegekonzept einzubinden. Voraussetzung dafür ist, dass das gemeinsam mit den verschiedenen Interessensgruppen wie etwa den Waldbesitzern passiert. Die Gemeinden könnten dabei eine zentrale Rolle einnehmen. Um eine rücksichtsvolle Koexistenz im Wald zu erzielen, bietet eine Besucherlenkung eine adäquate Möglichkeit, Naturbegeisterte entlang festgelegter Routen zu führen. So lässt sich verhindern, dass Besucher auf eigene Faust quer durch die Waldbestände marschieren. Insbesondere in einer touristisch frequentierten Region wie dem Nordburgenland wäre eine Abstimmung verschiedener Nutzungskonzepte unerlässlich.

Die derzeit lückenhafte Beschilderung der Wanderwege am Leithagebirge verunmöglicht die Anbindung an das Wegenetz auf niederösterreichischer Seite und damit auch die Erreichbarkeit von Attraktionen wie dem Naturpark Mannersdorfer Wüste, der Burgruine Scharfeneck oder dem Kalkofen Baxa. Gewandert wird auf teils lichten, teils dichten Waldbeständen des Sand- und Kalksandsteinrückens. Einkehrmöglichkeiten gibt es auf der burgenländischen Seite nur in den Seegemeinden. Eine Vernetzung verschiedener Initiativen wäre wünschenswert. *(red)*

Unter der dritten, der Wohlfahrtswirkung, versteht man seine Fähigkeit, Sauerstoff und Trinkwasser zu produzieren. Der Aspekt der Erholung zur Förderung von Gesundheit wurde in der multifunktionalen Forstwirtschaft bisher noch nicht systematisch erforscht, obwohl er für das Wohlbefinden schon immer vielfältig genutzt wurde. **Man entdeckt Wald besonders als Gesundheitsort seit etwa zehn Jahren wieder, als Trends wie das Waldbaden („Shinrin-yoku") aus dem asiatischen Raum nach Europa gelangt sind.** Diese Konzepte beruhen auf Ideen von Sebastian Kneipp bzw. wurden durch die Luftkuren oder Sommerfrischler inspiriert. Was intuitiv auf der Hand zu liegen scheint, steht als Gegenstand der Wissenschaft nun zunehmend im Fokus.

Die Qualität des Waldes als Erholungsraum messen

Seit September 2023 befasst sich das **Projekt REFOMO**, das am BFW angesiedelt ist, mit der Erweiterung der österreichischen Waldmonitoringsysteme um die **Indikatoren der Erholung**. Dazu wird erstmals ein abgestimmtes Setting als Basis für künftige periodische Erhebungen durchgeführt und eingehend getestet. REFOMO umfasst eine bundesweite, repräsentative Bevölkerungsumfrage zu den Themen Erholungsnutzung, Angebote und Zugänglichkeit. Auch werden Fragen zu Einstellung, Waldwissen, Verhalten, Wahrnehmung und Bezug der Bevölkerung zum Wald gestellt. Die Aufnahme dieser Indikatoren in Leitfadeninterviews mit Waldbewirtschaftern ermöglicht es den Expertinnen und Experten, ihre Sicht auf die (Nah-)Erholungsleistung des Waldes zu analysieren. Synergien oder Interessenkonflikte werden somit erfasst und identifiziert. **Mit diesen Daten wird die Dimension der gesellschaftlichen Bedeutung von Wäldern als Mehrwert sichtbar gemacht** bzw. sie gewähren ein frühzeitiges Erkennen von Veränderungen. Das ist vor allem dann relevant, wenn aus unterschiedlichen Interessen Konflikte entstehen. Im Rahmen des österreichischen Walddialogs werden diese Ergebnisse schließlich diskutiert und als Handlungsimpulse für Tourismus und Waldbesitzer weitergetragen.

Naherholung und sanfter Tourismus

Der Zugang zu intakten Naturräumen nimmt eine wichtige Rolle bei der Naherholung ein und ist vor allem für Menschen und ihre Haustiere in Ballungszentren bzw. in urbanen Gebieten relevant. Für die Gestaltung dieser Räume hat der Forstwissenschaftler Cecil Konijnendijk die 3-30-300-Regel entwickelt, um mehr Grünraum für alle zu schaffen. Drei gesunde, große Bäume sollten vor jeder Haustüre stehen. Eine 30-prozentige Bedeckung mit Baumkronen oder Vegetation im Wohnviertel hilft dabei, einen positiven klimatischen Effekt zu erlangen. Nicht mehr als 300 Meter sollte man gehen müssen, um zur nächsten Grünfläche wie einem Park oder Wald zu gelangen. Diese Empfehlung gibt auch die WHO zu diesem Thema.

Marianne Schreck, Studium der Politikwissenschaft und Sozialarbeit, ist Redakteurin am Bundesforschungszentrum für Wald (BFW)

Input: Alois Schuschnigg und Dominik Mühlberger sind als Experten am BFW im Fachbereich Wald und Gesellschaft u. a. für die Themen Urbane Forstwirtschaft und Wald & Gesundheit zuständig.

Gesundheit und Artenvielfalt als Angebot

Gezielte Angebote im Wald zum Thema Artenvielfalt können auch für Tourismus und Waldeigentümer interessant sein. Ein zeitgemäßer Zugang ist es, positive Anreize zu schaffen und bestmöglich zu informieren, um Wald als Ökosystem begreifbar zu machen. Beispiele könnten die **Schaffung von Gesundheitslehrpfaden, die Einrichtung von Heilwäldern oder die regionale Förderung von Waldvermittlerinnen für geführte Wanderungen** sein. Ein Projekt des BFW, ConnectBurgenland, soll in Kooperation mit Waldeigentümern und dem Land Burgenland mithilfe von Citizen Science die Wichtigkeit von sogenannten Trittsteinbiotopen zum Erhalt der Artenvielfalt beitragen. Definierte Waldflächen werden mittels Vertragsnaturschutz außer Nutzung gestellt und vernetzt. Sie bieten so die Voraussetzung für den Erhalt der Vielfalt dieser Naturräume und Arten, die durch den Klimawandel bereits in Bedrängnis sind. Auch die forstwirtschaftliche Perspektive mit der Frage nach den klimafitten Bewirtschaftungsstrategien (Baumartenwahl, Waldschutz u. a.) einer Region ist in Zeiten zunehmender Trockenheit ein Thema, das viele beschäftigt und interessiert. Nachhaltig gestaltete Erholungsangebote im klimafitten Wald für Bewohner und Gäste der Region, in Abstimmung mit den Waldbesitzern, sind damit eine gute Option für die Zukunft.

Kräuterwanderungen, geführte Touren, Informationsträger

Von besonderem Interesse sind auch die Saumgesellschaften des Leithagebirges, also die Übergänge zwischen Wald und Offenland. In diesen oftmals unterschätzten Lebensraumtypen finden sich artenreiche Trockenrasen und wertvolle Pflanzengesellschaften, die teils bis in den Waldbestand reichen. So etwa im Schutzgebiet des Thenauriegels in Breitenbrunn oder in der Purbacher Heide. Geplante Beschilderungen sollen die Besucher sensibilisieren. Begleitete Touren bieten sich an, um ökologische Vielfalt zu vermitteln. Wie beim Birdwatching im Seewinkel wäre auch hier ein für breite Zielgruppen niederschwellig aufbereitetes Angebot von Vorteil. Dass begleitete Touren auch touristisches Potenzial hätten, glaubt auch die in Purbach ansässige Botanikerin Orphelia. Sie bietet bereits jetzt Kräuterwanderungen und Workshops an. Dabei geht es nicht nur darum, Wissen zu erwerben, sondern einfach auch um die Möglichkeit, mit der Landschaft in Beziehung zu treten – „zu entschleunigen", wie sie sagt. Derzeit nähmen vor allem Menschen aus der Umgebung oder auch aus Wien an den geführten Touren teil. Im Tourismus werde das Angebot noch kaum wahrgenommen. Angebote wie diese könnten alle Menschen, die an Erholung und Naturerlebnissen interessiert sind, erreichen. *(red)*

5.

Destinations-management braucht eine Destination

Eine Frage der Perspektive

Ein Beitrag von Alois Lang, Tourismusmanager

Geht es um die Region Neusiedler See, scheint allen klar, wovon wir sprechen. Doch der Mitarbeiter von Burgenland Tourismus, der Marketingprofi aus der großen Stadt oder der Nationalpark-Ranger haben ihre eigene Perspektive. Wo beginnt, wo endet diese grenzüberschreitende Region? Vor allem: Wie steht es um die Perspektive des Gastes?

Ein Strategieworkshop in Eisenstadt; wieder einmal steht die mittelfristige Entwicklung der Tourismusdestination Neusiedler See auf dem Programm. Ein gutes Dutzend Teilnehmer, alle haben Expertise im Bereich Marketing und Kenntnis der Region. An der Wand hängen mehrere Landkartenausschnitte in Flipchart-Größe. Im Zentrum: die Region Neusiedler See (das Nordburgenland); drumherum der Nachbarbezirk Bruck an der Leitha in Niederösterreich, das Komitat Győr–Moson–Sopron in Ungarn und die Landkreise Bratislava und Trnava in der Slowakei.
Nach der Begrüßung durch den Moderator folgt die erste Aufgabe: Auf den Landkartenausschnitten ist die Destination Neusiedler See in ihren Grenzen einzuzeichnen. Irritation. Verunsicherung. Was soll das? Ist das hier eine Schulklassenarbeit? Die Diskussion wird lebhaft, aber schon bald wird allen klar: Erfolgreiches Destinationsmanagement braucht auch eine klar definierte Region. Die von den Teilnehmern auf die Landkarten gezeichneten Linien zeigen freilich das Gegenteil: keine klar definierte Tourismusregion, sondern viele unterschiedliche Abgrenzungen.

Neugier auf eine Terra incognita

Der Betriebsbesitzer an einem Ausflugsziel, der Mitarbeiter von Burgenland Tourismus, der urbane Marketingprofi, der Gastgeber von „Urlaub am Winzerhof", der Kulturmanager, der Nationalpark-Ranger – sie alle haben ihren individuellen Blickwinkel, ihre fachspezifischen Schwerpunkte, wenn es um die Region Neusiedler See geht.
Und viel zu wenige unter den Stakeholdern im Tourismus versuchen, die Perspektive des Gastes als die wichtigste von allen ernst zu nehmen. Unbelastet von der Kenntnis von Verwaltungseinheiten blendet die Gästeperspektive selbst Staatsgrenzen aus. Warum nicht mit der Neugier auf eine Terra incognita jenseits des ehemaligen Eisernen Vorhangs arbeiten? Bis heute wirken Befürchtungen nach, das Billiglohnland Ungarn würde dem Burgenland einen Teil seiner Gäste abwerben. Dabei böte die grenzüberschreitende Destination für alle wichtigen Zielgruppen eine breite Angebotspalette. Außer Zweifel steht, welches Land im Dreiländereck die besten Chancen hat, diese Vielfalt in Wertschöpfung umzuwandeln: das Land mit einer breit aufgestellten Marketingorganisation (auf Landes- und Regionalebene), aber auch das Land mit dem größten Bestand an touristischer Infrastruktur – das Burgenland. Es wäre höchst an der Zeit, die Nachbarregionen nicht als Konkurrenten am Tourismusmarkt, sondern als Partner zu sehen. Mit ihren Kultur- und Naturschätzen werten sie das Angebot des Burgenlands deutlich auf. **Oder, aus Sicht des Gastes: Je mehr es rund um den Urlaubsort zu entdecken und zu erleben gibt, desto länger gestaltet sich die Aufenthaltsdauer.**
Großer Handlungsbedarf in Sachen Gästeanimation besteht auf der Betriebsebene. Solange nur wenige Betriebe erkannt haben, was sie ihren Gästen als Teil des Urlaubserlebnisses in den Nachbarregionen empfehlen („verkaufen") können, muss man – pointiert gesagt – von einer Unkenntnis des eigenen Angebots in seiner ganzen Bandbreite sprechen.

Zusammenarbeit ist keine Einbahn

Um es konkret zu machen, ein paar Beispiele, was im touristischen Schaufenster des Burgenlands Platz haben sollte:

- Die Kulturmetropole Wien ist als wichtiger Markt und Teil des kulturtouristischen Angebots der Region zu sehen. Eine verstärkte Zusammenarbeit mit WienTourismus könnte das Potenzial von Wien-Urlaubern für einen Tagesausflug ins Burgenland erhöhen.
- Der Nationalpark Donau-Auen, aber auch die March-Auen sind nur etwa eine Autostunde vom Neusiedler See entfernt. Beide Schutzgebiete werden seit Jahren von ambitionierten Birdwatchern besucht, die (auch mangels Angebots) im Burgenland nächtigen. In diesem Fall wäre es zielführend, die Tourismusbetriebe der Region mit den dortigen Ökosystemen vertraut zu machen. Übrigens, um Zielgruppen nicht monothematisch zu denken: Am Weg liegt ein kulturtouristisches Highlight der Region, das Haydn-Geburtshaus in Rohrau.
- Die Stadt Bratislava, die über Jahrhunderte im damaligen Westungarn ihre Geschichte mit jener des heutigen Burgenlands teilte, ist nicht weiter vom Neusiedler See entfernt als Wien. Auch dieses Ziel ist für Urlauber leicht öffentlich erreichbar. Aus anderer Blickrichtung: Seit Kurzem kann mit einem mehrsprachigen Prospekt das Interesse der slowakischen Gäste am Naturraum Neusiedler See befriedigt werden (nicht alle Slowaken sprechen Englisch).
- Die Einwohner von Sopron haben sich wohl schon damit abgefunden, dass deutschsprachige Besucher ihre Stadt nur nach einschlägigen Dienstleistungen wie Zahnarzt, Friseur oder Fußpflege „kartieren“. Dabei lohnt schon allein der Ausblick von der Karlshöhe über Sopron und den Neusiedler See einen längeren Besuch. Aus anderer Blickrichtung: Für die fahrradbegeisterten Ödenburger wäre längst ein gut abgestimmtes ungarischsprachiges Programm auf österreichischer Seite angebracht.

Um den Ablauf des Strategieworkshops wieder aufzunehmen: Jede Ähnlichkeit des Prozesses oder gar mit handelnden Personen ist natürlich reiner Zufall. Und die Ergebnisse aus der Landkartenaufgabe? Die Größe der grenzüberschreitenden Destination reicht in der Minimalvariante vom Becken des Neusiedler Sees (Wassersport) bis über die Leitha nach Wien (Haydn, Haupt- und Residenzstadt), nach Norden in die Kleinen Karpaten (Bratislava, March/Donau), ins Niedermoor des Hanság (Fernglas mitnehmen) und natürlich ins Ödenburger Gebirge mit dem schönsten Ausblick auf den Steppensee. Der Tourismusberater Balázs Kovács formulierte es so: **„Der Tourismus der Zukunft basiert auf Vernetzung.“** Es wäre an der Zeit, nicht länger darüber zu reden, sondern zielgruppenorientiertes Marketing zu machen und die Zusammenarbeit nicht nur auf kofinanzierte EU-Projekte zu beschränken.

Alois Lang hat als Regionalmanager für den Neusiedler See bei Burgenland Tourismus, danach bis zur Pensionierung 2021 im Nationalpark gearbeitet. Von 2005 bis 2008 koordinierte er für IUCN die Initiative Grünes Band Europa.

Grenzüberschreitend handeln – Perspektiven aus Ungarn

Die Bürgermeister von Hegykö, István Szigethi, und Fertőrakos, János Palkovits, im Gespräch

Auch 30 Jahre nach der Wende hat die Region Neusiedler See eher den Charakter eines grenzüberschreitenden als eines gemeinsamen Kulturraums. Ein Gesamtkonzept für die Region, so monieren Experten, fehlt. Wie sehen das die Bürgermeister von Hegykö, István Szigethi, und Fertőrakos, János Palkovits?

István Szigethi ist ein Mensch, der bedächtig spricht, aber viel zu berichten hat. Vor allem über seine Gemeinde. Der Bürgermeister von Hegykö zeichnet ein interessantes Bild eines Ortes (mit 1.650 Einwohnern), der sich als kulturelles Zentrum sämtlicher Seegemeinden auf der ungarischen Seite positioniert. Neben dem familiär gehaltenen Thermalbad und dem neu errichteten 4-Sterne-Hotel HegiQ nennt er eine ganze Palette an Aktivitäten. Im Ortskern am Dorfanger hat man ein altes Bauernhäuschen zur Tourismusinformation umgebaut. Das Mariska Néni háza („Tante Mariskas Haus") wirbt mit Ökotourismus, spricht Kinder mit Naturthemen an und bietet Vorschläge für Radtouren in der Gegend. Die Gemeinde finanziert das Haus und dessen Website. „Wir sehen viel Potenzial im Ökotourismus", sagt Szigethi, „man kann hier angeln an Teichen, Rad fahren, wandern, es gibt die Möglichkeit für Trainingscamps für Jugendliche. Und auch für Profimannschaften, die im Heilbad Kuren machen können." Von Juni bis Ende August sei man ausgebucht, da wäre Potenzial für mehr Betten. **Wachstum um jeden Preis sei aber keine Option,** so Szigethi. Es ginge vielmehr darum, **für die bestehenden Angebote mehr Qualität zu entwickeln.** „Dadurch können wir Gäste ansprechen, die auch an der örtlichen Gastronomie, an Wein und Kultur interessiert sind." Auch die Saison zu verlängern, ist ein Thema. Dafür hat man unter anderem eine Reihe von Festivals ins Leben gerufen: vom Ein-Tropfen-Festival (mit Pálinka und Bier) Anfang Mai über das Zehn-Quellen-Festival im Sommer bis zu den Winzerfesten in der Gegend. Die Gäste in dieser Zeit sind zu zwei Dritteln Ungarn, ein Drittel reist aus dem Ausland an. Deutsche und österreichische Touristen blieben vor allem im Thermalbad, man bemühe sich, auch diese Gäste für den Ökotourismus zu gewinnen.

Touristische Plattform entwickeln

Dass der Betrieb im Seebad in Fertőrakos fehlt, glaubt Szigethi schon. Nun seien die Gäste, die an den See möchten, darauf angewiesen, nach Österreich zu fahren. Interessant allerdings, dass sich der Wegfall des Seebads kaum in den Nächtigungszahlen der Gemeinde niederschlägt. 2019 verzeichnete man 131.000 Nächtigungen, im Jahr 2023 waren es 126.000.

Zwar kommen rund 80 Prozent der Gäste wegen des Thermalbads. Aber alle, die länger als ein Wochenende bleiben, wollen die Umgebung kennenlernen und aktiv werden. „Dass wir eine Welterbe- und Nationalparkregion (Anm., Fertő-Hanság) sind, spielt dabei eine wichtige Rolle." Natur und Tourismus zu vereinbaren erweise sich aber oft als nicht so leicht. Beim Befahren der Schilfkanäle mit Kanus bremst der Nationalpark (Fertő-Hanság), dabei wachse die Nachfrage im Naturtourismus. Essenziell für die touristische Entwicklung der Region sei jedenfalls der Radweg um den Neusiedler See. Für rund 20 Prozent der Touristen seien Radtouren fixer Bestandteil ihres Urlaubs, der Grenzübertritt bei der Runde um den See mache die Route zu etwas Besonderem. Insofern wäre es wünschenswert, die Region als gemeinsame Destination zu entwickeln. Dadurch, dass eine (österreichische) Fahrradkarte nicht an der Staatsgrenze aufhört. Oder dass Initiativen für die Genussregion oder den Wein gemeinsam entwickelt werden. Szigethi wünscht sich eine touristische Plattform, für die man einen gemeinsamen Auftritt entwickelt. Auch wenn etwa Budapest den Family Park in St. Margarethen bewirbt, sei das die Ausnahme. Spontan fällt dem Bürgermeister nur Burgenland Extrem als grenzüberschreitende touristische Aktivität ein. „Das ist einer der wenigen Versuche, die Region durch eine Veranstaltung zu verbinden. Davon sollten wir mehr entwickeln", so Szigethi.

Regelmäßige Kontakte erwünscht

Es gilt wohl auch, beim Regionalmarketing anzusetzen. Das Tourinform-Büro in Sopron versucht, die Welterbegemeinden etwa mit einem gemeinsamen Stand bei der Messe in Budapest zu promoten. Eine lose Vereinigung namens Fertő, gegründet vor allem für kleinere Betriebe, entstand im Rahmen eines Leader-Programms. Ein Marketingbudget für die Region ist kaum vorhanden, dementsprechend fehlen gemeinsame Aktivitäten. János Palkovits, Bürgermeister von Fertőrakos, sieht Handlungsbedarf: „Wir bräuchten wieder öfter Treffen zwischen den Bürgermeistern – in Ungarn, aber auch mit unseren österreichischen Kollegen. Lange dachte man, die anderen würden einem Kunden wegnehmen. Aber langsam erkennt man, dass man Angebote am besten gemeinsam setzt." Palkovits erinnert sich an Kooperationen mit Mörbisch in den 1990er-Jahren. Doch das sei alles eingeschlafen. „Damals wollte man nicht einmal, dass der Radweg nach Ungarn eröffnet wird, weil sonst die Gäste verschwinden. Heute ist es so, dass sie gerne tagsüber nach Ungarn fahren und am Abend wieder zurück nach Mörbisch." Das Gleiche gilt auch umgekehrt. Urlauber aus Ungarn fahren gerne tageweise nach Österreich. Entscheidend sei es, USPs zu entwickeln. In Ungarn habe etwa der Sautanz Tradition, es gebe eine Reihe kulturell relevanter Termine, um die herum man ein Rahmenprogramm aufbauen müsse. „Dafür kommen die Leute auch von weit her", ist Palkovits sicher, „sie wollen gut essen, guten Wein trinken, die Ansprüche sind gestiegen." Ideen seien auch in Fertőrakos gefragt. Das geschlossene Strandbad am See mache sich hier besonders bemerkbar. Weniger bei den Hotels, die Gäste durch ihr Angebot weitgehend halten konnten, sondern bei den kleinen Zimmervermietern. Das habe sich auch auf die Infrastruktur, die Gastronomie ausgewirkt. Umso wichtiger sei es, neue Angebote in der Region zu kreieren und die bestehenden, wie Schloss Fertőd oder das in Europa einzigartige Höhlentheater, stärker bekannt zu machen, so Palkovits.
(red) Übersetzung: Mária Madarász-Kalmár

„Chance Grenzraum" – in den Karawanken wie am Neusiedler See

Ein Beitrag von Gerald Hartmann, Geopark Karawanken

Das Grenzgebiet zwischen Österreich und Slowenien war schon immer eine gemeinsame Region: ein Naturraum, ein historisches Mischgebiet und ein gemeinsamer Wirtschaftsraum. Es gibt also einige Parallelen zur Grenzregion Neusiedler See: auch, was die Chancen für eine gemeinsame Entwicklung der Region mit den Nachbarn betrifft. Eine entscheidende Rolle dafür könnte – wie beim Geopark Karawanken – das Kooperationsinstrument EVTZ spielen.

Über Jahrzehnte war die Region von der trennenden Grenze geprägt, bis sich Mitte der 1980er-Jahre erstmals Bürgermeister der Grenzgemeinden wieder trafen, um gute nachbarschaftliche Beziehungen aufzubauen. Relativ rasch war klar, dass das gemeinsame Potenzial dieses Kultur- und Naturraums hervorgehoben werden sollte.
Mit der Anbahnung des EU-Beitritts von Slowenien begann die Zeit der bilateralen Projekte, die zum überwiegenden Teil touristischer Natur waren. Allen war klar, dass das Ziel ein gemeinsamer Erlebnisraum sein sollte. Zahlreiche Projekte ermöglichten eine Annäherung. Es wurde allerdings auch festgestellt, dass die Vielzahl entstehender Projekte lokale Einzelinteressen begünstigte, die nicht aufeinander abgestimmt waren. Um sich strategisch besser abzustimmen und touristisch erkennbarer zu werden, begann die Suche nach einer gemeinsamen bilateralen Marke.

Gemeinsame Strategie, verbindliche Ziele

Nach Jahrzehnten der freiwilligen Kooperation über die Grenze hinweg, die unmissverständlich die Basis für jede Kooperation sein muss, wurde erkannt, dass auch die Freiwilligkeit an ihre Grenzen stoßen kann. Es war an der Zeit, sich verbindlich zu einer grenzüberschreitenden Strategie zu bekennen. Nach dem gescheiterten Versuch der Einrichtung eines Naturparks entschloss man sich 2013, einen international anerkannten Geopark einzurichten. Ein in Österreich nach wie vor unbekanntes Prädikat. – Das Projekt konnte mit seinem ausgeprägt innovativen Ansatz aber bereits damals die Akteure in den Karawanken begeistern. 14 Gemeinden entschlossen sich zur Errichtung eines bilateralen Geoparks: neun österreichische und fünf slowenische Gemeinden. Im Jahr 2015 schuf die UNESCO als Teil ihres Programms die Auszeichnung „Global Geoparks“. Der Geopark Karawanken war seit seiner Gründung als Arbeitsgemeinschaft dieser 14 Gemeinden eingerichtet. Folglich mussten alle zu setzenden Aktivitäten in jeder einzelnen Gemeinde zur Abstimmung vorgelegt werden, was die Flexibilität und Eigenständigkeit als Erlebnisraum nicht gerade förderte. Von Beginn an wurde daher ein klares Ziel verfolgt: die Einrichtung eines sogenannten Europäischen Verbundes für territoriale Zusammenarbeit (EVTZ). Dieses bilaterale Kooperationsinstrument wurde in der bisherigen gemeinsamen Regionalentwicklung bereits mehrfach analysiert.

EVTZ ermöglicht eine strategische Aufwertung der Region

Das europäische Rechtsinstrument EVTZ bringt den Vorteil, mit gleichen Pflichten und Rechten auf beiden Seiten der Grenze auftreten zu können. **Der EVTZ agiert also wie eine Gemeinde über die Staatsgrenze hinweg. Zudem ermöglicht er eine enorme strategische Aufwertung der Region in der europäischen Regionalentwicklung.**
Die Einrichtung eines EVTZ wurde ab 2016 intenisv verfolgt und der Geopark Karawanken im November 2019 durch Beschluss der slowenischen Regierung und der Kärntner Landesregierung im europäischen EVTZ-Register eingetragen. Seitdem nutzen die Akteure im Geopark offensiv ihre besondere Rolle einerseits als international anerkannte UNESCO-Kategorie, andererseits als EVTZ mit den damit verbundenen europäischen Projektpotenzialen, um die touristische Entwicklung dieses Grenzraums voranzutreiben.
Am internationalen Tourismusmarkt gewinnen Zielgruppen, die zusammenfassend als „Naturinteressierte“ bezeichnet werden können, immer mehr an Bedeutung. Deren Zieldestinationen sind innovative Regionen, die spannende, authentische Geschichten (Stories) aus dem Natur- und Kulturbereich aufweisen. All das bieten Grenzräume in besonders hohem Maße. Bereits nach den ersten zehn Jahren des Geoparks ist ganz klar feststellbar, dass die Faszination „Grenzüberschreitung“ touristische Relevanz besitzt.

Auch am Neusiedler See ist das grenzüberschreitende Potenzial für Naturinteressierte klar vorhanden. Zusätzliche Parallelität zu den Karawanken ergibt sich auch durch die vorhandene UNESCO-Kategorie (Welterbe Neusiedler See / Fertő taj). Unabhängig von international renommierten Prädikaten einer Region ist das Entscheidende jedoch der Einsatz der vorhandenen Humanressourcen: Die besten Instrumente nützen nichts, wenn niemand bereit ist, diese auch täglich und proaktiv zu lenken.

Zusammenarbeit im Klimawandel – unverzichtbar

In der Tourismusentwicklung wird der Umgang mit aktuellen Herausforderungen für den eigenen Naturraum immer wichtiger. Dabei geht es nicht nur um Bewusstseinsbildung, sondern schon längst auch um klar erkennbare Maßnahmen. Auch diese Herausforderungen haben beide Grenzräume vor dem Hintergrund des Klimawandels in unterschiedlicher Ausprägung gemeinsam: das drohende „Austrocknen“ des Neusiedler Sees und das durch Unwetter von Erdrutschen und Überflutungen betroffene Karawanken-Gebiet. Beide Situationen gefährden die positive Wahrnehmung der touristischen Destinationen, beide Situationen erfordern bilaterale Reaktionen und bilateral gut abgestimmte und gelenkte Kommunikation. Es muss künftig nicht ALLES angeboten werden, aber was angeboten wird, muss von einer „natürlichen, authentischen Qualität“ sein. Naturgefahren sind das offensichtlichste Argument, warum in Grenzräumen aktiv kooperiert werden muss!
Die „Chance Grenzüberschreitung“, speziell im Tourismus, ist vorhanden – in den Karawanken wie am Neusiedler See. Durch bewusste „grenzgeniale Übertritte“ in Form von attraktiven und innovativen Programmen, garniert durch authentische Geschichten und regionale Kulinarik, stößt man auf eine steigende Nachfrage am touristischen Markt.

Gerald Hartmann ist Direktor des EVTZ Geopark Karawanken und überzeugt vom absoluten Mehrwert der grenzüberschreitenden Kooperation für Einheimische und Gäste.

Tourismusmarketing mit Events

Ein Beitrag von René Lentsch, Freizeitbetriebe Podersdorf am See

Was bringen singuläre Großveranstaltungen den Veranstaltungsorten? Wiederkehrende Gäste oder doch nur Verkehrsstaus? Überlegungen zum passenden Marketing-Mix am Beispiel der Gemeinde Podersdorf.

Events sind in Podersdorf als Marketinginstrument in der Vergangenheit, aber auch in Zukunft nicht wegzudenken. Von Großveranstaltungen wie z. B. dem Surf Worldcup (der die Bekanntheit und das Image des Ortes mitgeprägt hat) bis zu vielen Konzertveranstaltungen (wie rund um die Themen Wein, Sport und Kultur).

Events sind Teil eines Marketing-Mix einer Region und müssen immer im Kontext der anderen Maßnahmen bzw. der zur Verfügung stehenden Mittel und der gesetzten Ziele betrachtet werden, weshalb eine pauschalierte Aussage über die Sinnhaftigkeit nur schwer zu treffen ist.

Kleinevents – klein, aber oho

Kleine Events sind oft das Tüpfelchen auf dem berühmten „i“. Sie sind Auslöser dafür, dass die Gäste ihre Handys zücken, ein Foto oder Video machen und dieses dann auf ihren Social-Media-Plattformen freudig posten (hoch leben die Micro-Influencer). Oder dieses Bild dann ganz oldschool in das Familienurlaubs-Fotobuch kleben (bzw. digital positionieren). Künstlershows in den Abendstunden, Weinverkostungen bei Sonnenuntergang oder Musikdarbietungen in den Betrieben – das vermittelt Urlaubsflair und schafft gute Laune.

Großveranstaltungen – Fluch oder Segen?

Wie in vielen Bereichen des Lebens gibt es keine eindeutige Antwort auf die gestellte Frage. „Es kommt drauf an ...“ ist da wohl eine passende und oft zitierte Floskel – mit einer intensiven Analyse könnte man Bücher füllen (bzw. wurde dies schon getan).

Fassen wir die Pro-Seite kurz zusammen: Großveranstaltungen ...

- ziehen eine Vielzahl von Besuchern an,
- stehen meist in Verbindung mit großer medialer Aufmerksamkeit,
- steigern die regionale Bekanntheit,
- fördern die Wirtschaft durch gesteigerte Umsätze in Unterkünften, Gastronomie,
- stärken das Image der Destination.

Ein Blick auf die Contra-Seite: Großveranstaltungen ...

- produzieren Verkehrsstaus, eine Überlastung der Infrastruktur und Umweltauswirkungen wie Müll,
- können andere Besucher abschrecken (aufgrund von örtlichen Einschränkungen oder vorübergehend höheren Preisen),
- führen zu Belästigungen und zur Beeinträchtigung lokaler Gemeinschaften,
- können die Authentizität einer Region beeinträchtigen (abhängig von der inhaltlichen Ausrichtung),
- sind schwer zu finanzieren.

Am Beispiel des Surf Worldcup lässt sich das sehr gut verdeutlichen: Der Worldcup hat jedes Jahr viele Besucher in den Ort gelockt und Podersdorf am See in weiten Teilen Österreichs als Wassersport-Mekka bekannt gemacht. An den betroffenen Wochenenden waren die Zimmer gut gebucht und der Event hat das Image als „Surf-Destination" geprägt.
Die Kehrseite: Einwohner und Gäste waren mit einem hohen Aufkommen an Lärm und Müll konfrontiert. Das führte in Teilen der Bevölkerung zu großem Unmut. Darüber hinaus mieden viele Gäste den Veranstaltungszeitraum bewusst als Urlaubszeit.
Der verstärkte Fokus auf Partys (zur Kofinanzierung der Veranstaltung) trug das Seine dazu bei. Den Gästen wurde in diesen zwei Wochen ein völlig anderes Bild von Podersdorf geboten als in den restlichen 50 Wochen im Jahr. Die fehlende Authentizität und letztendlich auch der Wegfall von Fördergeldern haben schließlich zum Ende der Zusammenarbeit geführt.

Gezielter Mitteleinsatz

Fazit: Wenn es darum geht, begrenzte Mittel gezielt einzusetzen, dann ist es vielerorts besser, in die Infrastruktur bzw. das Angebot vor Ort zu investieren. Davon profitieren alle Gäste, unabhängig vom Zeitpunkt ihres Aufenthalts.
Auf der anderen Seite: Soll ein Event dazu beitragen, ein Image zu transportieren, gelingt dies damit sicherlich besser als mit klassischer Werbung (Stichwort: Surf Worldcup in Podersdorf am See).

Extreme Spitzen vs. ausgewogene Auslastung

Eines der Ziele der Tourismusentwicklung muss jedenfalls sein, eine möglichst ausgewogene und hohe Auslastung über die Saison zu erreichen. Extreme Spitzen (egal ob nach unten oder nach oben) sind für Betriebe meist eine große Herausforderung (Stichwort: Personal und Ressourcenplanung). **Das Ziel einer möglichst gleichmäßigen Auslastung über die Saison ist mit Großveranstaltungen nicht zu erreichen.** Denn die Zielgruppe, die mit Events angesprochen wird, ist oft nicht jene, die man das restliche Jahr adressiert.
An diesen besonderen Tagen steht nicht das Angebot der Region im Vordergrund, sondern der Event selbst. Insofern sind sinnvolle Investitionen in Infrastruktur und Freizeitangebote klar zu bevorzugen. **Kleinevents bereichern hingegen ein Urlaubserlebnis und tragen somit wesentlich zu einer wiederholten Buchung bzw. Weiterempfehlung bei.** Gerade Letzteres hat nach aktuellen Studien weitaus größere Bedeutung als weitläufig bekannt.
Großevents sind ein Boost in medialer Aufmerksamkeit und bringen in der Regel eine punktuelle Auslastungsspitze. Fakt ist aber: Ohne eine solide Basis (Qualität und Quantität) von urlaubsentscheidenden Kriterien, was das Angebot und die Infrastruktur betrifft, sind Großveranstaltungen nur ein kurz loderndes Feuer. Zahlen die Events jedoch in die bestehende Strategie ein und stützen sich auf bereits vorhandenes Angebot und Infrastruktur, so können sie (die finanziellen Möglichkeiten vorausgesetzt) ein wichtiger Bestandteil im Marketing-Mix sein.

René Lentsch, Studium (FH) Marketing und Sales, war viele Jahre Unternehmensberater und Gastronom. Er ist seit 2018 Geschäftsführer der Podersdorf Tourismus- und Freizeitbetriebsgesellschaft.

Region Neusiedler See: Beste Voraussetzungen für Ökotourismus

Ein Beitrag von Christian Baumgartner, Prof. an der FH Graubünden und Experte für nachhaltigen Tourismus

Wie in vielen anderen Wirtschaftssektoren ist auch im Tourismus der Hang zum Greenwashing nicht zu übersehen. Dabei entwickeln Destinationen oft eine erstaunliche Kreativität und versuchen, ihre meist sehr bescheidenen Aktivitäten im Umwelt- und Naturschutz ins Schaufenster des Marketings zu stellen. Einer der ersten dafür missbrauchten Begriffe hieß „sanfter Tourismus", in Schutzgebietsregionen gern gleichgestellt mit Naturtourismus, Agrotourismus oder Rural Tourism. Zeit für eine Klarstellung.

Ökotourismus ist ein häufig missverstandenes Konzept der Tourismusentwicklung. Es gibt nicht eine gültige, sondern mehrere, oft widersprüchliche Definitionen. Und: Ökotourismus wird immer wieder mit Naturtourismus verwechselt. Diese Verwechslung rührt daher, dass sich eine der ersten Definitionen für Ökotourismus durch die US-amerikanische Ecotourism Society im Jahr 1965 ausschließlich auf „Tourismus in Schutzgebieten" bezog. Diese Definition hat sich über viele Umwege, wie etwa das Ziel, einen Beitrag zum Schutz der Ökosysteme zu leisten, oder das Anliegen, Bildung für Touristen und die lokale Kultur zu integrieren, weiterentwickelt. Heute verstehen wir unter Ökotourismus eine Form des Tourismus, die die Natur und traditionelle Kulturen ihrer Zielgebiete in den Mittelpunkt der Angebote stellt. In diesem Sinn leistet Ökotourismus sowohl einen Beitrag zu deren Schutz als auch zur Lebensqualität der Bevölkerung.

Der Begriff des **Naturtourismus** hingegen kann auch das Gegenteil von Ökotourismus sein: Eine Kurzreise, um Nationalparks in Costa Rica zu besuchen, dabei in der mitgebuchten Unterkunft eines internationalen Konzerns zu nächtigen und am Buffet eingeflogene Lebensmittel zu konsumieren, kann zwar Naturtourismus, aber definitiv nicht nachhaltig und kein Ökotourismus sein.

Im Gegensatz zum Massentourismus, der sich gern großer Hotelanlagen und für Großgruppen tauglicher Aktivitäten bedient, baut der Ökotourismus auf kleine Strukturen: auf Familienbetriebe, persönliche, oft individuelle Angebote und die Nähe zu den Menschen in der Region. Damit erzielt er eine deutlich höhere Streuung der Wertschöpfung, benötigt aber auch einen deutlich höheren Aufwand in der Vernetzungsarbeit innerhalb der Destination – und im Marketing.

Selbstbestimmte Entwicklung führt zu Tourismusakzeptanz

Was bedeutet das für die Region Neusiedler See? Die Entwicklung der Neusiedler See Card im Jahr 1999 – seit 2021 Burgenland Card –, die von Hunderten kleinen bis mittleren Unternehmen getragen wird, war ein Meisterstück an Geduld, Überzeugungsarbeit und auch beinhartem Verhandlungsgeschick. Die Kleinstrukturiertheit der Region bietet neben der Diversifizierung der Wertschöpfung noch weitere Vorteile:

Gerade die Erfahrungen der Pandemiejahre zeigen, dass Regionen mit ausgewogener Tourismusentwicklung auf Basis lokaler Anbieter krisensicherer sind als solche mit Intensivtourismus.

Ganz allgemein bleibt die Entwicklung in ökotouristisch geprägten Destinationen viel eher selbstbestimmt und wird nicht durch große, oftmals nicht lokal verankerte Konzerne gelenkt. Partizipationsprozesse, die die Bevölkerung einbinden und damit eine von allen mitgetragene Strategie entstehen lassen, sind hier deutlich einfacher umzusetzen. Die Akzeptanz der Bevölkerung von Maßnahmen, die zur Erhaltung des Natur- und Kulturerbes notwendig sind, wird damit ungleich größer.

Ökotourismus schafft klare Profile für die Destination Neusiedler See, die gemeinsam mit dem extrem positiv besetzten Image des Nationalparks zur Unverwechselbarkeit beitragen – ein enorm wichtiges touristisches Gut. Die Zielgruppen gehören nicht nur vielfach zu Sinus-Milieus mit überdurchschnittlicher Bildung und hoher Zahlungsbereitschaft für authentische Produkte (und Naturerlebnisprogramme!). Es sind meist auch überdurchschnittlich loyale Gäste mit hohen Wiederkehrraten und einem grundsätzlichen Interesse an und Verständnis für nachhaltige Entwicklung. Sie suchen Qualität, aber nicht den Luxus von 5-Sterne-Hotels.

Wer gewinnt?

„Gut gemachter" Ökotourismus bedeutet somit einen Beitrag zur Regionalentwicklung – birgt aber auch große neue Herausforderungen für das Destinationsmanagement. Spätestens seitdem auch die Welttourismusorganisation (UNWTO) Tourismus als Beitrag zur Umsetzung der UN Sustainable Development Goals (SDGs) sieht, vollzieht der regionale Tourismus einen Wertewandel, der ihn über den eigenen Tellerrand blicken lässt. Es geht nicht mehr (nur) um Gewinne für die touristischen Leistungsträger. – Es geht um Gewinne für die gesamte Bevölkerung der Region. Destination Management Organisationen (DMOs) müssen sich zunehmend vom Marketing und Tourismusmanagement hin zu einer Agentur für die Entwicklung der Region wandeln. Das bedeutet konkret: **Nach diesem Verständnis leistet Tourismus auch außerhalb des Sektors einen Beitrag für die Lebensqualität der Bevölkerung.** Touristische Infrastruktur sollte nicht nur für die Zielgruppe der Touristen, sondern auch für die Bevölkerung wertvoll und nutzbar sein. Ziele des Ökotourismus dienen der gesamten Region.

Region Neusiedler See: Beste Voraussetzungen

Die Welterberegion Neusiedler See weist nicht nur beste landschaftliche und kulturelle Voraussetzungen auf, sondern verfügt auch über viel Erfahrung im Ökotourismus. Die Kombination von naturtouristischen Produkten sowie der Fokus auf das Radfahren, das Weinerlebnis und vielfältige kulturelle Inhalte bieten eine Mischung, die viele andere Destinationen gerne hätten. Naturbeobachtungs- und Birdwatching-Angebote des Nationalparks, des Naturparks am Leithagebirge, aber auch der St. Martins Therme & Lodge und von Naturschutzorganisationen ziehen gerade auch in den sonst touristisch schwierigen Randzeiten Frühling und Herbst zahlreiche Gäste an. Damit wird in vielen Gemeinden rund um den See die Saison verlängert – was im Ergebnis zu Auslastungszahlen führt, die in den wenigen Gemeinden, die nur auf Wassersport setzen, niemals erreicht werden.

Gerade eine intensivierte gemeinsame ökotouristische Entwicklung in einer grenzüberschreitenden Zusammenarbeit mit Ungarn und der Slowakei verspricht vielfältige weitere Chancen für die Drei-Länder-Region.
Die Kombination aus attraktiven, leicht erreichbaren Schutzgebieten unterschiedlicher Charakteristik und der kulturellen Vielfalt zwischen Alpen, Donau und Puszta sowie der Aufbereitung der facettenreichen Geschichte von der römischen Besiedlung über das Habsburgerreich bis zum Fall des Eisernen Vorhangs bietet unglaublich viele Angebotsmöglichkeiten. Durch eine derartige Entwicklung könnte auch dem kleinen Manko des Tourismus im Neusiedler-See-Gebiet begegnet werden – der relativ kurzen Aufenthaltsdauer in der Region.
Die großen Chancen der Tourismusregion Neusiedler See liegen also in der Kooperation – intraregional wie interregional.

Komponenten des Ökotourismus

- Beitrag zur Erhaltung der Artenvielfalt
- Beitrag zum Wohlbefinden der lokalen Bevölkerung
- Einbezug von Interpretations- und Lernerfahrungen
- Einbezug von verantwortungsvollem Verhalten seitens der Touristen
- Angebote von kleinstrukturierten Unternehmen
- Erfordert möglichst geringen Verbrauch von nicht erneuerbaren Ressourcen
- Betonung auf einheimischem Eigentum und lokalen Unternehmen
- Bietet Chancen, vor allem für die Landbevölkerung

(Oliver Hillel, UN-Umweltprogramm)

Christian Baumgartner ist Professor für Nachhaltigen Tourismus und Internationale Entwicklung an der Fachhochschule Graubünden (Schweiz). Mit seiner Firma response & ability begleitet er viele Destinationen im In- und Ausland auf dem Weg der nachhaltigen Entwicklung, u. a. als Mitbegründer von TourCert Austria.

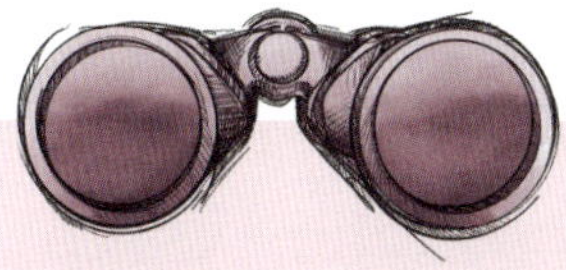

Conclusio

Die Wirkung des Ökotourismus besteht nicht nur darin, dass besondere Natur und die Umwelt geschützt und erhalten werden, sondern dass auch kleine Familienbetriebe diese Ausrichtung für ihre Existenzsicherung brauchen. Destinationen, die unter Overtourism leiden, machen deutlich, welche – gegenteiligen – Auswirkungen damit verbunden sind. Das Nordburgenland mit seinen kleinteiligen Strukturen hat für nachhaltigen Tourismus die besten Voraussetzungen.

Was ist zu tun?
Im Rahmen der Zertifizierung der Region als TourCert-Destination ist die aktive Beteiligung aller Gemeinden der Region gefordert. Mit der Zertifizierung der Gemeinden ist auch die Glaubwürdigkeit für jene Betriebe gegeben, die sich mit dem Österreichischen Umweltzeichen zertifizieren lassen wollen. Für die Profilierung als ökotouristische Destination Neusiedler See ist das ein wesentlicher Schritt.

Architekturen als Teil des touristischen Erlebens

Ein Beitrag von Klaus-Jürgen Bauer, Architekt

Über den zukünftigen Umgang mit Streckhöfen im Welterbegebiet Neusiedler See und die Frage, ob das Modell Albergo Diffuso auch für diese Region eine Option wäre.

Seit dem Mittelalter gilt auf Universitäten und Colleges der eherne Grundsatz *Tres faciunt collegium*/ Drei machen ein Kollegium aus. Der Ursprung dieses flapsigen Satzes ist allerdings viel älter. Bereits in der oströmischen Gesetzessammlung *Corpus iuris civilis* von Kaiser Justinian aus den Jahren 528–34 n. Chr. soll der Satz *Tres faciunt collegium* enthalten sein. Wir wissen davon allerdings nur indirekt, weil in den sogenannten *Digesten* – der spätantiken Rechtssammlung – der Grundsatz festgehalten wird, dass mindestens drei Personen nötig sind, um eine Gesellschaft zu bilden. Zwei sind für das Handelsgeschäft zu wenig: Es braucht den Dritten, damit der Vertrag Wirkung und Geltung bekommt. In den Digesten 50.16.85 wird Marcellus dahingehend zitiert, dass Neratius Priscus die Meinung *Tres faciunt collegium* vertreten habe. Gemeint war damit allerdings interessanterweise das Vereinsrecht. Vereine (collegia, sodalitates) spielten in der Antike eine große Rolle. In den Digesten steht also, dass mindestens drei Personen nötig sind, um einen Verein zu gründen: *Tres faciunt collegium*. Im Mittelalter und besonders auch im vergangenheitsbesessenen 19. Jahrhundert wurde diese Regel für Vorlesungen angewandt, die demnach erst dann stattfinden könnten, wenn mindestens drei Personen anwesend seien.

Warum dieser langatmige Ausflug in die nachantike Rechtsgeschichte? Unsere historischen Baustrukturen rund um den Neusiedler See leben nämlich vom gleichen Grundsatz. Wenn irgendwo ein alter Streckhof steht oder ein Weinkeller, dann ist das zwar vielleicht hübsch, aber für die Kulturlandschaft und ihre Wahrnehmung leider irrelevant. Wenn allerdings drei oder mehr Streckhöfe oder Keller nebeneinanderstehen, **dann entsteht ein Ensemble, eine maßstabsbildende Hauslandschaft**, ein Ort der Erinnerung. Auch für die traditionellen Bauten rund um den See gilt daher: *Tres faciunt collegium* – erst ab drei nebeneinanderstehenden Häusern wird es interessant. Um das nachvollziehen zu können, muss man ein bisschen zurückblicken. Das Gebiet des heutigen Burgenlands war bekanntlich bis 1921 ungarisch. Das alte Ungarn aber war der wesentliche Schauplatz der jahrhundertelangen Auseinandersetzungen des christlichen Westens mit den islamischen Osmanen. Besonders zwischen dem 15. und 17. Jahrhundert verbreitete sich – beflügelt durch den Buchdruck – der Ausdruck *Türkengefahr*. Dieser Begriff beschrieb das Schreckensbild des expandierenden osmanischen Reiches als größte Bedrohung des christlichen Abendlandes. Zum wichtigsten Medium der Aufrüttelung der Bevölkerung wurden dabei die *Türkendrucke* oder *Turcica*, gedruckte Flugblätter, auf denen vor eben dieser Türkengefahr gewarnt wurde. Zum wesentlichen Bollwerk im Kampf gegen die Ausbreitung der Türken in Richtung Nordosten wurden die katholischen Habsburger, die sich gegen Ende des Mittelalters durch Heiratspolitik das Königreich Ungarn einverleibt hatten. Der wesentliche Schauplatz der jahrhundertelangen Türkenkriege war Ungarn. Nach dem Sieg der Habsburger begann unter der Herrschaft von Maria Theresia und ihrem Sohn, Josef II., der systematische Wiederaufbau Ungarns aus dem Geist der Aufklärung heraus.

Architektur nach den Kriterien der Aufklärung

Dies betraf neben der Erneuerung der Verwaltung und teilweisen Neubesiedlung des Landes auch die Bebauung. In staatlichen Dokumenten wie der kaiserlichen *Ansiedlungshaupt-Instruktion* aus dem Jahr 1772 wurden die Grundsätze der Neubebauung des Königreichs Ungarn schriftlich festgelegt. **Damals entstanden in der ungarischen Hofkanzlei in Wien** unter Beiziehung renommierter Architekten wie des kaiserlichen Hofarchitekten Franz Anton Hillebrand **die typologischen Musterentwürfe für unsere Streckhöfe.** Nach diesen festgelegten Mustern entstanden zwischen 1770 und 1950 – mit wenigen Variationen – sämtliche Streckhöfe im ehemaligen Königreich. Alle Streckhöfe Alt-Ungarns – also auch die rund um den Neusiedler See – wurden nach den gleichen proportionalen, funktionalen und konstruktiven Gesichtspunkten errichtet. Auch öffentliche Bautypologien wie Kirchen oder Schulen wurden auf diese Art und Weise nach den Gesichtspunkten der Aufklärung staatlich entworfen und verordnet. Diese europäische Besonderheit – man kann hier durchaus auch von einer architektonischen Sensation sprechen – erklärt, warum es für die Wahrnehmung dieses Typus drei oder mehr Einzelhäuser braucht. *Tres faciunt collegium*: Erst ab drei nebeneinanderstehenden Streckhöfen wird das System Streckhof als aufklärerisch-staatliches Bauprogramm des 18. und 19. Jahrhunderts ablesbar. Ein einzelner Streckhof ist nett, aber in dieser Betrachtungsweise eher wertlos.

> **»In einem Dorf, wo es keine Einwohner mehr gibt, können keine Alberghi Diffusi entstehen, die das Lebensgefühl des Dorfes vermitteln: In einem unbewohnten Dorf gibt es nämlich kein Leben mehr.«**
>
> *Giancarlo Dall'Ara*

Ensembleschutz gesetzlich verankern

Was wäre also zu tun? Im entscheidenden Gutachten der **UNESCO**, warum das Gebiet rund um den Neusiedler See als *universelles Erbe der Menschheit* anzusehen und damit zu schützen ist, wird ausdrücklich festgehalten, dass „neben der Flora und Fauna (...) auch das reiche archäologische Erbe sowie ***die oftmals gut erhaltene alte Bausubstanz in den Orten*** (sic!) **Teil des Welterbes** seien. Diese *gute erhaltene alte Bausubstanz in den Orten*“ aber, das sind unsere Streckhöfe. Natürlich gibt es da und dort hervorragende private Initiativen, wo Streckhöfe großartig hergerichtet und weiterverwendet wurden. Alle diese Akteure gehören vor den Vorhang geholt. Von einem besonderen Schutz dieser Kleinode kann allerdings kaum gesprochen werden. Ganz im Gegenteil: Verwahrlosung, Leerstand, Teilabbrüche und Abbrüche prägen hier das Bild.

Dem sollte man unbedingt und dringend eine andere Vision entgegensetzen. Es braucht vermutlich eine Art gemeinsamer Anstrengung, um die noch vorhandene Summe der Streckhöfe – jeder für sich gesehen vielleicht wenig bedeutend, gemeinsam jedoch unser wesentliches kulturelles Erbe – zu erhalten und weiterzuentwickeln. **Der erste Schritt dafür wäre eine Art Unterschutzstellung durch einen *Ensembleschutz***, den es z. B. in Wien oder Niederösterreich schon gibt, im Burgenland jedoch leider noch nicht. Dieses Instrument ist aber überlebensnotwendig für den Erhalt der Streckhöfe: Es gäbe den jeweiligen Bürgermeistern nämlich die Rechtsmöglichkeit, einen geplanten Abbruch zu untersagen. Das ist der wichtigste erste Schritt, denn das, was einmal weg ist, das kommt nie wieder. Leider ist rund um den Neusiedler See schon viel zu viel unwiederbringlich verschwunden. Umso wichtiger ist es, die verbleibenden Streckhöfe zu erhalten und idealerweise zu Ensembles mit öffentlicher Nutzung zu bündeln.

Albergo Diffuso als Nutzungsoption

Ein mögliches Vorbild für solch eine konzertante Aktion ist das Prinzip des *Albergo Diffuso*. Das ist eine Art Hotel, bei dem einzelne Gästezimmer oder andere Bereiche wie z. B. Lobbys auf verschiedene Gebäude mit historischer Bedeutung innerhalb einer Gemeinde verteilt sind.

Die Idee entstand Anfang der 1980er-Jahre in Italien und diente dort der Wiederbelebung kleiner historischer Orte. Der Erfinder dieser Idee war der Tourismusexperte und Hotelmanager Giancarlo Dall'Ara. Zu Beginn war das Misstrauen der Gemeinden, Hausbesitzer und Urlaubsgäste groß, auch die juristische Umsetzung fiel schwer. Erst 1998 entstand auf Sardinien eine **Musterregelung, wie mehrere gleichberechtigte Eigentümer eines einzigen Hotels rechtlich am besten agieren können.** Kleine Dörfer sind für dieses Konzept deutlich besser geeignet als größere Städte, denn dort fehlt die Atmosphäre. Alberghi Diffusi sind keine sterilen Resortdörfer. Man will in einem Dorf eben gerade kein eigens kreiertes Touristen-Menü haben, sondern man möchte das speisen und trinken, was die Einheimischen auch bestellen. Die Mehrheit aller Reisenden denkt heute so. 91 Prozent der Kunden der Buchungsplattform Airbnb wollen auf ihren Reisen so leben wie die Einheimischen. Doch der Marktplatz für Unterkünfte löst diesen Wunsch nur selten ein. Wo aber könnte man rund um den See authentischer übernachten als in einem Streckhof? Folgende Eigenschaften muss ein Albergo Diffuso haben: Es muss direkt von einem Einzeleigentümer geführt werden und mit den üblichen Hoteldienstleistungen ausgestattet sein. Die Zimmer verteilen sich auf bestehende historische Gebäude – z. B. unterschiedliche Streckhöfe –, es gibt einen zentralen Empfangsbereich mit Gastronomieangebot und – am wesentlichsten – die Gäste sind Teil einer echten Gemeinschaft und damit Teil des lokalen Lebens.

Die Idee breitet sich durchaus aus. In Italien gibt es mittlerweile mehr als 40 Alberghi Diffusi, in Kroatien und in der Schweiz entstanden solche Modelle, auch in der Dominikanischen Republik. Jüngst wurden sogar in Japan alte Häuschen aus der Edo-Zeit in Unterkünfte umgewandelt. Auch bei uns im Burgenland – besonders in der UNESCO-Landschaft rund um den Neusiedler See – wäre ein Albergo Diffuso in einem oder sogar mehreren der UNESCO-Dörfer ein echter Augenöffner. Die kleinen alten Streckhöfe, die aus einem aufklärerischen Gemeinschaftsgeist heraus als einheitliche Form entstanden sind, wären ein perfekter Ort dafür.

Was braucht es für eine Umsetzung?

Der noch vorhandene Bestand von Streckhöfen muss geschützt und erhalten werden.
Es braucht drei oder mehr nebeneinanderstehende Streckhöfe, die gemeinschaftlich bewirtschaftet werden können.
Die Bereitschaft von einem oder mehreren Bürgermeistern in den UNESCO-Dörfern und -Städten, das bauliche Weltkulturerbe wirklich ernst zu nehmen, ist entscheidend.
Tres faciunt collegium. Mindestens drei nebeneinanderliegende Streckhöfe mit einer halböffentlichen Nutzung wie eben als Hotel wären ein absolut authentischer Beitrag zur Erhaltung der baulichen Kulturlandschaft rund um den See, immerhin ein Platz von universeller Bedeutung für die Menschheit. Bewirtschaftete und für Besucher erlebbare Streckhöfe sind die besten Botschafter unserer wunderbaren Kulturlandschaft!

Klaus-Jürgen Bauer, Studium der Architektur an der Hochschule für angewandte Kunst in Wien und der Bauhaus-Universität Weimar. Autor mehrerer Bücher, Schwerpunkte u. a. Altbestand, Streckhöfe, Pannonien.

Wegbereiter der Genussregion

Ein Beitrag von Sepp Sailer, Wein-Enthusiast

Sepp Sailer gilt als Erfinder des „Martinilobens". Mit dieser Idee – Wein, Kultur und Feiern zu verbinden – gelang es ihm ab Ende der 1980er-Jahre, die Saison am Neusiedler See bis weit in den November zu verlängern. An diesem Beispiel zeigt sich aber auch, dass Initiativen wie diese ein strukturelles Umfeld brauchen, um erfolgreich zu werden.

Eine beliebte Veranstaltung zu Martini, dem Fest des Landespatrons, war früher die Bezirksweintaufe des Bezirksweinbauvereins Neusiedler See. „Getauft" werden Menschen, der Wein wird „gesegnet", dachte ich mir – und suchte nach einer Dachmarke für „Wein- und Ganslgenuss" im November. Der Festtag Martini stand fest – dabei haben unsere Väter schon den Wein in den tiefen Kellern gelobt. Aus diesen Begriffen entstand „Martiniloben".

Nach dem „Martiniloben" 1988 in Frauenkirchen erweiterten wir das „Martiniloben" 1989 in Gols um die „Tage der offenen Kellertür". Als Initiator der Veranstaltung und Koordinator für den Bezirksweinbauverein organisierte ich mit Paul Wendelin (Obmann des WBV Gols) das herbstliche Fest. Ehrengast war der damalige Bundesagrarminister Franz Fischler. Nach dem Festakt gab es ein großes „MartiniGanslEssen" sowie Tanz und Urkunden für verdiente Weinbauern. Besucher und Winzer waren begeistert. Die herbstliche Veranstaltung ermöglichte es den Weinfreunden, die Winzer zu besuchen, um den jungen Wein zu verkosten. Und zugleich brachte das den Weinbetrieben einen tollen Umsatz im Spätherbst.

1990 fand die als jährliche und ortsgebunden geplante Bezirksveranstaltung in Illmitz statt. Mit großem Erfolg. Dieses Jahr wurde zur Initialzündung. Die Herbstveranstaltung sollte in allen bedeutenden Weinbauorten um den Neusiedler See stattfinden. Nicht alle Veranstalter verwendeten den Originaltitel – aber die Grundidee der Weinpräsentation im ruhigen Spätherbst wurde übernommen.

Das „Martiniloben" entwickelte sich immer mehr zu einer Tourismusattraktion im Herbst. Vor 1989 waren umsatzstarke Wochenenden im November eher ein Traum. Heute garantieren **mehr als 50.000 Übernachtungen in der Region**, ausgebuchte Gaststätten und die Teilnahme der Einheimischen an den Festen einen wirtschaftlichen Erfolg für alle Beteiligten.

Die gesamte Region einbinden

Das Konzept sah von Anfang an die Teilnahme der ganzen Region am See an der Veranstaltung vor. Leider hat es zehn weitere Jahre gedauert, bis der Tourismusverband Neusiedler See diese Weinmarketingidee in seine Arbeit aufnahm und mit dem Projekt „Weinherbst am Neusiedler See" dieses Konzept der 1990er-Jahre nun jährlich erfolgreich umsetzt.

Die Zeit um den Martinitag ist heute für viele Gäste aus dem In- und Ausland ein touristisches Highlight am Neusiedler See. **Das Land ist dann die Genussregion Europas.** Die Besucher feiern mit den Winzerinnen und Winzern ein großes Fest. Der junge Wein vermittelt Lebensfreude pur. Das kulinarische Angebot mit dem zart-knusprigen „Martinigansl" verschönert die „weinselige" Zeit im Spätherbst.

Ausbau zur Weinkulturregion

Es ging also nicht nur darum, einzelne Feste zu kreieren, sondern gemeinsam auch einen Rahmen rund um diese Veranstaltungen aufzubauen. Der Bildungssektor spielte dabei eine wichtige Rolle, um die Region nachhaltig als Weinkulturregion zu entwickeln. Ausbildungslehrgänge zum Wein, zum Sommelier oder zum „Master of Wine" sind Bausteine dafür. Die Weinakademie Österreich in Rust leistet dabei hervorragende Arbeit. Das Anheben des Qualitätsniveaus hat auch nach einer Adressierung der Weinbauern und Gastronomen verlangt, um verständlich zu machen, dass sie zu den wichtigsten Botschaftern der Weinkultur gehören. Es gilt, langfristig Qualitätsstandards zu entwickeln und diese auf die Zielgruppen auszurichten.
Heute wäre die Entwicklung eines Veranstaltungsformats wie das „Martiniloben" wohl nur unter erschwerten Bedingungen möglich. Durch die Abschaffung der örtlichen Tourismusverbände fehlt es an Privatinitiativen, weil die Umsetzung und die Finanzierung davon abhängen, wie in Eisenstadt entschieden wird. Um es klar auszusprechen: Das ist keine Kritik an Personen, sondern ein echtes strukturelles Problem.
Perspektivisch gesehen wäre es eine gute Entscheidung, gemeinsam mit den Ungarn und Slowaken die Entwicklungen weiter voranzutreiben und grenzüberschreitend zu agieren. Ähnlich wie im Tourismus und im Kulturbereich. Wir könnten die Angebotsentwicklung im Marketing gemeinsam mit den Nachbarweinbauregionen forcieren und die größere Region damit besser positionieren.

Sepp Sailer hat als Gastronom und Pädagoge gearbeitet. Er war zehn Jahre Obmann des Tourismusverbands und sieben Jahre Obmann des Stadtmarketings Frauenkirchen.

Zeitreihe

Stationen auf dem Weg zur Weinkulturregion

1985	Glykolwein-Skandal: Götterdämmerung im Weinbau
1985	Gründung der Weinmarketing Österreich
1987	Wein und Kultur im Seewinkel in Schloss Halbturn
1988	Pannonischer Reigen (bis 2003): Zielorientierte Vermarktung der Weine und Regionen
1989	Gründung der Weinakademie Österreich mit Sitz in Rust
1989	„Martiniloben"
1990	Eröffnung Vinothek Burgenland & Galerie in Frauenkirchen
1999	Ausbildungslehrgang „Jungsommelier/e Österreich", Initiative durch Pannoneum in Neusiedl/See
2024	50.000 Übernachtungen in der Region beim „Martiniloben"

Radtourismus im Nordburgenland

Ein Beitrag von Stefan Haider und Johan Rosman, Radlobby Burgenland

Heute wird der Radtourismus als bedeutender Teil des vielfältigen Tourismusangebots in der Region Neusiedler See wertgeschätzt. Es gibt aber auch Verbesserungsbedarf.

Noch Anfang der 1980er-Jahre erhielten wir auf den Vorschlag, den Radtourismus auszubauen, die Antwort: „Mit Radfahrern kann man kein Geld verdienen." Das hat sich schon bald danach geändert. Aus dem Neusiedler-See-Radweg B10 ist ein variantenreiches Netz an Radrouten gewachsen. Gastronomie, Radverleihstellen und andere Tourismusbetriebe haben sich auf diese Zielgruppe eingestellt. Heute erstreckt sich das Radwegenetz touristischer „Radrouten" zum Großteil auf Güterwegen, meist im Mischverkehr mit Autos und landwirtschaftlichen Fahrzeugen. Gemäß der Straßenverkehrsordnung sind „Radwege" allerdings ausschließlich dem Radverkehr gewidmete Verkehrsflächen. Damit besteht die Gefahr, bei manchen Gästen falsche Erwartungen zu wecken.

Freizeit-, Urlaubs- oder Alltagsradeln?

Radfahrende sind keine homogene Gruppe. Oft wird hier zunächst an Radtouristen gedacht, die heute zunehmend mit E-Bikes unterwegs sind. Ältere Menschen bis hin zu sehr jungen, die dieser Gruppe angehören, wollen gemütlich bis sportlich, auf jeden Fall aber sicher radwandern und nehmen dabei auch kleine Umwege in Kauf. Rennradfahrer wollen im Gegensatz dazu zügig fahren und nicht von geselligen Gruppen oder anderen Verkehrsteilnehmern aufgehalten werden. Und dann gibt es noch die Mountainbiker, die – wenn möglich und erlaubt – auf schmalen, nicht befestigten Wegen schwierigeres Gelände befahren wollen. Sie alle treffen auf die „Alltagsradler", die auf möglichst kurzem Weg zügig, sicher und bequem zur Arbeit, zur Schule oder zum Einkauf kommen wollen, also meist andere Ziele haben als die Gäste. Für diese Alltagsradler wurde im „Masterplan Radfahren" des Landes Burgenland ein Netz von Hauptrouten zu den zentralen Orten geplant, das derzeit schrittweise umgesetzt wird. Diese zusätzlichen Routen machen aber auch das Angebot für Radtouristen vielfältiger, führen die touristischen Radrouten doch oft an den Ortszentren vorbei. Beispielsweise machen schon heute auf dem See-Radweg B10 in Neusiedl am See Hinweistafeln auf den Weg durch das Stadtzentrum aufmerksam. Allerdings ist dieser nicht durchgängig markiert.

Anforderungen an die Infrastruktur

Das Markierungssystem für den Radverkehr muss durchgängig, einheitlich, informativ und gut sichtbar sein.

Derzeit sind in der grenzüberschreitenden Region Neusiedler See mehrere Arten von Rad-Wegweisern anzutreffen. Diese sollen in den nächsten Jahren entsprechend der aktuell geltenden Norm vereinheitlicht werden. Ergänzend dazu sind Baustellen schon auf Entfernung anzukündigen und entsprechende Umleitungen einzurichten. Rad-Wegweiser sind ein wichtiger Faktor für die Alltagstauglichkeit von Radrouten wie für den Radgenuss in der Freizeit.

Die Sicherheit der Radwege muss erhöht werden. Die touristischen Radrouten müssen attraktiver und sicherer gemacht werden. Dazu gehört eine an die Radfrequenz und die E-Antriebe angepasste Linienführung und Ausgestaltung. So ist der See-Radweg beispielsweise zwischen Donnerskirchen und Oggau für die hohe Zahl von Radfahrenden an einem typischen Rad-Wochenende viel zu schmal. Außerdem gibt es in den mit stehenden und fahrenden Autos überfüllten Ortsstraßen in touristischen Hotspots wie Rust oder Podersdorf für Radfahrende meist keine sicheren Wege zu den Standorten der regionalen Wirtschaft. Das Verbesserungspotenzial ist also groß.

Tempolimits für den motorisierten Verkehr. Essenziell für die Sicherheit der Radfahrenden im Mischverkehr sind ein Tempolimit für den motorisierten Verkehr und die Einhaltung des gesetzlichen Mindestabstands beim Überholen. Die Güterwege werden heute von PKWs häufig als Abkürzung mit hoher Geschwindigkeit befahren. Auf Radrouten sollte grundsätzlich ein Tempolimit von 30 km/h gelten, bei ausreichender Breite zur Einhaltung des gesetzlichen seitlichen Mindestabstands von eineinhalb Metern ein Limit von 50 km/h. Das wäre auch für den Radtourismus wichtig, eignet sich die Region aufgrund der flachen Topografie doch ideal für Familien mit Kindern.

Die Fahrradregion größer denken. Mit der steigenden Zahl an Radreisenden und der größeren Reichweite der E-Bikes werden auch Touren über das Nordburgenland hinaus interessant. Verbindungen nach Niederösterreich, Ungarn oder in die Slowakei sind mit zu planen. So fehlt etwa ein Radweg abseits der Landesstraße über den Sieggrabener Sattel ins Mittelburgenland. **Vergeblich sucht man auch eine direkte Verbindung ohne Umwege zwischen den beiden Zentren Eisenstadt und Sopron.** Die Vielfalt des Angebots kann durch zusätzliche Mountainbike-Strecken erhöht werden, z. B. im Leithagebirge durch eine Verbindung der Mountainbike-Strecken nördlich von Eisenstadt mit den Routen im Raum Mannersdorf. Zu einem umweltfreundlichen Radtourismus gehören auch die Anreise und Transfers in der Region mit öffentlichen Verkehrsmitteln. **Es gibt zwar ein Angebot der Bahn, es fehlt aber ein Angebot der Radmitnahme in den Bussen.**

Das Potenzial für den Radtourismus im Nordburgenland ist nach wie vor groß. Im Vergleich zu anderen Regionen ist die Landschaft rund um den Steppensee aufgrund ihrer Vielfalt sehr attraktiv. Wünschenswert ist eine Gesamtplanung der Radinfrastruktur für den Alltag und den Radtourismus unter Einbindung – und damit Belebung – der Ortskerne.

Stefan Haider ist Ziviltechniker für Wasserwirtschaft. Als aktives Mitglied der Radlobby Burgenland setzt er sich für das sichere Radfahren im Alltag ein.

Johan Rosman, geboren in den Niederlanden, engagiert sich in der Radlobby Burgenland, damit alle – Kinder, Jugendliche und alte Menschen – im Alltag sicher mit dem Rad unterwegs sein können.

Wie Naturtourismus die Saison verlängert

Ein Beitrag von Alois Lang, Tourismusmanager

Geschützte Natur ist mehr als nur ein Imageträger. Naturtourismus ermöglicht es jenen Orten in der Region, die sich als Basis für individuelle oder geführte Beobachtungstouren etabliert haben, die Saison zu verlängern. Dafür braucht es aber auch Zeit.

Egal, ob es um ein 08/15-Programm in einem afrikanischen Resort eines europäischen Reiseveranstalters geht oder um eine gut geplante mehrtägige Birdwatching-Tour in einem europäischen Nationalpark: Naturtourismus „zieht", mehr denn je. Wie im Beitrag von Christian Baumgartner in diesem Buch beschrieben, muss damit nicht der umweltschonende Ökotourismus gemeint sein. Wirtschaftsbelebend – und saisonverlängernd – kann das eine wie das andere sein, wenngleich nicht überall die Einheimischen davon profitieren.

Auch in Europa, nicht nur in bettelarmen Regionen Afrikas, Asiens oder Lateinamerikas, wird neben dem Kulturerbe vor allem das Naturerbe ins (virtuelle) Schaufenster der Reiseindustrie gestellt. Schaut man sich diese Produkte genauer an, zeigt sich ein bedeutender Unterschied zwischen einem Naturerlebnisprogramm und anderen Urlaubsprogrammen: Eine Sightseeing-Runde in einer berühmten Stadt, ein Wellnessprogramm in einer Therme, eine Weinverkostung samt kulinarischer Abrundung, eine musikalische oder artistische Vorführung – all das beansprucht nicht viel Zeit. Folglich kommt der Tourguide mehrmals am Tag zu seiner 20- bis 22-prozentigen Umsatzbeteiligung. Ein halb- oder ganztägiges Programm in freier Natur, gar mit zeitraubender Wanderung, ist hingegen im Verhältnis zu den erzielbaren Einnahmen für einen Reiseveranstalter wenig attraktiv.

Naturerlebnis lässt sich nicht beschleunigen

Natürlich kann man (in manchen Gebieten muss man) die Urlaubsgäste in ein Auto setzen, um das verfügbare Zeitbudget besser zu nutzen oder größere Distanzen zwischen mehreren Zielgebieten zu überbrücken. Mit selbstbestimmtem Erleben und Entdecken hat das freilich wenig zu tun. Einen Weg oder einen Platz zu finden, der just zu dieser Jahres- und Tageszeit (Lichteinfall, Sonnenstand) ideal für das Beobachten oder Fotografieren ist, braucht Zeit und Gebietskenntnis. Und wer schon nach wenigen Minuten sein Instagram-Posting abgehakt hat und weiterzieht, wird viel versäumen. In der Region Neusiedler See reicht schon ein Fahrrad, um an einem einzigen Tag unterschiedliche Lebensräume und deren Tier- und Pflanzenarten kennenzulernen.
Naturerlebnis ist nicht planbar. Die zu einem bestimmten Zeitpunkt eingetaktete Balz der Großtrappen im Hanság oder der morgendliche Aufbruch der Blässgänse vom Schlafplatz zu ihren Äsungsgebieten lassen sich nicht planen – anders als für jene „Naturtouristen", die das Beobachten von Wildtieren in ihrem Lebensraum mit dem Beobachten von eingesperrten Wildtieren im Zoo gleichsetzen. Deshalb sind bei vielen Nationalparkbesuchern die Weißen Esel, die Wasserbüffel oder Graurinder so beliebt: immer im selben Gebiet, nicht so weit weg vom Weg und gar nicht scheu. Aber manchmal braucht es selbst für dieses Naturerlebnis ein vernünftiges Zeitbudget.

Was ist denn derzeit zu sehen?

Diese Frage fordert unweigerlich eine Gegenfrage heraus: „Wie viel Zeit haben Sie denn?" Zudem kann der Befragte nicht wissen, ob der ambitionierte „Naturfreund" mit oder ohne Fernglas (und weiterem sinnvollen Equipment) unterwegs ist. Wie auch immer: Naturerlebnis braucht Zeit und – weil gerade die Tagesränder das beste Licht bieten – für die Frühmorgenexkursion sollte man schon rechtzeitig vor Ort sein. Eine passende Unterkunft lässt sich einfach reservieren. Das Frühstück kann ja bis um neun Uhr warten … und schon wird aus dem Kurzzeitausflügler (der sich vielleicht sogar nach der Wetterprognose richtet) ein Nächtigungsgast.

Am Neusiedler See, speziell im Seewinkel, **hat der Naturtourismus eine lange Tradition.** Abenteuerlich lesen sich die „Exkursionsberichte" von deutschen Ornithologen aus der Zwischenkriegszeit, mühsam war die Anreise per Bahn und Fahrrad noch bis in die späten 1960er-Jahre. Der Eiserne Vorhang machte den Besuch des Südufers und des Hanság auf ungarischer Seite unmöglich, erst mit Beginn des Öffnungsprozesses, etwa ab Anfang der 1980er-Jahre, wurde die gesamte Region zu einem international attraktiven Zielgebiet für den Naturtourismus.
Und das ist sie bis heute, 30 Jahre nach der Gründung des grenzüberschreitenden Nationalparks Neusiedler See – Seewinkel/Fertő – Hanság, geblieben. Wenngleich sich in den dazwischenliegenden Jahrzehnten die Angebots- wie auch die Gästestruktur geändert haben: Der Anteil an Inlandsgästen mit dezidiertem Naturinteresse ist größer geworden, die durchschnittliche Aufenthaltsdauer kürzer und das Angebot an Naturerlebnisprogrammen breiter.
Der Naturtourismus verlängert also in jenen Dörfern in der Region, die sich als Basis für individuelle oder geführte Beobachtungstouren etabliert haben, die Saison. Und zwar, weil …

- die spannendsten Zeiten das Frühjahr (März bis Juni) und der Herbst (ab Mitte Oktober) sind,
- sich außerhalb des Hochsommers die Bedeutung dieser Region für den europäisch-afrikanischen Vogelzug am besten erleben lässt,
- Hobby-Ornithologen, Wissenschaftler und Naturfotografen nicht bei Hochsommerhitze und flimmernder Luft (auf stark frequentierten Radwegen) unterwegs sein wollen,
- die meisten Lacken im Frühjahr und Herbst Wasser führen und sich damit die Beobachtungsdistanzen verringern,
- Naturinteressierte sich zu diesen Saisonrandzeiten nicht so oft über respektlose Besucher ärgern müssen.

So ergeben sich teils dramatische Unterschiede bei den Auslastungszahlen der Unterkünfte (und damit bei der Wertschöpfung) am Standort, und das bereits seit Jahrzehnten.
Für Naturtourismus braucht es die notwendige Infrastruktur und ein breit gefächertes Programm mit ausgebildeten Naturvermittlern, damit die Akzeptanz bei den entsprechenden Zielgruppen hoch bleibt. Ausfransende Neubauviertel, unzählige Fachmarktzentren, Massenveranstaltungen mit Plastikmüll oder mangelnde Gebietsaufsicht können das Image der Region Neusiedler See als eine der erfolgreichsten Destinationen für Naturtourismus Europas schnell beschädigen. Es reicht nicht, bei Sonntagsreden oder anderen Gelegenheiten den Stolz auf die „Perlen des Naturschutzes" (Nationalparks) zu betonen. Die Basis für einen dauerhaft – auch ökonomisch – erfolgreichen Naturtourismus zu erhalten, verlangt nach Verantwortung, Know-how und Ressourcen.

Alois Lang hat als Regionalmanager für den Neusiedler See bei Burgenland Tourismus, danach bis zur Pensionierung 2021 im Nationalpark gearbeitet. Von 2005 bis 2008 koordinierte er für IUCN die Initiative Grünes Band Europa.

Pilger haben Zeit

Ein Beitrag von Franz Renghofer, Initiator des „Jakobsweg Burgenland“

Pilgern ist ein weltweiter Trend. Mit der Gründung des „Jakobsweg Burgenland“ gelang ein wichtiger Beitrag für den Tourismus in der Region.

Was bedeutet Pilgern eigentlich? Die einen versuchen, dem Alltag zu entfliehen und etwas zu finden, vielleicht zu sich selbst. Andere gehen um der Bewegung willen. Pilgern am Neusiedler See und im Hanság ist angesagt. Auch durch den „Jakobsweg Burgenland“. Wie kam es dazu?

Vor etwas mehr als zehn Jahren wurde in Neusiedl am See mit der Restaurierung der Kreuzweganlage am Kalvarienberg begonnen. 1871 war sie von einem Neusiedler Bürger namens Paul Schmückl gestiftet worden. Genau diese Statue war der geistige Impulsgeber für die Gründung eines neuen Pilgerwegs, des „Jakobsweg Burgenland“. Er führte ursprünglich von der Basilika „Maria auf der Heide“ in Frauenkirchen über Halbturn entlang des Wagrams nach Neusiedl am See und bis nach Maria Ellend. Dort mündete er in den österreichischen Hauptweg und zugleich den internationalen Jakobsweg.

Kaum war dieser Pilgerweg öffentlich bekannt und eine Website installiert, flatterten von Tag zu Tag mehr Anfragen über den „Jakobsweg Burgenland“ herein.

Heute erfreut sich der Weg großer Beliebtheit. Das erkennen wir vom Verein „Freunde des Kalvarienbergs“ an den vielen Aufrufen auf der Website, zwischen 3.000 und 4.000, die aus Österreich und halb Europa kommen. Mittlerweile haben wir auch einen rein burgenländischen „Martinsweg“ installiert und selbst dieser lebt bereits ganz gut – denn jeder Weg beginnt bekanntlich erst zu leben, wenn er gegangen wird.

Beide Wege tragen dazu bei, die Region intensiver zu erleben und zu erfahren. Die Stationen des Wegs, die Kultur-, Natur- und kulinarischen Attraktionen spielen dabei eine wichtige Rolle. Zweifellos haben die beiden Pilgerwege bislang zu zahlreichen Übernachtungen geführt, womit sie auch zu einem wichtigen wirtschaftlichen Faktor geworden sind. Denn nicht wenige Besucher nehmen die Einladung an, vor dem Pilgern einige Tage im Nationalpark Neusiedler See – Seewinkel Erholung zu suchen. Immer wieder erhalten wir auch von kleineren bis mittleren Gruppen Anfragen, die das Pilgerwandern und die vielen Angebote der Region im Rahmen eines Urlaubs verbinden wollen. Gibt es einen besseren Weg, dem Alltag zu entfliehen?

Franz Renghofer ist Initiator des Pilgerwegs „Jakobsweg Burgenland“. Er ist Obmann des Vereins „Freunde des Kalvarienbergs“.

Caravaning wird zunehmend beliebter

Der Trend zum (Kurz-)Urlaub auf Campingplätzen setzt sich fort, insbesondere das Segment Caravaning wächst weiter. Die Nachfrage nach Stellplätzen ist europaweit hoch. Dementsprechend sollte das Angebot auch in der Region Neusiedler See ausgebaut werden.

Camping hat am Neusiedler See, im Seewinkel und im Hanság eine lange Tradition. Praktisch zeitgleich mit dem Ausbau der Nächtigungskapazitäten in Privatquartieren, Pensionen und Hotels entstanden Campingplätze. Meist werden sie von den Gemeinden betrieben. Der Schwerpunkt lag bisher auf den Strandbadarealen, nur wenige kleine Campingplätze liegen abseits des Sees. Der größte Campingplatz erstreckt sich entlang des Seeufers von Podersdorf. Deutlich mehr als die Hälfte der Nächtigungen sind diesem gemeindeeigenen Betrieb zuzurechnen. Seit wenigen Jahren entstehen aber auch in den Dörfern rund um den See kleine und kleinste Anlagen, die zum Teil nur vier, fünf, sechs Stellplätze für Wohnwagen und Wohnmobile anbieten.
Europaweit erfreuen sich Urlaube mit Wohnwagen und Wohnmobilen auch nach der COVID-Pandemie weiter großer Beliebtheit. In Hinblick auf den deutschen Markt ist eine Studie des DWIF (Deutsches Wirtschaftswissenschaftliches Institut für Fremdenverkehr) interessant, wonach sich die Umsätze im Jahr 2022 auf rund 18 Milliarden Euro beliefen. Rund ein Drittel der Wertschöpfung, also rund sechs Milliarden Euro, sei in den jeweiligen Urlaubsgebieten geblieben. Insbesondere dem Segment des Caravaning wird ein fortlaufendes Wachstum prognostiziert. Es wäre insofern nur konsequent, die bestehenden Angebote in der Region Neusiedler See an die Bedürfnisse dieser Zielgruppe anzupassen.
Darauf geht auch der Konzertveranstalter Ewald Tatar in seinem Beitrag in dieser Publikation ein, wenn er meint: „Die Caravaner sollten definitiv von Campinggästen unterschieden werden. Diese Klientel ist mobil, neugierig, bereit, das Land zu erkunden, und nicht unbedingt sparsam." Für die Ansprüche gäbe es in der Region aber zu wenig an Service und Betreuung.

Erforderlich wäre eine strukturierte Entwicklung der Angebote, mit der die Wahrnehmung von Communitys, Plattformen und Fachzeitschriften als Destination erreicht wird. Die Bewerbung einer Destination verlangt die Präsenz auf mehreren Informationskanälen, wobei der Informationsgehalt sowohl die Standortbeschreibung als auch die aktuelle Verfügbarkeit von Stellplätzen umfasst. Wie im übrigen Nächtigungsbereich erfolgt auch im Camping- und Caravaning-Sektor die Buchung immer kurzfristiger, teils sogar erst im Zuge der Anreise. Und weil damit auch die Planung der bevorstehenden Urlaubstage sehr spät in Angriff genommen wird, spielt auf den erwähnten Seiten die Verlinkung zu Sehenswürdigkeiten und Veranstaltungen in der Zielregion eine herausragende Rolle.
(red)

6.

Handlungsbedarf: Struktur- und Klimawandel

Auf den Klimawandel und auf Klimaschutzmaßnahmen vorbereiten

Helga Kromp-Kolb, Univ.-Prof. an der BOKU Wien

Global ist der Klimawandel eine der größten gesellschaftlichen Herausforderungen unserer Zeit, und zusammen mit dem Biodiversitätsverlust wohl die dringlichste. Die derzeitige Entwicklung lässt katastrophale Folgen erwarten. Das muss aber nicht so sein: Klimaschutz kann auch bedeuten, dass im Sinne der nachhaltigen Entwicklungsziele ein gutes Leben für alle innerhalb der ökologischen Grenzen des Planeten ermöglicht wird.

Was auf globaler Ebene gilt, ist in noch stärkerem Ausmaß auf der regionalen und lokalen Ebene gültig. Der Klimawandel kann sich je nach Region, Wirtschaftszweig etc. positiv oder negativ auswirken, und auch Klimaschutzmaßnahmen können sich im Einzelfall positiv oder negativ auswirken. Aber Nicht-Handeln führt jedenfalls zu Problemen. Die Aufgabe kann nicht sein, möglichst lang im bisherigen Handeln und Denken auszuharren, sondern muss sein, den Änderungen und Herausforderungen mutig ins Auge zu blicken, Lösungen zu suchen und zu finden und Pfade dorthin zu identifizieren.
Stellt man Klimawandel und Klimaschutz als zwei Dimensionen des gleichen Problems auf einem Achsenkreuz dar, etwa auf der horizontalen Achse die Auswirkungen der Maßnahmen für den Klimaschutz und auf der vertikalen jene des Klimawandels, jeweils mit einer Skala von negativ bis positiv, so ergibt sich rechts oben ein Quadrant, in dem sich Klimaschutz und Klimawandel positiv auswirken, links unten einer, in dem beides negativ ist. Versucht man etwa den Bausektor in diesem Bild zu verorten, so kommt er im Quadranten der doppelten Gewinner zu liegen: Er profitiert einerseits von einer längeren Bausaison, mutmaßlich weniger Regentagen etc., andererseits davon, dass Gebäude und Regionen klimafit gemacht werden müssen, also bauliche Maßnahmen anstehen: mehr Dämmung, Radwege und Bahnlinien etc.
Der Bausektor ist also doppelter Gewinner. Es gibt aber auch doppelte Verlierer und es gibt Sektoren oder Regionen mit gemischten Auswirkungen.
In einem ersten Schritt gilt es also, sich anhand des

Status quo zu verorten, und zwar in Hinblick auf die zu erwartenden Entwicklungen. **Der Tourismus, so wie er heute aufgestellt ist, wird generell von Klimaschutzmaßnahmen eher negativ betroffen werden, denn Tourismus ist derzeit mit Reisen und Energieverbrauch verbunden**, und das wird zum Problem werden. Auf der Klimawandelebene würde z. B. der alpine Raum grundsätzlich davon profitieren, dass der Mittelmeerraum wegen der Hitze an Anziehungskraft verliert und das Baden in alpinen Seen attraktiver wird. Im Fall der Region Neusiedler See, wo es mit dem pannonischen Klima bereits jetzt sehr heiße Sommer gibt und der Seespiegel aufgrund der großen Verdunstungsfläche und abnehmender Niederschläge unsicher ist, schaut die Situation weniger günstig aus. In einem zweiten, sehr wichtigen Schritt gilt es daher, eine Vorstellung zu entwickeln, wie die Region und das Leben in der Region in 20 oder 30 Jahren idealerweise aussehen sollen. **Den Menschen fehlt oft der Glaube daran, dass positive Entwicklungen möglich sind und dass sie selbst dazu beitragen können.** Dadurch fehlt aber auch die wichtige Energie, auf eine gute Zukunft zuzusteuern. Es geht daher um die Entwicklung einer individuellen und dann gemeinsamen Vision, unbehindert durch Überlegungen der Realisierungsmöglichkeiten – allerdings innerhalb der Gesetze der Physik bleibend. Realitäten, wie dass es deutlich wärmer wird oder dass etwa nur halb so viel Energie zur Verfügung steht wie derzeit, fließen mit ein. Man darf sich ruhig als Träumer und weltfremd titulieren lassen – ist doch offensichtlich, dass doch eigentlich die Vorstellung, alles bleibe wie es ist, weltfremd ist. Was macht ein gutes Leben innerhalb der ökologischen Grenzen in der Region aus? **Spielt in dieser Vision der Tourismus noch eine Rolle? Wenn ja, wie sieht er aus?** Wie hat sich der Tourist gewandelt? Eine Vision zu entwickeln ist keineswegs immer leicht – auch viele Wintersportorte tun sich sehr schwer damit. Deshalb ist die Zusammenarbeit vieler kreativer Köpfe wichtig und die Einbindung der Bevölkerung hilfreich. Für diesen Schritt sollte man sich Zeit nehmen, denn wie kann man einen Weg in eine gute Zukunft finden, wenn man keine Vorstellung davon hat, wie diese aussehen soll? Wenn man sich auf eine Vision geeinigt hat, geht es im dritten Schritt darum, wie man von den eher ungünstigen Voraussetzungen des potenziell doppelten Verlierers ausgehend in den Bereich doppelter Gewinner gelangen und gleichzeitig auf die Umsetzung der Vision hinarbeiten kann. Welche Maßnahmen sind zur Anpassung an den Klimawandel zu setzen, welche zur Minderung der Emissionen? Auch hier sind kreative Lösungen erforderlich und die Bereitschaft, Unhaltbares aufzugeben. Da die Maßnahmen von den Menschen in der Region mitgetragen werden müssen, damit sie auch umgesetzt werden können, ist auch hier Partizipation wichtig. Ein großer Vorteil des Visionsschrittes ist, dass die Vision für jede beliebige Entscheidung Orientierung gibt: Bringt sie uns der Vision näher, oder entfernen wir uns von ihr? **Wenn es eine Vision für die Region in 20 oder 30 Jahren gibt, die alle begeistert und jeden Tag freudvoll aufstehen lässt, weil sie an der Realisierung dieser Vision weiterarbeiten können, dann – davon bin ich überzeugt – findet sich auch der Weg, diese umzusetzen.**

Helga Kromp-Kolb ist emeritierte Universitätsprofessorin für Meteorologie und Klimatologie an der Universität für Bodenkultur, Wien, wo sie auch das Zentrum für Globalen Wandel und Nachhaltigkeit gründete und leitete. Sie war maßgeblich an der Gründung des Climate Change Centers Austria (CCCA) beteiligt. Jüngste Publikation: Für Pessimismus ist es zu spät. Wir sind Teil der Lösung (Molden Verlag).

Warum ein Urlaub am Neusiedler See offenbar weit mehr bedeutet

Ein Beitrag von Ulrike Pröbstl-Haider, Univ.-Prof. an der BOKU Wien,
Melanie Grader, BOKU Wien,
und Wolfgang Haider, Univ.-Prof. an der Simon Fraser Universität in Vancouver

**Die Klimaerwärmung lässt den Wasserstand des Neusiedler Sees öfters sinken. Welche Konsequenzen hat das für den Tourismus in der Region? Der folgende Beitrag versucht, zwischen Urlaubersegmenten zu unterscheiden, die den See als Raum für ihre Natursportarten sehen, und solchen, die am Erlebnis der speziellen Natur- und Kulturlandschaft interessiert sind.
Darüber hinaus werden die bislang eher unbeachteten Auswirkungen auf Zweitwohnsitze am Beispiel von Podersdorf untersucht.**

Einleitung

Durch den Klimawandel häufiger auftretende Hitzewellen lassen den Wasserstand des Neusiedler Sees oft tief absinken. Im Juli 2022 war der Wasserstand so niedrig wie seit 1965 (dem Beginn der neuen Schleusenregelung) nicht mehr. Der Neusiedler See weist als flachgründiger Steppensee ohnehin nur einen maximalen Wasserstand von zwei Metern auf. Historische Aufzeichnungen belegen, dass der See aufgrund seiner geringen Wassertiefe immer wieder, teils auch über einen längeren Zeitraum hinweg vollkommen austrocknete. Aktuelle Forschungsarbeiten zeigen, dass vergleichbare Ereignisse zukünftig mit höherer Wahrscheinlichkeit erwartet werden müssen (Kromp-Kolb et al. 2005). Entsprechende Effekte traten zwischen 2020 und 2022 auf, als heiße Sommer und geringe Niederschläge zu einer markanten Erhöhung der Verdunstung und so zu einem geringen Wasserstand führten.

Es erstaunt nicht, dass seit über 20 Jahren am Neusiedler See diskutiert wird, ob durch die Klimaerwärmung langfristige Auswirkungen durch erhebliche Landschaftsbildveränderungen zu befürchten sind, die erhebliche Folgen für den Tourismus erwarten lassen. Obwohl Wissenschaftlerinnen und Wissenschaftler aus dem Bereich der Limnologie und des Naturschutzes vor den ökologischen Gefahren einer Einleitung von Flusswasser in den salzhaltigen See warnen, wird vor allem von der Politik eine Forcierung eines Einleitungsprojekts gewünscht. Zu den zentralen Argumenten gehört dabei, dass dies nicht nur von der Bevölkerung gewünscht würde, sondern eine Erhöhung des Wasserspiegels auch touristisch erforderlich wäre (Pröbstl-Haider 2022).

Touristische Betroffenheit

In der Vergangenheit wurde, aus wissenschaftlicher Sicht, den Meinungen der Touristinnen und Touristen nachgegangen (Pröbstl et al. 2007). Bislang eher unbeachtet blieben potenzielle Auswirkungen auf die Zweitwohnungen, deren mögliche Werthaltigkeit und Beitrag zur touristischen Entwicklung (Grader 2017). Auf beide Aspekte soll nachstehend kurz eingegangen werden.

Forschungsergebnisse im Hinblick auf das Landschaftsbild zeigten, dass der Wasserstand von den Urlaubsgästen unterschiedlich wahrgenommen wird, je nachdem, um welchen Landschaftstyp entlang des Seeufers es sich handelt. (Pröbstl et al. 2007). Insbesondere schilfbetonte Bereiche des Seeufers sind in dieser Hinsicht weniger betroffen, weil sich das Landschaftsbild hier auch bei Absenken des Wasserspiegels weniger stark verändert. Allerdings variiert die Empfindlichkeit bezogen auf Wasserschwankungen entsprechend den Motiven der Urlauberinnen und Urlauber. **So muss zwischen jenen unterschieden werden, die den See als Raum für ihre Natursportarten sehen, und solchen, die am Erlebnis der speziellen Natur- und Kulturlandschaft interessiert sind.** Beim Urlaubersegment, für das die Ausübung wassergebundener Aktivitäten (z. B. Segeln) zu den Kernmotiven im Urlaub gehört, besitzt der mögliche niedrige Wasserstand eine stärkere Auswirkung. Weiterhin ist zu beachten, dass mögliche Anpassungsmaßnahmen bezogen auf wasserbezogene Aktivitäten sehr unterschiedlich sind. Während kaum Anpassungen für das Surfen erforderlich sind, sind Ausbaggerungen von Badebereichen schon aufwendiger, aber immer noch einfacher als Veränderungen an einer Marina mit der entsprechenden Anbindung an tiefere Wasserflächen. Von Familien wurden dagegen auch Pools als geeignete Anpassungsstrategie angesehen. **Lassen sich akzeptable Bedingungen nicht herstellen, ist mit einem Abwandern einzelner Gruppen** (z. B. Urlauber mit Interesse an bestimmten Bootsklassen) **zu rechnen**.

Andere Rahmenbedingungen ergeben sich bei Urlauberinnen und Urlaubern, die den Neusiedler See wegen der außergewöhnlichen Landschaft, des Weltkulturerbes, der Naturbeobachtungsmöglichkeiten und des Weinerlebnisses aufsuchen. Diese Gruppe ist nicht nur durch eine längere Aufenthaltsdauer geprägt. Sie trägt darüber hinaus auch mit der Nächtigung, der Teilnahme an Führungen und Programmen sowie Weinverkostungen und Weinkauf mit ihrem Aufenthalt erheblich zur regionalen Wertschöpfung bei.

Betrachtet man die Ergebnisse für die Urlaubergruppe, die den Neusiedler See weniger wegen der natursportlichen Möglichkeiten, sondern aufgrund des besonderen Natur- und Landschaftserlebnisses aufsucht, dann erweist sich diese Gruppe auch als deutlich sensibler im Hinblick auf die bildlich dargestellten Landschaftsveränderungen. Allerdings zeigte sich hier auch ein Interesse an den besonderen Eigenschaften des Steppensees. Wenn im Rahmen der Befragung zu Beginn Informationen über den Steppensee mit seinen Wasserschwankungen mitgeteilt wurden, wurden die Bildausschnitte mit niedrigerem Wasserstand weniger kritisch beurteilt als in den Fällen ohne solche Information.

Weiterhin ergaben die Auswertungen, dass die Wirkung der Wasserstandschwankungen stark vom jeweiligen Landschaftstyp am Ufer (z. B. mit Schilfzone oder offenes Ufer, Schotterstrand) abhängt. Bereiche mit Schilfufern, die die Effekte von Schwankungen mildern, wurden auch bei geringeren Wasserständen positiver bewertet. Für dieses natur- und landschaftsorientierte Urlaubersegment ist eine eingeschränkte Bademöglichkeit im See für die Wahl des Urlaubsortes nicht entscheidend, solange ein ansprechendes Bild des Sees oder ein besonderes Naturerlebnis vorhanden ist. Zudem zeigte sich, dass diese im Hinblick auf die Landschaft sensible Gruppe trotz negativer Veränderungen dann im Gebiet gehalten werden kann, wenn das Angebot an natur- und kulturlandschaftsbezogenen Angeboten (z. B. spezielles Weinerlebnis-Angebot, Vogelbeobachtungen, Naturerlebnisangebote, Radausflüge, Führungen) erhalten bzw. verstärkt wird. Entsprechende Investitionen, z. B. in Breitenbrunn, spiegeln diese neue touristische Ausrichtung, denn dort wurden im Rahmen der Modernisierung des Seebads „Neuer Strand" Beobachtungsbereiche für Vogelliebhaber geschaffen. Gerade Bereiche mit niedrigem Wasserstand und Schlamm sind Nahrungsplätze für zahlreiche Vogelarten und damit attraktiv für das natur- und landschaftsorientierte Urlaubersegment. Aus regionalwirtschaftlicher Sicht ist weiterhin zu beachten, dass die jeweiligen Urlaubersegmente unterschiedlich zur Wertschöpfung beitragen. Dieser Beitrag ist bei den natur- und landschaftsinteressierten Urlaubersegmenten höher als etwa bei den segelnden Gästen, da sich Letztere eher aus Einheimischen, Kurz- und Wochenendbesucherinnen und -besuchern aus Wien und Umgebung zusammensetzen, die ein Segelboot am See liegen haben und dieses regelmäßig nutzen.

Durch eine Überarbeitung der Produktentwicklung im Hinblick auf natur- und landschaftsinteressierte Gästesegmente bestehen gute Möglichkeiten, die für die regionale Wirtschaft und den Tourismus wichtigen Zielgruppen selbst dann im Gebiet zu halten, wenn auch zukünftig die Folgen des Klimawandels am Steppensee weiter ablesbar sein sollten. Das Thema Weltkulturerbe könnte noch stärker in den Mittelpunkt gestellt werden und das Thema Steppensee mit seiner Abhängigkeit von Niederschlägen behandelt werden. Selbst ein in Teilen austrocknender See und die Zwischenstadien lassen ein ganz besonderes Naturerlebnis erwarten, das zum Charakter dieses Sees dazugehört.

Zweitwohnsitze am Beispiel von Podersdorf

Ein zweites wichtiges Indiz für potenzielle Entwicklungen ist die Entwicklung der Nächtigungen und der touristischen Strukturen, wie der Zweitwohnsitze. Hier wird nachstehend die Entwicklung für die Gemeinde Podersdorf näher betrachtet. Das Besondere an der nachstehenden Darstellung ist die Nachverfolgung dieser Problematik über 40 Jahre, die durch eine veröffentlichte Untersuchung von Wolfgang Haider aus dem Jahr 1978 möglich wurde, die 2016 mit derselben Methode wiederholt werden konnte (Grader 2017). Der Vergleich bildet die Grundlage, um zu analysieren und zu diskutieren, wie sich die Zweitwohnungssituation in Podersdorf am See veränderte und welche Konsequenzen daraus abgeleitet werden können. Der Schwerpunkt liegt hier auf den permanenten Zweitwohnungssiedlungen und basiert auf Interviews mit den Anwohnerinnen und Anwohnern.

Betrachtet werden die Feriensiedlungen in Podersdorf mit Ferienhäusern, die

- nach Lage, Ausgestaltung oder Rechtsträger überwiegend nicht der
- dauernden Wohnversorgung der ortsansässigen Bevölkerung dienen,
- neben einem Hauptwohnsitz nur vorübergehend benützt werden und
- nicht unmittelbar zu einem Gastgewerbebetrieb gehören (Bgld RPG § 14a Abs 1).

Betrachtet man das Angebot und die Entwicklung von Podersdorf, dann lässt sich der Einfluss durch den Klimawandel und mögliche Veränderungen des Produkts Neusiedler See nicht oder noch nicht erkennen. Die Anzahl der Nächtigungen stieg von 282.518 Nächtigungen im Jahr 1975 bis zum Jahr 2022 auf über 380.000 Nächtigungen. Die Anzahl der Betriebe stieg von 73 im Jahr 1967 auf 156 im Jahr 1975 und ging bis 2022 auf 108 Betriebe zurück. Dabei hat sich die Aufenthaltsdauer – wie in anderen touristischen Destinationen – erheblich reduziert. Das bedeutet, dass für dieselbe Wertschöpfung der Unterkunft mehr Gäste gewonnen werden müssen. Nachdem ein Zeitraum von 40 Jahren betrachtet wird, ist auch die Folgenutzung der Grundstücke interessant, denn die Folgen des Klimawandels könnten sich in einer stärkeren Verfügbarkeit der Grundstücke und einem zunehmenden Eigentümerwechsel und veränderter Nutzung niedergeschlagen haben, da sich die Rahmenbedingungen deutlich geändert haben.

Ein Vergleich der Ergebnisse von 1978 und 2016 zeigt, dass die Zweitwohnsitze heute sogar intensiver als früher von den Eigentümerinnen und Eigentümern genutzt werden, die aktuell mehrere Wochen und Monate durchgehend anwesend sind, wohingegen 1978 ein großer Teil der Befragten vorwiegend an Wochenenden nach Podersdorf fuhr. Anders als von Haider (1978) erwartet, werden die „Sommerhaussiedlungen" auch außerhalb des Sommers und teilweise sogar im Winter genutzt. Die Mehrheit aller Befragten nutzt ihren Zweitwohnsitz ebenfalls regelmäßig im Urlaub.

Die Motive für den Erwerb des Zweitwohnsitzes sind dagegen dieselben wie früher in den 1970er-Jahren. **Wichtig sind nach wie vor die Nähe zum See, die Natur und Ruhe, das lokale Klima sowie die Möglichkeit, Wassersport ausüben zu können** (Grader 2017). Überraschend ist, dass nur wenige der Gebäude in den Feriensiedlungen in den letzten Jahrzehnten erwerbbar waren. Ein hoher Anteil der Gebäude in diesen Siedlungen wurde von den jetzigen Eigentümern geerbt (Anteil ererbt: 42,6 Prozent in der Wüste, 28,6 Prozent in der Campingstraße), nicht veräußert, sondern weiter genutzt. Damit dominieren, wie in der Vergangenheit, Eigentümerinnen und Eigentümer aus Wien die Zweitwohnungssiedlungen: Diese machen gegenwärtig 73,8 Prozent der Befragten aus, was den Verhältnissen in den 1970er-Jahren (71,7 Prozent) (Haider 1978:91) entspricht. Das Durchschnittsalter der Befragten ist in den betrachteten Feriensiedlungen heute etwas höher als in den 1970er-Jahren und die Anzahl der das Gebäude nutzenden Personen etwas niedriger. Fremdvermietung und Airbnb spielen keine Rolle. Im Gegensatz dazu nimmt der Anteil der Bewohnerinnen und Bewohner zu, die das Ferienhaus zum Hauptwohnsitz umwandeln und damit auch die Gemeinde Podersdorf gerne stärken wollen würden.

Die regionale Wertschöpfung der Feriensiedlungen unterscheidet sich auch von der Situation und den Erwartungen im Jahr 1978. Heute kaufen Zweitwohnungsbesitzerinnen und -besitzer mehrheitlich benötigte Waren direkt in Podersdorf. Nach Haider (1978:94) wurde früher „wegen der günstigeren Einkaufsgelegenheiten (billigere, größere Auswahl)" vermehrt außerhalb der Zweitwohnsitzgemeinde gekauft. Heute befindet sich in Podersdorf eine große Auswahl an Supermärkten. Die „billigere und größere Auswahl" ist demnach kein Motiv für den Einkauf auf der Fahrt oder am Ort des Hauptwohnsitzes. Ebenso geben die befragten Anwohnerinnen und Anwohner an, regelmäßig ein Restaurant, Lokal oder Café zu besuchen (Grader 2017). Die vergleichende Untersuchung zeigt, dass die Betriebe heute von den Zweitwohnungsbesitzern deutlich stärker profitieren als früher.

Zusammenfassung

Die Befragung von Gästen am Neusiedler See ergab sehr unterschiedliche Segmente, die mit den Veränderungen am See durch den Klimawandel auch sehr unterschiedlich umgehen. Eine pauschale negative Einschätzung ist danach nicht zu erwarten. Dies gilt auch unter Berücksichtigung von Adaptionsmöglichkeiten und Produktentwicklungen rund um das Weltkulturerbe und den Nationalpark. **Auch aus dem Langzeitvergleich von Feriensiedlungen in Podersdorf** von den Anfangszeiten der touristischen Nutzung in den 1970er-Jahren bis heute, der die Motive der Ferienhausbesitzerinnen und -besitzer, ihre Herkunft und Struktur untersuchte, **kann kein ungünstiger Einfluss des Klimawandels auf die touristische Entwicklung der Region abgeleitet werden.** Es scheint vielmehr gelungen, die regionale Wertschöpfung und Diversifizierung der Produkte rund um den Neusiedler See so zu beeinflussen, dass Zweitwohnungssiedlungen eigentlich nicht „aus der Hand" gegeben werden. Die Effekte und Entwicklungen weisen hingegen eine insgesamt positive Tendenz auf. Das Landesentwicklungsgesetz hat nach Grader (2017) durch die Beschränkung weiterer Siedlungen die sonst üblichen zu erwartenden negativen Entwicklungen von Feriensiedlungen verhindert. Eine Neuordnung der Hauptwohnsitze in diesem Bereich stellt eine mögliche zukünftige Herausforderung dar (Eisenberger und Holzmann 2021).

Ulrike Pröbstl-Haider, Professur für Landschaftsentwicklung, Erholungs- und Tourismusplanung an der BOKU Wien. Zahlreiche Publikationen. Zu ihren Forschungsschwerpunkten gehören u. a. der Einfluss des Klimawandels und die Möglichkeiten einer nachhaltigen Tourismusentwicklung in Europa.

Melanie Grader, Studium an der BOKU Wien, beschäftigte sich mit den touristischen Bedingungen um den Neusiedler See.

Wolfgang Haider, Studium der Geografie, beschäftigte sich 1978 mit dem Thema Zweitwohnsitze am Neusiedler See. Univ.-Prof. in Vancouver, Kanada. Er war in die vorgestellten Forschungsprojekte bis zu seinem Unfalltod 2015 involviert.

Literatur

Eisenberger, Holzmann (2021): Zweitwohnsitze. Line Verlag. Online unter: www.lindeverlag.at/onlineprodukt/praxishandbuch-zweitwohnsitz-3494/onb/leseprobe/ONB100847.pdf (vgl. restl. Text, S. 83): [07.02.2024].

Grader, M. (2017): Die Zweitwohnungssiedlungen in Podersdorf am See – Eine vergleichende Analyse, Masterarbeit Universität für Bodenkultur Wien, Jänner 2017.

Haider, W. (1978): Das Problem der Zweitwohnungen im nördlichen Burgenland – Die Fremdenverkehrsgemeinde Podersdorf, in: VEREINIGUNG BURGENLÄNDISCHER GEOGRAPHEN (Hrsg.): Geographisches Jahrbuch Burgenland. Neusiedl am See: Vereinigung burgenländischer Geographen, 73–127.

Kromp-Kolb, H., Eitzinger, J., Kubu, G., Formayer, H., Haas, P. & Gerersdorfer, T. (2005): Auswirkungen einer Klimaänderung auf den Wasserhaushalt des Neusiedler Sees. Im Auftrag der Burgenländischen Landesregierung. BOKU-Met Report 1. Online unter: https://meteo.boku.ac.at/report/BOKU-Met_Report_01_online.pdf (vgl. restl. Text): [07.02.2024].

Pröbstl-Haider, U., Lund-Durlacher, D., Olefs, M., & Prettenthaler, F. (2021): Tourismus und Klimawandel (p. 258). Springer Nature.

Pröbstl, U., Jiricka, A., Schauppenlehner, T., Haider, W. & Formayer, H. (2007): See-Vision: Einfluss von klimawandelbedingten Wasserschwankungen im Neusiedler See auf die Wahrnehmung und das Verhalten von Besucherinnen und Besuchern. Endbericht von Start-Clim2006.D3 in StartClim2006: Klimawandel und Gesundheit, Tourismus, Energie. Online unter: https://startclim.at/fileadmin/user_upload/StartClim2006/StCl06D3.pdf (vgl. restl. Text): [07.02.2024].

Statistik Austria (2022a): Beherbergungsbetriebe und Gästebetten in der Sommersaison: www.statistik.at/blickgem/G0801/g10718.pdf (vgl. restl. Text): [07.02.2024].

Statistik Austria (2022b): Übernachtungen nach Unterkunftsart und Herkunft der Gäste 2022: www.statistik.at/blickgem/G0804/g10718.pdf (vgl. restl. Text): [07.02.2024].

Eine Neuausrichtung der Branche ist nötig

Ein Beitrag von Franz Perner, WKO Burgenland

Die Region Neusiedler See ist die wichtigste touristische Region des Burgenlands und Zentrum des Kulturtourismus mit vielen Angeboten. Wenn diese Region schwächelt, ist das für das Burgenland ein ernsthaftes Problem.

Im Jahr 2001 wurde die Region Fertő–Neusiedler See zum UNSECO-Welterbe erklärt. Mit gutem Grund: Das Gebiet war über acht Jahrtausende Treffpunkt verschiedener Kulturen, bis heute ist die Region reich an unverwechselbaren touristischen Angeboten über das gesamte Jahr. Berücksichtigt man nur das Sommerhalbjahr, ist die Region für fast zwei Drittel der Übernachtungen verantwortlich. Das geänderte Gäste- und Ausgehverhalten erfordert von den Betrieben allerdings viel Flexibilität und Innovation, um die schwächer werdenden Frequenzen auszugleichen. Eine gänzliche Neuausrichtung der Branche ist erforderlich. Dazu kommt, dass in den vergangenen Jahren die Berichterstattung über die Situation am See und über den Wasserstand viele Gäste abgehalten hat, die Region zu besuchen. Auch deshalb brauchen die Betriebe eine intensive Unterstützung von den Tourismusverbänden, der Interessenvertretung und den politisch Verantwortlichen. Schlagworte wie „Saisonverlängerung“ oder „neue Produkt- und Angebotsentwicklung“ sind zu wenig.

Gesamtkonzept für die Region

Auch der Klimawandel stellt die Region vor große Herausforderungen. Häufiger auftretende Wetterextreme sowie die Gefahr langanhaltender Dürreperioden bringen die Pegelstände des Sees ins Ungleichgewicht und gefährden damit den Fortbestand der Kulturlandschaft Fertő–Neusiedler See. Ein umfassendes Konzept für die ökologische Bewirtschaftung des Sees soll das Zusammenspiel zwischen Naturraum und lokaler Wirtschaft für die Zukunft gewährleisten. Es geht um eine Symbiose zwischen Wirtschaft und Naturschutz, Tradition und Moderne, Handwerk und Technologie.
Eine enge Zusammenarbeit mit Kultur- und Freizeitanbietern wie der Seebühne Mörbisch, dem Steinbruch St. Margarethen sowie – grenzüberschreitend – dem Felsentheater Fertőrákos ist nur ein Teil eines Lösungsansatzes. Wichtige Frequenzbringer wie der Family Park und der Nationalpark Neusiedler See müssen in die Angebots- und Produktentwicklung eingebunden werden. Sie können einen großen Beitrag zur Verbesserung der touristischen Situation bringen. Ein Gesamtkonzept unter Berücksichtigung der Themen Kultur, Natur, Sport und Gesundheit, Verkehr, Schilfwirtschaft und Wassererhaltung ist bereits in Arbeit. Es wird über das Leuchtturmprojekt „Nachhaltige Nutzung des Neusiedler Sees“ vom Bundesministerium für Arbeit und Wirtschaft gefördert. Durch den Zuschlag für dieses Projekt haben wir die Möglichkeit, mit den betroffenen Unternehmern, den Gemeinden und der Landwirtschaft verschiedene Produkte zu entwickeln.

Als Beispiel sei ein Stegsystem im Schilfgürtel genannt, mit dem Fauna und Flora des Neusiedler Sees erkundet werden können. Eine Art „Schilfwipfelweg", nicht in luftiger Höhe wie ein Baumwipfelweg, sondern auf einer Höhe, die das Sehen, Spüren, Riechen und Fühlen des Neusiedler Sees ermöglicht. Ein wichtiger Trend, der erst am Anfang steht, ist „Caravaning". Auch dort sehen wir eine neue Chance für die Gastronomie, für Heurigenrestaurants und kleinere Beherbergungsbetriebe, Angebote zu gestalten. Zehn Abstellplätze für Wohnmobile könnten ohne großen Aufwand mit einer einfachen Infrastruktur bereitgestellt werden. Damit würde sich die Frequenz in der Gastronomie verbessern und könnten neue Gästeschichten gewonnen werden. Der Kulturgenuss soll neben dem Naturerlebnis kreative Leistungen der Menschen thematisieren und potenziellen Besuchern die Möglichkeit eröffnen, in entspannter Atmosphäre die Vielfalt kultureller Angebote zu genießen. Der Bereich „Natur erleben" soll die landschaftliche Vielfalt sichtbar machen und die Möglichkeit zum Wandern, zur Nutzung von Ruheoasen sowie zu Birdwatching und Schilftouren in das Angebot integrieren. In der Sportregion sollen Möglichkeiten zum Surfen, für Regatten, See-Querungen zu Fuß sowie Stand-up-Paddling und Kitesurfen institutionalisiert werden.

Für diese Pläne gilt es, bestehende Verkehrskonzepte mit alternativen Transportmöglichkeiten wie Wasserstoff-betriebenen Bussen und Binnenbootsverkehr zu entwickeln. Ein Konzept bedarf auch einer Umsetzung, dafür sind in der Regel Fördermaßnahmen nötig. Das ist neben kundengerechten Angeboten wichtig, um zu ermöglichen, dass Betriebe durch die Übernehmergeneration weitergeführt werden – oder es zur Neugründung durch ambitionierte Jungunternehmer kommt. Durch eine Symbiose zwischen Naturraum und lokaler Wirtschaft kann die Region Neusiedler See weiterentwickelt werden.

Franz Perner ist Spartengeschäftsführer für Tourismus und Freizeitwirtschaft in der Wirtschaftskammer Burgenland.

Tourismus: Impulsgeber für die Wirtschaft

Ein Beitrag von Helene Sengstbratl und Ute Korbelyi, AMS Burgenland

Der Tourismus ist in Österreich als Wirtschaftszweig kontinuierlich gewachsen. Das gilt auch für das Burgenland und besonders für die Region Neusiedler See. Wie ist dieser Arbeitsmarkt heute strukturiert?

Welchen Stellenwert der Tourismus im östlichsten Bundesland einnimmt, lässt sich an verschiedenen Eckdaten ablesen: an der Wertschöpfung, aber auch an der Zahl der Nächtigungen. In den 1960er-Jahren verzeichnete das Burgenland eine halbe Million, heute sind es bereits drei Millionen Nächtigungen. Rund die Hälfte dieser Nächtigungen entfällt auf die Region Neusiedler See. Damit generiert die Branche hier viele Arbeitsplätze und ist ein zentraler Impulsgeber. Das Nordburgenland ist trotz Saisonverlängerung in den Frühling und Herbst stärker vom Sommertourismus abhängig als das restliche Bundesland. In den anderen Regionen sorgen Thermen und Kuranstalten für eine gleichmäßigere Auslastung über das gesamte Jahr.

Viele der Übernachtungen in der Region Neusiedler See entfallen auf den nicht-gewerblichen Bereich: Dieser umfasst z. B. Privatquartiere, Pensionen, Jugendherbergen und Campingplätze. Diese Unterkünfte werden vielfach privat gemanagt und stellen eine willkommene zusätzliche Einkommensquelle zu anderen Einkünften wie etwa aus der Landwirtschaft dar. **Statistisch gesehen arbeiten rund sechs Prozent der unselbstständig Beschäftigten im Tourismus.** Die indirekten Effekte auf die Beschäftigung sind noch viel weitreichender, lassen sich aber nicht trennscharf abgrenzen. Das bedeutet, dass viele Burgenländerinnen und Burgenländer direkt oder indirekt vom Tourismus abhängig sind. Von rund 110.000 unselbständig Beschäftigten arbeiten über 7.000 Menschen allein im Bereich Beherbergung und Gastronomie.

Zahl der Beschäftigten gestiegen

Insbesondere seit der Ostöffnung des Arbeitsmarkts im Jahr 2011 ist die Zahl der Beschäftigten im Tourismus stark gestiegen. **Heute gibt es im Burgenland um 1.700 mehr Beschäftigte im Tourismus als vor 13 Jahren.** Die Schranken wurden geöffnet, Schengen trat in Kraft, unsere Region ist von einer exponierten Lage ins Zentrum Europas gerückt. Auch das Nordburgenland und besonders der Tourismus hat von EU-Fördermitteln profitiert. Der Weintourismus ist gewachsen, die Betriebe haben viel investiert. Auch dadurch wurde eine Saisonverlängerung möglich. Die Professionalisierung bestimmter Marken ist eine Erfolgsgeschichte für die Branche. **Dieses Wachstum haben Menschen mit ausländischer Staatsbürgerschaft möglich gemacht**: Die Zahl der ausländischen Beschäftigten hat sich seit 2011 von 2.400 auf 4.700 Menschen fast verdoppelt. Im gleichen Zeitraum ist der Anteil von Österreicherinnen und Österreichern um 600 Beschäftigte zurückgegangen. **Auch hier lässt sich beobachten, dass die Branche von einer starken Dynamik geprägt ist.** Beschäftigte wechseln häufig den Job oder die Branche. Andere gehen in Karenz oder in Pension. Es ist eine Branche mit hoher Fluktuation. Saisonal hohe Belastungen sind sicher auch ein Grund, warum die Tourismusbranche gerade für junge Menschen nicht erste Wahl ist. Heute legt man, insbesondere in der jungen Generation, mehr Wert auf Work-Life-Balance, auf Freizeit mit Freunden und Familie. Jobs mit Schichtarbeit, mit Wochenenddiensten sind darüber hinaus schwerer zu vermitteln.

Der Tourismus ist auch in unserer Grenzregion eine klassische Einsteigerbranche für Beschäftigte aus dem Ausland. Wir merken aber, dass sich auch in Ungarn die wirtschaftliche Lage verbessert hat, wo etwa die Mindestgehälter erhöht wurden. **Für österreichische Betriebe wird es dadurch schwieriger, Arbeitskräfte aus dem Nachbarland anzuwerben.** Übrigens, eine Anmerkung zur statistischen Erfassung der Arbeitskräfte: Die Beschäftigung wird im Burgenland gezählt, die Arbeitslosigkeit aber in Ungarn. Nachdem ein großer Teil der ausländischen Arbeitskräfte im Tourismus in Ungarn wohnt, schönt das unsere Statistik ein wenig, weil wir dadurch bei der Arbeitslosigkeit viele Saisonarbeitslose nicht mitzählen.

Beeinflusst wird der Tourismus auch durch den demografischen Wandel. Auch wenn die Zahl der 15-Jährigen zuletzt wieder leicht angestiegen ist, ist diese langfristig gesehen rückläufig. Damit gehen potenziell junge Fachkräfte für die Branche verloren. Auch der Zug in Richtung höherer und mittlerer Schulen ist ungebrochen.
Mehrere Jahre betrug die Zahl der dem AMS gemeldeten Lehrstellen in der Beherbergung und Gastronomie um die 80 pro Jahr. **2023 erreichte das Burgenland mit 46 angebotenen Ausbildungsplätzen einen Tiefpunkt.** Demgegenüber stehen 50 bis 70 an einer Lehre Interessierte, die es in den vergangenen Jahren in der Tourismusbranche gab.

Von welchen Jobs sprechen wir im Tourismus?

Einen bedeutenden Teil des Tourismus macht der Bereich Beherbergung und Gastronomie aus. Berufe sind im unselbstständigen Bereich u. a. Köchinnen, Kellner, Rezeptionistinnen, Raumpfleger, aber auch Bäckerinnen, technische Angestellte, IT-Personal oder Büroangestellte für Kundenkontakte. Ein Teil der Jobs findet auf Werkvertragsbasis oder in Geringfügigkeit statt, wie etwa in Hotels Yoga-Lehrerinnen, Kosmetikerinnen, Reinigungskräfte oder auch Schwimmbadbetreuung. Die Bandbreite an Arbeitsmöglichkeiten ist durchaus größer als oftmals gedacht. Weitere Berufsfelder – insbesondere in der Region Neusiedler See – sind Jobs bei Weingütern, Direktvermarktern, Bootsvermietungen. Gefragt sind auch Berufe wie Nationalpark-Ranger, Tourismus-Guides, Kultur- und Naturvermittlerinnen oder auch Tierpfleger.
Aber auch kleinere Betriebe wie etwa Privatquartiere, die nebenbei vier oder fünf Zimmer vermieten, brauchen mitunter Voll- oder Teilzeitkräfte, wenn der Arbeitsaufwand für eine Familie in der Hauptsaison nicht schaffbar ist. Über das Jahr betrachtet werden Zimmervermietungen bei Familienpensionen, Urlaub am Bauernhof etc. aber selbst gemanagt. Diese Arbeit wird neben der unselbständigen Erwerbstätigkeit vor allem von Frauen geleistet. **Wir schätzen, dass im Tourismussektor, in welchem 57 Prozent Frauen beschäftigt sind, nochmals rund 1.000 Personen zusätzlich selbstständig im Bereich der Privatquartiere arbeiten.** Für das AMS lässt sich das statistisch nicht erfassen.

Wie erfolgt die Jobvermittlung?

Das AMS hält zu Betrieben direkt Kontakt und ermittelt auch durch Besuche bei den Unternehmen offene Stellen und Stellenprofile. Das betrifft vor allem auch größere Einheiten, wo Facharbeiterinnen, Haustechniker, Gartenarbeiter, Verkäuferinnen in Themenshops oder Assistentinnen gesucht werden. Grundsätzlich lässt sich sagen, dass sich der Tourismus von anderen Wirtschaftszweigen als Dienstleistungssektor durch seine **Personalintensität** sowie durch deutliche Spitzen der Zeitverläufe bzw. **Nachfrageschwankungen** unterscheidet. Das verlangt nicht nur nach ganzjährigen Vollarbeitszeitkräften, sondern auch nach saisonalen und temporären Teilzeitkräften. Saisonverlängernde Maßnahmen, wie sie in den vergangenen Jahren gegriffen haben, lassen diese Kurve statistisch etwas abflachen. Das ist auch aus Sicht des AMS eine positive Entwicklung.

Helene Sengstbratl, Studium der Handelswissenschaften an der WU Wien, war u. a. Geschäftsführerin von AQUA (Arbeitsmarktqualifizierung von Frauen). Sie ist seit 2002 Geschäftsführerin des AMS Burgenland.

Ute Korbelyi ist Marketing- und PR-Expertin beim AMS Burgenland.

Energie und Erneuerbare – wo steht die Tourismusregion Neusiedler See?

Ein Beitrag von Robert Schitzhofer, Modellregionsmanager

Die Frage der Energie kann heute bei der Positionierung eines Tourismusbetriebs oder einer Destination nicht mehr umgangen werden. Eine nachhaltige Ausrichtung umfasst die intensive Nutzung erneuerbarer Energie sowie alle Maßnahmen, die den Energiebedarf drastisch reduzieren und die Effizienz erhöhen. In beiden Fällen hat die Region Neusiedler See mit ihrem pannonischen Klima und den kleinräumigen Strukturen gute Voraussetzungen.

Wie sich Unternehmen und die gesamte Region zukünftig als nachhaltig positionieren, ist nicht nur eine Frage des Marketings. Gefragt sind konkrete Maßnahmen auf Basis einer professionellen Energieberatung. Welche Rolle spielt erneuerbare Energie heute, wie sind die Rahmenbedingungen? Soll es in Richtung einer nachhaltigen Gesamtausrichtung als „Brand" (Marke) gehen, muss man den direkten und auch den indirekten Einfluss auf den Tourismus differenziert betrachten.
Unter „direktem Einfluss" sind jene Potenziale und daraus abgeleiteten Maßnahmen anzuführen, die jeder Tourismusbetrieb aktiv beeinflussen kann. Darunter fällt alles, was den Tourismus stärkt, der Positionierung als nachhaltige Destination dient und gleichzeitig als angewandter Umwelt- und Klimaschutz zu sehen ist.
Zunächst ist es dabei notwendig, die Hauptemittenten und -ursachen herauszufiltern – also Mobilität, Gewerbe, private Haushalte und Landwirtschaft mit dem Einsatz fossiler Brennstoffe.
Im Tourismus – im Unterkunftssektor und in der Gastronomie – wird vor allem Wärme- und Kühlenergie, Energie für Beleuchtung, für betriebliche Prozesse und Transportzwecke benötigt.
Die Effizienz der eingesetzten Energie ist hauptsächlich von technischen Rahmenbedingungen abhängig: vom Gebäudezustand, den eingesetzten Wärmebereitstellungssystemen, den Standards im Kühlbereich, den verwendeten Leuchtmitteln etc.
Sowohl bei der Effizienzerhöhung als auch beim Einsatz erneuerbarer Energieträger besteht hohes Potenzial: einerseits durch Gebäudedämmungen nach aktuellen Standards, andererseits durch den Ausbau von Photovoltaikanlagen zur Unterstützung der objekteigenen Energieproduktion.

Von der Effizienzsteigerung zur Umstellung

Ein weiterer Ansatzpunkt ist die Umstellung der mit Erdgas betriebenen Heizsysteme auf Systeme mit erneuerbaren Energieträgern. **Beispielhaft wäre hier der Einsatz von Wärmepumpen anstelle von großteils noch vorhandenen „fossilen" Heizkesseln.** Es könnten als Alternative auch Biomasseheizsysteme (Stück-/Hackgut- oder Pelletsheizungen) zum Einsatz kommen. Die angeführten Heizsysteme könnten durch den Einsatz von Solarthermie mit ihrem besonders in den Sommermonaten hohen Deckungsgrad ergänzt werden. Im Gastrobereich können bestehende Gasherde durch Kochgelegenheiten ersetzt werden, die mit erneuerbarer Energie betrieben werden. Hoher Kühlbedarf durch den Sommertourismus kann ideal mit eigenen Photovoltaikanlagen abgedeckt werden. Der regionale Energieversorger Burgenland Energie liefert Strom durchgehend aus erneuerbaren Energieträgern und trägt als Hauptversorger entscheidend zur Burgenländischen Energiestrategie und somit zur Energiewende bei. Speziell der Norden und der Osten der Region Neusiedler See nehmen aufgrund der Windparks innerhalb Österreichs eine Vorreiterrolle im Bereich erneuerbarer Energien ein und haben dabei einen hohen Ausbaugrad erreicht. **Der Einsatz von Photovoltaik gewinnt zunehmend an Bedeutung, hat aber noch wesentliches Ausbaupotenzial.** Grundsätzlich ist festzuhalten: Beim Einsatz von Windkraft und Photovoltaik ist immer der Interessenkonflikt hinsichtlich des Flächenverbrauchs und der Umweltverträglichkeit miteinzubeziehen. Sowohl der Ausbau der Windenergie als auch jener der Photovoltaik sind durch Landesgesetze geregelt. Ein weiterer limitierender Faktor ist die Verfügbarkeit von Netzkapazitäten für den Netzzugang. Die anfallende Überschussenergie kann in Speichermedien für Bedarfszeiten oder zur Produktion von alternativer Flüssigenergie (Wasserstoff) zwischengespeichert und bei Bedarf eingesetzt werden. In Neusiedl am See wurde von der Burgenland Energie eine Versuchsanlage in Betrieb genommen, in Nickelsdorf ist in Kooperation von Burgenland Energie und Verbund eine Großanlage geplant. Damit wäre der Übergang durch die regionalen Stakeholder auf den Tourismus und dessen potenzielle zukünftige Positionierung gelegt.

Der Energiebedarf rund um den Tourismussektor

Im Seewinkel, am Heideboden und im Hanság finden wir teils intensive Gemüseproduktion verbunden mit hohem Wärmebedarf, der meist aus fossiler Energie gedeckt wird. Hier wären Alternativen wie die Wärmeproduktion aus Nahwärme mit erneuerbaren Energieträgern anzudenken. Pionierbetriebe, die sich schon länger mit diesem Thema auseinandersetzen und im Bereich lokaler erneuerbarer Energieträger eine Vorreiterrolle einnehmen, werden einstweilen noch von vielen belächelt, könnten aber bald eine Schlüsselrolle einnehmen. Grundsätzlich gilt: Durch die **Verwendung regionaler und saisonaler Produkte** kann der Energieeinsatz reduziert werden, da die Transportwege kurz gehalten werden und die benötigte Energie im Produktionszyklus gering ist. Dieser Weg wird auch von vielen Tourismusbetrieben in der Region seit Jahren beschritten und findet immer mehr Anhänger. Das stärkt sowohl die regionale Wirtschaft als auch die Nahversorgung. Mit den gesunkenen Grundwasserpegeln, insbesondere im Seewinkel, ist die Bewässerung in der Landwirtschaft in den Blickpunkt der Öffentlichkeit gerückt. Diese erfolgt großteils über lokale Brunnen mittels fossil betriebenen Pumpen. **Bei den auf den Feldern eingesetzten Pumpen wäre ebenfalls Potenzial für den Einsatz erneuerbarer Energien.** Gefragt wären dafür zielführende Machbarkeitsstudien, um Alternativen zu finden. Die Umstellung der Bewässerung weg vom üblichen Rainstar hin zu verdunstungsextensiveren Bewässerungsmethoden könnte ein Lösungsansatz sein.

Als regionaler Wärmeversorger hat sich das Fernwärmewerk Neusiedl am See vor einiger Zeit mit **Schilf als Energieträger** beschäftigt und diese Möglichkeit nie ganz aus den Augen verloren. Das hätte mehrere Vorteile, unter anderem die Bewirtschaftung von Altschilfflächen zur Erhaltung des wertvollen Lebensraums und für die Wärmeproduktion.

Entscheidungsfindung in der Regionalentwicklung

Eine weitere Herausforderung ist die Raumplanung. Eine **Siedlungsentwicklung** weg vom Einfamilienhaus mitten auf der grünen Wiese **hin zu energieeffizienter Bauweise mit einem nachhaltigen Energiekonzept** ist gefragt.

Im Rahmen neuer Siedlungsentwicklungsprojekte könnte eine Wärmeversorgung mittels Nahwärme auf Biomassebasis, wie es in vielen Vorbildregionen der Fall ist, zum Einsatz kommen. Regional könnte damit auch Biomasse in Form von Energieholzplantagen auf landwirtschaftlichen Grenzertragsböden bzw. auch als landschaftsbildendes Element zur Strukturierung und Förderung biologischer Vielfalt und als Verdunstungsschutz zur Anwendung kommen. Die Umstellung der gewerblichen Schifffahrt am Neusiedler See und ein striktes Verbot fossil betriebener Boote wären für eine eindeutige Positionierung der Tourismusregion ebenfalls erforderlich.

Als Akteur mit Vorbildwirkung nicht zu unterschätzen ist die öffentliche Verwaltung mit ihrer großen Zahl an Gebäuden, von denen viele noch fossil beheizt und thermisch schlecht konditioniert sind. Hier gibt es entsprechendes Potenzial durch erforderliche Dämmmaßnahmen und die Umstellung vorhandener Heizsysteme auf erneuerbare Energieträger. Auch die steigende Anzahl an Kühlsystemen in diesen Einrichtungen bietet einen idealen Einsatzbereich für objekteigene Photovoltaikanlagen, wie sie von vielen Gemeinden bereits installiert wurden. Da zu diesen öffentlichen Gebäuden auch Bildungseinrichtungen zählen, wirken alle einschlägigen Maßnahmen direkt bewusstseinsbildend – sie führen den Verantwortungsträgern von morgen vor Augen, wie erneuerbare Energie erzeugt und verwendet werden kann. Lokale und regionale **„Erneuerbare Energiegemeinschaften"** würden unter den regionalen Stakeholdern einen direkten, wirtschaftlich interessanten Energieausgleich ermöglichen und die Positionierung als nachhaltige Tourismusregion ebenfalls unterstützen.

Förderprogramme als Anreiz zum Umstieg

Die Region Seewinkel ist Klima- und Energie-Modellregion. **Anzuregen wäre, hier auch eine KLAR! (Klimawandelanpassungsregion) zu etablieren.** Mit diesen Förderprogrammen des österreichischen Klimafonds werden zur Bewusstseinsbildung jeweils ein unterstützender Berater und Einzelprojekte finanziell unterstützt. Zudem stehen derzeit entsprechende Förderprogramme für Heizungsumstellung und Sanierungsmaßnahmen seitens des Bundes und des Landes für private Haushalte, Betriebe und auch Gemeinden zur Verfügung.

Ein möglicher Anreiz für Tourismusbetriebe wäre ein entsprechendes Bewertungssystem, um derartige Investitionen und Bemühungen auch nach außen sichtbar zu machen. In diese Bewertung könnten auch Energiethemen wie Effizienz, Einsatz erneuerbarer Energieträger und Mobilitätslösungen einfließen. Aktuell werden Umwegrentabilität und Unabhängigkeit von fossilen Energieträgern nicht berücksichtigt und fehlen in einer regionalen Gesamtbewertung. An den angeführten Beispielen lassen sich die großen Möglichkeiten bei entsprechendem Umsetzungswillen und übergreifender Zusammenarbeit der Stakeholder erahnen.

Robert Schitzhofer, Studium der Forstwirtschaft an der BOKU Wien, Masterlehrgang „Energie Autarkie Engineering und Management" an der Donauuniversität Krems. Er ist Manager der Klima- und Energie-Modellregion (KEM) und Geschäftsführer von oecotec Energie- und Umweltconsulting in Eisenstadt.

Für eine nachhaltige Mobilitätstransformation

Ein Beitrag von Roman Michalek, Verkehrsplaner

Seit Anfang der 2000er-Jahre gibt es Bemühungen, die Region Neusiedler See als sanft-mobile Tourismusregion zu positionieren. Trotz zahlreicher Initiativen und einer durchaus guten Grundlage ist es bislang nicht gelungen, für das sensible Gebiet ein touristisches Mobilitätsangebot abseits des PKW zu entwickeln.

Die Region Neusiedler See – Seewinkel besticht sowohl durch ihre hohe landschaftliche Attraktivität (z. B. Nationalpark, Schilfgürtel) und ein einzigartiges touristisches Angebot (z. B. Therme Frauenkirchen, Family Park St. Margarethen, Stadtkerne Rust und Eisenstadt) als auch eine Vielzahl von Veranstaltungen mit hoher Besucherfrequenz (z. B. Festspiele in St. Margarethen und Mörbisch). Schon seit den frühen Nullerjahren des 21. Jahrhunderts gibt es Bestrebungen, die Region als sanft-mobile Tourismusregion zu positionieren. Ziel ist eine Reduktion des motorisierten Individualverkehrs sowohl bei der An- und Abreise als auch im Ausflugs- und Freizeitverkehr.

Trotz zahlreicher Initiativen, wie der Ausbau der Bahninfrastruktur, die Verbesserung des Busangebots und eine Radverkehrsoffensive mit teilweise beachtlichen Erfolgen im Alltagsverkehr, gelang es bis dato nicht, in diesem „sensiblen Gebiet" ein brauchbares touristisches Mobilitätsangebot abseits des PKW anzubieten. Vielmehr schlägt sich die mediale Berichterstattung zur Verkehrslage in der Region oft in den Verkehrsmeldungen nieder, wenn an bestimmten Aktionstagen des Designer Outlets Parndorf kilometerlange Staus auf sämtlichen Zufahrtsstraßen inklusive der Ost-Autobahn gemeldet werden; oder wenn an Premierentagen in St. Margarethen oder Mörbisch die Wagenkolonnen bis zur Abfahrt der Schnellstraße in Eisenstadt zurückreichen. Grund dafür ist nicht zuletzt die häufig „autozentrierte" Prioritätensetzung sowohl in der Standortfestlegung als auch bei der Planung von betrieblichen Abläufen. Auch im Landesentwicklungsprogramm Burgenland (LEP 2011) findet sich im Kapitel „Tourismus" kein Hinweis darauf, dass bei der touristischen Angebotsplanung ein nachhaltiges Mobilitätsangebot zu berücksichtigen ist. Im Gegensatz dazu ist eine Erweiterung bestehender Anlagen zumeist lediglich mit damit einhergehenden Parkplatzerweiterungen möglich, weil ein leistungsfähiges Busangebot meist aus Kapazitätsgründen nicht zu organisieren bzw. zu finanzieren ist.
Ziel sollte jedenfalls die Transformation des Verkehrssystems hin zu einem nachhaltigen touristischen Mobilitätsangebot sein. Um sich diesem Ziel anzunähern, werden nachfolgend die Stärken und Schwächen des bestehenden Angebots abseits des motorisierten Individualverkehrs analysiert:

Öffentlicher Personennahverkehr: Touristisch stärker integrieren

Das Angebot des Öffentlichen Personennahverkehrs (ÖPNV) wurde in den vergangenen Jahren deutlich attraktiver gestaltet und ist mittlerweile

auch abseits der klassischen Schüler- und Pendlerverbindungen wesentlich besser als sein Ruf. Das gilt vor allem für die erstklassige Erreichbarkeit des Stadtzentrums von Wien als wichtigem Bestandteil des kulturtouristischen Angebots der Region Neusiedler See. Aber auch die nahe gelegenen Zentren Bratislava und Sopron sind integrale Bestandteile des drei Länder umspannenden grenzüberschreitenden ÖPNV-Systems.
Grundsätzlich bildet das Bahnnetz von ÖBB, Raaberbahn und der Neusiedler Seebahn das Rückgrat des öffentlichen Verkehrs in der gesamten Region. Durch den sukzessiven Infrastrukturausbau (Elektrifizierung, technische Sicherung etc.) konnte beispielsweise die Qualität der Bahnverbindung zwischen Wien, Neusiedl am See und Eisenstadt sowohl hinsichtlich der Fahrzeit als auch des Fahrplanangebots (Frequenz, Abend- und Wochenendverbindungen etc.) deutlich verbessert werden. Zudem stehen seit dem Fahrplanwechsel Anfang 2024 tagsüber umsteigefreie Verbindungen zwischen Eisenstadt und Wien über Wulkaprodersdorf zur Verfügung – auch wenn die Fahrzeit von über einer Stunde bislang nicht verkürzt wurde.
Dank der seit mehr als 20 Jahren funktionierenden Neusiedler See Card (jetzt Burgenland Card) können Nächtigungsgäste zahlreiche Bahn- und Buslinien gratis benützen. Das regionale Linienbusnetz dient sowohl dem Zubringerverkehr zu den Bahnlinien als auch der Erschließung der Gemeinden abseits der Bahnlinien. Auch die Erreichbarkeit von touristischen Angeboten wie z. B. des Family Parks St. Margarethen, der Altstadt von Rust oder des Designer Outlets Parndorf ist nunmehr in einer akzeptablen Qualität mit Bus und Bahn möglich. Allerdings reicht dieses Angebot bei weitem nicht dazu aus, um die umliegenden Orte wie Trausdorf oder Oslip merkbar vom Verkehr zu entlasten. Dahingehende Maßnahmen müssten umfassend sein und von allen Beteiligten (Veranstalter, Betreiber, Politik, Gemeinden, Tourismus) entwickelt und getragen werden.
Das regionale Verkehrsangebot wird punktuell durch zeitlich und räumlich eingeschränkte Mikro-ÖV-Angebote ergänzt: Einzelne Seebäder sind beispielsweise während der Saison an Wochenenden mittels Shuttlebussen erreichbar, bei Veranstaltungen mit Weinbezug (z. B. „Martiniloben") werden von den Veranstaltern Zubringerdienste organisiert und die GMOA-Busse in den Gemeinden Purbach und Breitenbrunn gelten als Vorreiter für gemeindeinterne Mikro-ÖV-Angebote. Der Stadtbus Eisenstadt wurde 2016 als hochwertiges innerstädtisches Verkehrsmittel installiert und ist heute ein wichtiger Faktor für das Verkehrssystem der Landeshauptstadt.

Angebote oft Insellösungen

Trotz dieser Anstrengungen und Investitionen in Infrastruktur und Fahrbahnqualität **wird das ÖV-Angebot vor allem im Freizeit- und Tourismusbereich nur sehr eingeschränkt in Anspruch genommen.** Dies gilt sowohl für die An- und Abreise von Nächtigungs- oder Tagesgästen als auch für die Freizeitmobilität der einheimischen Bevölkerung. Oft genannte Gründe dafür sind unter anderem, dass ...

- die Bahnhöfe (vor allem der PannoniaBahn zwischen Neusiedl am See und Eisenstadt) zum Teil weit außerhalb der Ortschaften liegen,
- eine öffentliche An- und Abreise zu den Veranstaltungen im Steinbruch St. Margarethen bzw. zu den Seefestspielen in Mörbisch nicht möglich ist,
- das ÖV-Angebot vor allem, was den Busverkehr betrifft, noch immer auf den Schüler- und Pendlerverkehr, nicht aber auf Tourismus und Freizeit ausgelegt ist,
- das ÖV-Angebot trotz Verbesserungen am Abend sowie an Wochenenden nicht auf den Bedarf des regionalen Freizeit- und Tourismusangebots abgestimmt ist,
- ein umfassendes touristisches Mobilitätsangebot (Erreichbarkeit von touristischen Zielen, Veranstaltungen etc.) fehlt.

Zudem stellen bestehende Angebote häufig Insellösungen dar, die entweder nur auf die Bedürfnisse des Alltagsverkehrs innerhalb einer Gemeinde zugeschnitten sind (z. B. GMOA-Busse) oder etwa als Shuttlebusse zwischen Wien bzw. Eisenstadt und dem Veranstaltungsort keine positive Ergänzung des Mobilitätsangebots für die lokale Bevölkerung bedeuten. Als Best-Practice-Beispiele werden etwa Skibus-Angebote in Wintersportregionen hervorgehoben.

Radverkehr: Gut ausgebautes Routennetz

Der Radverkehr hat sich in den vergangenen Jahrzehnten in der Region rund um den Neusiedler See zu einem der wichtigsten Tourismusfaktoren entwickelt. Ausgehend vom B10, dem Neusiedler See-Radweg rund um den See, der regelmäßig mit 5-Sterne-Bewertungen durch den ADFC (Allgemeiner Deutscher Fahrrad-Club) ausgezeichnet wird, wurde im Laufe der Jahre ein engmaschiges Netz an touristischen Radrouten angelegt. Diese verlaufen über Land hauptsächlich entlang gut ausgebauter Güterwege, wo sie neben dem Radverkehr ausschließlich dem landwirtschaftlichen Verkehr bzw. Anrainern vorbehalten sind. Innerorts sind die Streckenverläufe großteils so gewählt, dass neben touristischen Highlights vor allem das gastronomische Angebot in den Gemeinden angebunden ist, wobei nach Möglichkeit auch hier aus Gründen der Verkehrssicherheit stark befahrene Straßenabschnitte ausgespart werden.

Insgesamt steht nunmehr ein historisch gewachsenes, gut ausgebautes regionales Radroutennetz zur Verfügung. Mit einem Teilabschnitt des Iron Curtain Trail entlang der burgenländisch-ungarischen Grenze verläuft auch das europäische Radfernwegenetz EuroVelo durch die Region Neusiedler See. Kleinräumig besteht zudem eine gute Erreichbarkeit vieler Seebäder entlang teilweise gut ausgebauter Radwege. Ergänzt wird dieses Angebot durch Fahrradfähren über den See, die eine zeitsparende Alternative bieten, vom Ost- zum Westufer (und umgekehrt) zu wechseln. Hervorzuheben ist die Verbindung Mörbisch–Illmitz; hier sind in der Hauptsaison im 30-Minuten-Takt Fahrradfähren unterwegs. Zudem besteht bei zahlreichen Fahrradhändlern rund um den See die Möglichkeit, sich aus einer großen Angebotspalette ein geeignetes Fahrrad auszuleihen.

Fahrrad als Verkehrsmittel positionieren

Im Zuge der Fokussierung auf den Radverkehr als Freizeit- und Tourismusfaktor wurde es verabsäumt, das Fahrrad als Alltagsverkehrsmittel zu positionieren, wovon letztlich auch der Tourismus profitieren könnte. Obwohl ein dichtes Netz an gut ausgebauten Radrouten die Schönheiten und die Angebotsvielfalt der Region erschließt, gibt es häufig keine direkten Verbindungen zwischen benachbarten Orten, die sowohl für die Beschäftigten in den Betrieben als auch für Gäste zur Verfügung stehen, die das Fahrrad auch im Urlaub als „Verkehrsmittel" zum Einkaufen oder für Fahrten zu Veranstaltungen oder zum Heurigen verwenden wollen. Im Sinn einer grenzüberschreitenden Region wäre auch etwa eine Direktverbindung zwischen den beiden regionalen Zentren Eisenstadt und Sopron interessant. Um diese Schwachstellen auszumerzen, werden seitens des Landes für die Attraktivierung des Landesradnetzes zwischen 2022 und 2026 rund 25 Millionen Euro investiert.

Bereits 2007 wurden an zahlreichen Bahnhöfen in der Region die ersten nextbike Rad-Verleihstationen in Österreich installiert. Als ÖBB-Partner bietet nextbike Bahnreisenden im Ausflugsverkehr die Möglichkeit, problemlos vom Bahnhof kurze Strecken mit dem Fahrrad zurückzulegen, um nahe gelegene Ziele zu erreichen, ohne dabei in Konkurrenz zu den gewerblichen Fahrradverleihern zu treten. Leider fehlt für nextbike bis heute eine regionsweite Koordinationsstelle, die – vergleichbar mit Wien oder Niederösterreich – für die Standortplanung und -betreuung, die Wartung sowie die Finanzierung und das Marketing des Projekts verantwortlich zeichnet. Das wäre insofern von Bedeutung, als der Fahrradtransport mit öffentlichen Verkehrsmitteln in der Region nur eingeschränkt in den Zügen der ÖBB möglich ist. Darüber hinausgehende Angebote wie Busse oder Taxis mit Fahrradanhängern stehen im Regelbetrieb kaum oder gar nicht zur Verfügung.

Die rechts im Kasten genannten Ziele bilden die Grundlage für ein touristisches Verkehrsleitbild, dessen Umsetzung einen gesamtheitlichen, interdisziplinären Planungsprozess erfordert. Worauf warten wir?

Roman Michalek, Studium der Raumplanung an der TU-Wien, war Leiter der Mobilitätszentrale Burgenland und ist seit 2016 Geschäftsführer der MiRo Mobility GmbH, Ingenieurbüro für Verkehrs- und Raumplanung.

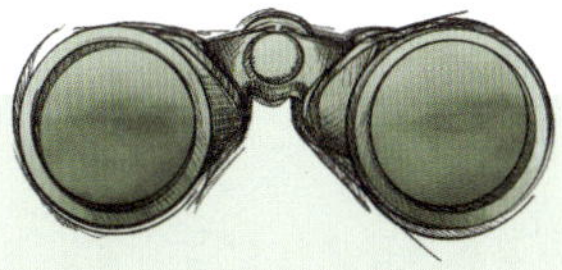

Conclusio

Zusammenfassend ist festzuhalten, dass durch die Bemühungen und Investitionen in eine nachhaltige Verkehrsinfrastruktur abseits des PKW gute Grundlagen für eine Transformation der Tourismusmobilität geschaffen wurden. In Kombination mit nationalen und EU-weiten Zielsetzungen (Klimaneutralität, Europäischer Green Deal etc.) wurden gute Rahmenbedingungen und damit einhergehende Finanzierungsmöglichkeiten für eine derartige Transformation geschaffen.

Was ist zu tun?
Für die Umsetzung sind auch die regionalen Stakeholder verantwortlich. Sie müssten sich in einem ersten Schritt zu einem regionalen Verkehrsleitbild mit folgenden Zielsetzungen bekennen:

- Die Region Neusiedler See verfügt über ein integriertes, auf die Bedürfnisse der Bewohner und Touristen abgestimmtes Verkehrs- und Mobilitätssystem.
- Es wird eine Umstellung auf Fahrzeuge mit klimaschonenden, CO_2-neutralen Antrieben sämtlicher Verkehrsarten im See, am See und rund um den See angestrebt.
- Für Touristen und Tagesgäste gibt es attraktive Angebote für die autofreie An- und Abreise sowie den Aufenthalt ohne eigene PKWs.
- Im Radverkehr steht neben einem hochwertigen Radwegenetz auch eine ansprechende begleitende Radverkehrsinfrastruktur zur Verfügung.
- Stark befahrene Ortsdurchfahrten werden vom Durchzugsverkehr entlastet.
- Die ÖV-Erreichbarkeit von Verkehrs-Hotspots wird verbessert.

Vision für die Zukunft

Ein Beitrag von Gunnar Landsgesell, Journalist, und Alois Lang, Tourismusmanager

Die Drei-Länder-Tourismusregion am Neusiedler See hat sich durch ein Bündel kluger Entscheidungen erfolgreich neu positioniert.

2050: Immer noch sind die vielschichtigen Herausforderungen vom Anfang der 2000er-Jahre Unterrichtsstoff in den Tourismusfachschulen: Den Auswirkungen des Klimawandels stand man damals oft ratlos gegenüber, vielen Betriebsbesitzern war die große Bandbreite ihres Angebots gar nicht richtig bewusst, und die Zusammenarbeit mit den Nachbarländern beschränkte sich auf EU-kofinanzierte Interreg-Projekte. Dem schwierigen Generationenwechsel in Hunderten, meist kleinen Familienbetrieben hat sich die Region mittlerweile gestellt und gilt heute als Best-Practice-Beispiel für Ökotourismus.

In der Zwischenzeit sind die pannonischen Sommer noch heißer geworden, Trockenphasen und Starkregen wechseln sich ab. Der Neusiedler See konnte – nach Jahren großer Unsicherheit – erhalten werden, weil es gelungen ist, für das gesamte Natura-2000-Gebiet eine Balance zu finden: Zahlreiche Grundbesitzer stellen heute – nach vorerst schwierigen Verhandlungen – in Österreich wie in Ungarn große Wiesen und Äcker als Überflutungsflächen zur Verfügung. Das Wasser des Hanság lässt sich so für den See zurückhalten. Im Seewinkel und am Heideboden konnte der Grundwasserspiegel durch Retentionsflächen und Sperren in den Drainagen nach Jahrzehnten stabilisiert und sogar erhöht werden.

Die Parole, **„jeden Tropfen Wasser in der Region zu halten"**, wurde vom anfänglichen Lippenbekenntnis zu einem Selbstverständnis. Das Aussüßen der letzten Sodalacken ist Geschichte. Auch der degradierte Schilfgürtel hat sich durch Brandmanagement längst erholt. Im Jahr 2024 hatte das Klimaministerium eine gesetzliche **Ausnahmeregelung des Luftreinhaltegesetzes beschlossen.** Die Populationen geschützter Brutvögel erholten sich danach deutlich – das sprach sich rasch in der internationalen Birdwatcher-Szene herum. Damals, Anfang der 2020er-Jahre, hatten einige gemeint, das alles sei sicherlich wichtig im Sinn des Naturschutzes – **aber was bringt das der Bevölkerung oder dem Tourismus?** Rund 25 Jahre später hat sich die Sicht der Dinge geändert. Heute zweifelt niemand daran, dass durch die damals gesetzten Schritte sowie eine umweltschonende Landwirtschaft auch die regionale Selbstversorgung mit Obst und Gemüse gesichert werden konnte. Davon profitieren heute auch touristische Konzepte: Hotels und Zimmervermieter bieten vor allem typische Produkte der Region – dazu neuerdings sogar Oliven aus zehn wirtschaftlich geführten Olivenhainen rund um den See. Sie sind heute Teil des Regionalmarketings und fügen sich – oftmals auf den Flächen aufgelassener Weingärten angelegt – sanft in das Landschaftsbild.

Grenzüberschreitend attraktiv

Mit der fortlaufenden **Diversifizierung des Tourismus** in Natur-, Kultur-, Rad-, Wein- und Genusstourismus hat sich auch die Bedeutung des Neusiedler Sees verschoben. Während die rege Freizeitnutzung – trotz einiger Jahre mit niedrigeren Wasserständen – vor allem durch die einheimische Bevölkerung anhält, spielen der See und der wieder intakte Schilfgürtel eine bedeutende Rolle als faszinierendes Ökosystem und landschaftsprägendes Element – für Natur- wie auch für Genusstouristen, die bevorzugt im **Frühjahr und im Herbst** ins Land kommen. Der sanfte Tourismus wurde – gemeinsam mit westungarischen Gemeinden und der Donauregion zwischen Bratislava und Györ – ausgebaut, die Sommersaison hat ihre Bedeutung als „Hauptsaison“ längst verloren. Rückblickend betrachtet war es zudem wichtig, dass viele Unternehmen auf die Klimaprognosen reagiert haben. Heute sind viele Betriebe nahezu energieautark.
Ein großer Schritt ist mit der Attraktivierung des ÖPNV (Öffentlicher Personennahverkehr) erreicht worden: Heute nutzen nicht nur Urlaubsgäste, sondern auch Einheimische das breit gefächerte **Bahn- und Busangebot**, das – neben Wien – längst auch die Städte Sopron und Bratislava miteinbezieht. Staus an kritischen Knoten wie Eisenstadt–St.Margarethen–Mörbisch oder Parndorf kennt die jüngere Generation nur mehr aus den Medien.
In der konstruktiven, alltäglichen Zusammenarbeit mit den Tourismusorganisationen in **Ungarn, der Slowakei, in Niederösterreich und in Wien** spielt die Region Neusiedler See aufgrund ihrer zentralen Lage und ihrer umfangreichen Infrastruktur im gemeinsamen Marketing eine Hauptrolle: Das Natur- und Kulturerlebnis ist zu einem wichtigen Angebotsbaustein geworden – mit der bevorzugten „Unterkunftsbasis“ am Neusiedler See.
Ein Kulturerbe, das maßgeblich zur Ernennung der Region zum UNESCO-Welterbe beigetragen hat, ist – lange vernachlässigt – zu einem wahren Prestigeobjekt mit hoher Lebensqualität geworden: **der Streckhof**. Erfahrene Architekten haben bewiesen, wie hervorragend sich dieser pannonische Typ eines landschafts- und klimaangepassten Bauernhofs den heutigen – auch touristischen – Anforderungen anpassen lässt. Nicht zuletzt als „virtuelles Hotel“, das dem Marketing der Region sehr zugutekommt. Die Straßendörfer mit ihrem gar nicht alpenländischen Charakter, die Kulturlandschaft mit ihrer kleinen Struktur und perfekten Eignung für das Radfahren, die europaweit bedeutenden Ökosysteme, wie sie im Nationalpark geschützt und erlebbar gemacht werden, das Kulturgut Wein mit seiner spannenden Entwicklungsgeschichte, die musikalischen Genies der Region mit Joseph Haydn und Franz Liszt: Das sind die **Eckpfeiler für den USP** (Unique Selling Proposition/Alleinstellungsmerkmal) der Tourismusregion Neusiedler See, wie sie den Schülerinnen und Schülern der Tourismusfachschulen vermittelt werden. Standardisierte Sport- oder Wellnessangebote sind eine gerne angenommene Ergänzung. Es hat lange gedauert, bis diesem Kapital für die erfolgreiche Tourismusentwicklung Priorität eingeräumt wurde, obwohl sich jahrzehntelang auch aus der Statistik ablesen ließ, dass Me-too-Produkte selbst mit hohem Werbeaufwand keine nachhaltige Tourismusregion tragen.

Gunnar Landsgesell, Studium der Politikwissenschaft, ist Redakteur bei Esterhazy Betriebe.

Alois Lang hat als Regionalmanager für den Neusiedler See bei Burgenland Tourismus, danach bis zur Pensionierung 2021 im Nationalpark gearbeitet. Von 2005 bis 2008 koordinierte er für IUCN die Initiative Grünes Band Europa.

Christian Janisch, Alois Lang, Bibi Watzek (Hrsg.)

Das Ende des Neusiedler Sees?

Eine Region in der Klimakrise.
Herausforderungen. Perspektiven. Lösungen.

272 Seiten
ISBN 978-3-7017-3576-1

**Die Region Neusiedler See als „Patient Zero" -
Wie kann sie den Herausforderungen der Zukunft entgegentreten?**

Der Neusiedler See trocknet aus! Das befürchten viele. Als Steppensee hat er das schon öfters getan. Und ist immer wieder gekommen. Aber die Bedingungen von früher sind mit der aktuellen Klimaerwärmung nicht vergleichbar. Der See ist zugleich das Symbol für die Herausforderungen einer Region, in der sich auf fast beispiellose Weise Interessen überlagern: vom Tourismus über den Naturschutz bis zur Landwirtschaft und dem kulturellen Erbe. Die Kombination aus widerstreitenden Interessen und der Klimadruck machen die Region Neusiedler See zum „Patient Zero" in Österreich. Wie die Region der Zukunft begegnet, könnte beispielhaft für das ganze Land werden. Dieses Buch ist der vielleicht erste Versuch, die Herausforderungen der Zukunft in einem Zusammenhang zu sehen.